福祉のための農園芸活動

無理せずできる実践マニュアル

豊原憲子・石神洋一・宮上佳江＝著

農文協

はじめに

　1990年代に園芸療法が話題となり，農業や園芸のもつ癒しの力に対する人々の期待が高まり，社会福祉施設をはじめとして，自治体やNPO，ボランティア組織，農業者など多くの立場から，さまざまな取り組みが行なわれるようになりました。

　筆者は，食とみどりの総合技術センターという大阪府の研究機関に所属し，平成11年から今日に至るまで，園芸療法や園芸福祉の普及を推進するための基礎的な調査や技術開発を行なうとともに，大阪府の関係各機関や共著者である特定非営利法人たかつきや園芸療法研究会西日本をはじめとする，さまざまな団体や個人と協力して，園芸療法に関する勉強会，福祉に活用できる栽培装置の開発やボランティア養成，農業や園芸を活動として取り入れている施設等への技術指導を行なってきました。

　この取り組みを通して，少しずつですが，地域での農業や園芸を活用した福祉的な活動の輪が広がり始めています。また，多くの実践者の方と話をする機会に恵まれ，農業や園芸を使った取り組みのなかで得られた貴重な体験や具体的な手法など，さまざまな情報を得ることができました。

　しかし一方で，農業や園芸の専門知識をもった人材がいない状況において福祉的な活動を続けることの難しさについて，いろいろ相談を受けることも多くなってきました。

　「夏場は休日の水やりができずに枯れてしまう」

　「対象者と作物を植え付けたり収穫したりする時間は仕事と見てもらえるけれど，水やりなどそのほかの管理については，誰も仕事をしているとは思ってくれない」

　「うまく育たないときに相談できる相手がいない」

　「忙しくて畑に出る時間がなかったりすると，あっという間に草ぼうぼうになって精神的に疲れてしまう」

　「隣の畑の人にちゃんと管理しなさいと叱られた」

　「園芸好きの職員がいたときはうまくいったのに，配置転換でいなくなったとたん，活動ができなくなった」

　実際に，農業や園芸活動を福祉の場面で効果的に活動するためには，多くの経験と知識が必要です。しかし，活動を実践する担当者は，経験や技術力がない場合でも，最初から植物や農業，園芸活動を使いこなす必要に迫られます。そのために活動の継続にストレスを感じている人が少なからずいます。本来，楽しいはずの農業や園芸が提供者の

苦痛となってしまっては意味がありません。

　こうした人たちにとって大事なのは，①活動に利用できる農業や園芸の具体的な技術，知識であり，また②農業や園芸活動を運営していくうえで必要な情報，そして③おこりうるトラブルに対する具体的な解決策であると考えています。

　本書は，園芸療法や園芸福祉を提供する立場の人が，植物の栽培を一から要領よく始められるように，またできるだけたくさんの作業活動が準備できるように，編者らが専門とする農業，園芸の知識や技術をとおして，基礎的な技術を具体的に紹介するよう努めました。

　第1章では，農業や園芸がもっている幅広い福祉的な意義について取り上げています。実践者が周囲の人にその活動について理解してもらうのは意外と大変なことですが，そのための確認も含めてあらためて整理してみました。第2章では，植物栽培の経験が少ない実践者のために基礎的な栽培の知識を，第3章では，農園芸活動に取り組むにあたって担当者ができるだけ無理をせず，うまく活動を進めるための手立てについて，第4章では，植物栽培を使った具体的なプログラムの進め方についてさまざまなバリエーションを交えて解説しています。ページ数が限られるため，それぞれの栽培技術やプログラムを完全に網羅しているものではありませんが，事前におこりうる問題をある程度予測して解決策をいくつか提案するなど，先の見通しを立てて活動に取り組むことができるようにまとめています。

　なお，本書が紹介する内容は，大阪府が行政の福祉化を促進するプロジェクトの一つとして当時の農林水産部が提案した，「農地を活用した青空デイケア空間の創造」に端を発しています。それは，障害者や高齢者への就労機会の創出や福祉サービス，ふれあい・交流の場の提供に向けて大阪府がもつ資源やノウハウを最大限に活用しようと，企図されたものでした。

　もし，地域に人が集う農空間があって，そこで年齢や性別，障害の有無にかかわらず多くの人が農業や園芸を通じて一人ひとりのやりがいを見いだすことができ，また新たなコミュニティの場としての役割を果たすことができれば，との願いを込めて本書を送り出したいと思います。

平成19年1月　　　　　　　　　　　著者を代表して　豊原　憲子

もくじ

はじめに 1

第1章　農園芸活動のすすめ

1 社会をいやす農業・園芸 ——————————————————— 10
　1　農と福祉を結ぶ——「農産園芸福祉」として　10
　2　農空間活用の意義　11
　3　農園芸活動の効果　11
　　(1)植物がもつ「動機づけ」の力　11
　　(2)農園芸作業がもたらす効果——機能や記憶の恢復など　12
　　(3)人とのかかわりがもたらす効果——教え・教えられる関係　14
　　(4)そしてヒーリングの効果
　　　　　　——心地よさから引き出される潜在能力　15
　4　高齢者と農園芸活動　16
　5　障害のある人と農園芸活動　16
　6　子どもと農園芸活動　17

2 農園芸の楽しさと難しさ
　　——活動を上手に継続するには ——————————————— 18
　1　収益をあげる観点の必要性　18
　2　楽しいプログラムとは　18
　　(1)草取り，害虫取りさえ楽しい　18
　　(2)収穫の楽しみを最大限に　19
　　(3)手を出しすぎないことが大切　19
　3　地域性，自主性，安全性に配慮　20
　4　一人ひとりの生活の質を高める　20
　5　時間を大切にする　21
　6　栽培対象を無理して広げない
　　　——一つの作物のさまざまな育ちを大切に　21

第2章　農園芸活動の基礎

1 知っておきたい作物栽培の流れ ————————————————— 24
　1　土を耕す　24
　　(1)人力でかたい土地を耕す手順　25
　　(2)機械を使った耕うん　26
　2　種子をまく，苗を育てる　27
　　(1)種子をまく　27／(2)苗を育てる　28
　3　水をやる　29
　　(1)水やりの失敗　29
　　(2)どのくらい水をあげればよいのか　29

　　　　(3)ウォータースペースをつくる　30
　　　　(4)昼間の水やり　30／(5)乾かすことも大切　30
　　4　肥料をやる　30
　　　　(1)肥料成分　31／(2)肥料の種類と効き方　31
　　　　(3)施肥量の計算方法　32／(4)一般的な肥培管理　32
　　　　(5)肥料のやりすぎに注意　33
　　5　生長と開花　33
　　　　(1)温度と日の長さが強く影響　33
　　　　(2)四季咲き，四季成りの品種も上手に使う　34
　　6　病気・害虫を防ぐ　34
　　　　(1)防除の方法　34／(2)農薬を使った防除　36
　　　　(3)耕種的防除　37／(4)物理的防除　38
　　7　鳥獣害対策にも目配り　40
　　8　雑草管理　40
　　　　(1)除草剤を使った防除　41
　　　　(2)草刈りや中耕による防除　41／(3)その他の手段　41
　　9　収穫する　42
　　10　片付け，翌年への準備　42
　　　　(1)堆肥づくりのすすめ　42
　　　　(2)簡易な堆肥づくりの工程　42

2 活動場所を用意する ─────────── 44
　　1　作物を育てる場所，条件　44
　　　　(1)畑で育てる　44／(2)温室など栽培施設で育てる　44
　　　　(3)プランター，鉢で育てる　44
　　　　(4)土を使わない水耕栽培　46
　　2　農地を活用する　47
　　　　(1)農地を準備する　47／(2)農地の法律上の特性　48
　　　　(3)地域との関係づくり　49／(4)水利　49
　　　　(5)排水対策　50
　　3　畑のつくり方──土づくりから畝立てまで　51
　　　　(1)傾斜をつける　51／(2)土づくり　51／(3)畝立て　51

3 農園芸作業を容易にする工夫
　　　──過剰な負担となる作業を少なく ─────── 52
　　1　農業用機械を上手に活用　52
　　　　(1)耕うん機，トラクター　52
　　　　(2)かん水装置とタイマー　52／(3)刈払い機　53
　　2　一石三鳥のはたらき──マルチング　53

4 必要な注意事項 ─────────────── 54
　　1　農薬の管理　54
　　2　植物の毒性やトゲ　54
　　　　(1)植物には毒がある　54／(2)トゲや鋭利な葉にも注意　55

  3 虫にも注意　55
    (1)ハチ　55／(2)チャドクガ，イラガ　56
    (3)ムカデ　56／(4)クモ　56
    (5)カ，アブ，ハダニ，ノミ　56
  4 土や泥，ほこりなどへの対応　56
  5 栽培にかかわるトラブルのおもな原因と対策　57
    芽が出ないのですが　57／大きくなりません　57
    花が咲かないのはなぜ　57／実がつきません　58
    どうして枯れたの？　58
    同じ場所で作物が育ちません　58

第3章　無理せずできる農園芸活動の展開

1　一人ひとりにあった作業を考える ―― 60
  1 身体への負担とおこりやすい事故　60
    (1)身体によい作業，わるい作業　60
    (2)作業日の天気の影響　61
    (3)移動・作業中の問題や事故　63
  2 できること，できないことを見極める　65
    (1)身体の動く範囲　65
    (2)空間における動作性，反復性　67／(3)力仕事　68
    (4)器用さ　68／(5)視力，聴力など　69
    (6)作業を継続できる時間　70
    (7)作業内容の理解や記憶　70
    (8)植物や土，虫などへの適応力　70
  3 作業しやすさの工夫　72
    (1)作業姿勢，動作の改善・補助　72
    (2)土壌や植物栽培管理の改良　72
    (3)作業範囲を区切る　72／(4)作業内容を明確に　73
  4 対象者ができることをみつける
    ――作業を細かく分ける　73
    (1)種まき　73／(2)育苗用の土づくり　75
    (3)苗の植え付け　76／(4)間引き　76／(5)収穫　76

2　結果を出す栽培を仕組む ―― 78
  1 失敗しない栽培技術　78
    (1)きれいに発芽させる＝集中して管理　78
    (2)水を適切に与える＝ていねいな管理　79
    (3)病害虫を早期に発見する＝毎日植物をみる　79
  2 学習の要素を高める取り組み　80
    (1)植物を育てる基本的な意味　80
    (2)栽培条件をいろいろ変える　80

    3　確実に収穫し，生産性を高める　82
        (1)販売方法から栽培品目を決める　82
        (2)栽培計画を立てる　82／(3)着実に栽培する　82
        (4)販売戦略を立てる　83
    4　やりがい，楽しさも盛り込みながら　83
        (1)まずは自給生産を目指す　84
        (2)レクリエーション的要素を盛り込む　84
        (3)体験の機会を増やす　84
    5　1回の活動で種まきから収穫までを体験
        ——限られた時間内での栽培プログラム　84
3　支援者にも無理のないプログラムに ——————— 86
    1　はじめに支援者の仕事量を考える　86
    2　無理のない活動の規模　87
        (1)畑の大きさと労力の関係　87
        (2)植物の栽培管理に要する時間　87
        (3)農園芸活動に必要な時間　87
        (4)面積と距離を考慮　87
        (5)プランターや鉢栽培での管理時間　88
    3　作業量に見合った栽培計画にする　88
        (1)適切な栽培量・面積を設定する　88
        (2)作物を選択する　88／(3)1年間の栽培計画を立てる　89
4　福祉的な農園芸活動に利用できる技術 ——————— 91
    1　レイズドベッド　91
        (1)特徴と形状，材質　91
        (2)畑の中にレイズドベッドをつくる　92
    2　高設栽培　93
    3　果樹の仕立て方　93
        (1)ブドウの鉢栽培と可動棚　93
        (2)カキの低面ネット栽培　94
    4　野菜栽培の工夫・技術　95
        (1)作業性を優先したトマトの誘引方法　95
        (2)セル成型苗システム　95
    5　利用しやすい道具も多い　96

第4章　農園芸活動の実際

1　事前の準備 ——————————————————— 100
    1　対象者の事前評価　100
        (1)活動の目的を設定する　100
        (2)四季を通した年間の栽培計画　100
        (3)農園芸活動における援助プロセス　101

2　活動開始前の確認事項　101
　　　　(1)情報の共有と守秘義務　101
　　　　(2)支援体制の確立，安全の確保　102
　　　　(3)ボランティアとの連携　102
　　3　活動場所の確保　105
　　4　環境の整備　105
　　　　(1)植物栽培の視点から　105
　　　　(2)人の快適性の視点から　106
　　5　道具と活動資金の準備　106
　　　　(1)道具や材料の確保　106／(2)資金の確保　107

2　プログラム作成の実際 ──────────── 108
　　1　目標の設定　108
　　2　栽培計画と活動プログラム　108
　　3　活動プログラムの作成の実際　111
　　4　活動記録　111
　　5　フィードバック　111

3　栽培・利用工程をプログラムにするためのプロセス
　　　──ダイコン栽培を例に ────────── 114
　　1　ダイコンを栽培する理由づけ　114
　　2　作業工程の把握　114
　　3　プログラムとして栽培に取り組むための条件　115
　　4　作業工程の細分化と分析
　　　　　──1回目「土づくり，畝立て」について　115
　　　　(1)「土づくり，畝立て」プログラムの目的・理由　115
　　　　(2)「土づくり，畝立て」の細分化と分析　115
　　5　プログラミング　118

4　植物の栽培・利用の流れとプログラムへの展開 ─── 120
　　1　効果的なプログラムを進めるために　120
　　　　(1)季節にあった栽培計画を立てる　120
　　　　(2)活動に応じた栽培品目の選択　124
　　2　野菜の栽培・利用プログラム　125
　　　　(1)根を収穫する野菜──根菜類　125
　　　　　ダイコン（プログラムの展開「巻き干しダイコン」）　125
　　　　　タマネギ　128／ジャガイモ　130／ゴボウ　132
　　　　　サツマイモ　133／ニンジン　135
　　　　(2)実を収穫する野菜──果菜類　137
　　　　　ナス　137／ピーマン・シシトウの仲間　139
　　　　　トマト（プログラムの展開「トマトケチャップ」「トマトジャム」「保存して長く楽しむためのビン詰めの方法」）　140
　　　　　オクラ　143／トウモロコシ　144／キュウリ　146
　　　　　インゲンマメ・エダマメ　148

　　　　エンドウ・ソラマメ　149
　　(3)葉っぱや花を収穫する野菜──葉菜類　151
　　　　ハクサイ，キャベツ・ブロッコリー・カリフラワー，菜の花など（プログラムの展開「虫さがし」）　151
　　　　軟弱野菜（コマツナ・チンゲンサイ・ミズナなど／ホウレンソウ・シュンギク・レタスなど）（プログラムの展開「結束・袋詰め」「ミニ根菜類と軟弱野菜を使った収穫クイズ」）　153
3　花の栽培・利用プログラム　156
　(1)花の栽培　156
　　　キク（輪ギク・小ギク・大ギク）　156
　　　ヒマワリ・コスモス・菜の花　159
　　　花壇苗（パンジー・ペチュニアなど）（プログラムの展開「移植作業」）　160／球根類　164
　　　ドライフラワー（プログラムの展開「ドライフラワーの乾燥」「ドライフラワーアレンジメント」）　165
　(2)花を使ったクラフト　168
　　　ポプリ　168／押し花　169
4　果樹の栽培・利用プログラム　170
　(1)果樹を育てる大まかなポイント　170
　(2)果樹の栽培　171
　　　ブドウ（落葉果樹の代表）　171
　　　ミカン（常緑果樹の代表）　173
5　水稲の栽培・利用プログラム　175
　（プログラムの展開「わら仕事（縄ない・しめ縄・わら草履・布草履）」）　177
6　シイタケ・茶の栽培・利用プログラム　178
　　シイタケ　178／茶（プログラムの展開「緑茶」）　180
7　その他食品加工プログラム　182
　　味噌　182／梅干し　184
8　植え付け計画プログラム　185

5 次の一歩へ
──農園芸活動による先進的な取り組みや新たな挑戦──　186

1　メルウッド園芸トレーニングセンター　186
2　特定非営利活動法人
　　　グローバル園芸療法トレーニングセンター　187
3　特定非営利活動法人たかつき
　　　街かどデイハウス晴耕雨読舎　188

あとがき　189

第1章
農園芸活動のすすめ

1 社会をいやす農業・園芸

1　農と福祉を結ぶ——「農産園芸福祉」として

　第一次産業として日本の基盤を支える農業は，辞書で調べると「土地を耕して穀類・野菜・園芸作物などの有用な植物を栽培し，また植物を飼料として有益な動物を飼育して，人類の生活に必要な資材を生産する産業」という説明があります。一方，園芸は「果物・野菜・観賞用植物などを栽培すること，また，その技術の総称」と説明されています。つまり，農とは植物を利用して生きるために必要なものを生み出すこと，園芸は植物を育てる行為や技術そのものを指します。

　人は昔から植物に対する自らのはたらきかけにより生きてきたのです。四季の豊かな日本では，いつも人々のまわりに植物が存在し，農業から趣味に至るまで，古くから生活のなかに取り入れられてきました。だからこそ，人は農業や園芸とふれ合うことで安心感や充実感を覚えるのかもしれません。

　最近ではガーデニングブームの影響もあって，年齢を問わずに，植物を育てることを楽しむ人が増えてきています。実際に，総務省統計局による社会生活基本調査・生活行動に関する調査では「趣味，娯楽」について，50歳代以上で「園芸・庭いじり・ガーデニング」の行動者率がもっとも高く，園芸が身近な活動として定着していることがわかります。最近は，市民農園などを活用して，野菜づくりに取り組む人も増え，園芸が趣味や生きがい・やりがいの再発見に貢献しているとともに，定年帰農や新規就農する人が増えるなど，人々の農業や農空間への期待が高まっています。

　一方で，農業や園芸を福祉的に活用する活動が盛んになっています。園芸活動を人の機能維持や回復といった治療の手段として利用する「園芸療法」は，アメリカやヨーロッパで発展し，日本では1990年代半ばから園芸療法の普及に向けた活動が活発となりました。現在，医療・福祉・農業の各分野で，療法としてのさまざまな研究や効果検証，提案が行なわれています。また，園芸の療法としての効果を優先するのではなく，活動によって個人の生活の質を高めたり，園芸を楽しむことでさまざまなよい結果を得たりしようとする「園芸福祉」が，身近な取り組みとして急速に広がりつつあります。

　本書のタイトルで使われている「農産園芸福祉」という言葉は，これまで大阪府が農業や園芸の福祉的活用に取り組んだなかで独自につくり出した言葉で，園芸福祉の考えにもとづきながら，より農とのかかわりを深め，農地保全や生産の役割をも担っていくことができれば

との思いから名づけられています。このため，本書では園芸福祉ではなく，「農産園芸福祉」というよび方を用い，農業，園芸をひと言にまとめ「農園芸」，またその具体的な活動を「農園芸活動」としています。

2　農空間活用の意義

　農園芸の魅力は，自らのはたらきかけが，植物を通してなんらかの実を結ぶことです。それは野菜や果物などの収穫物を得ることであったり，きれいな花を咲かせることで自分やまわりの人を楽しませることであったりします。大きな目でみれば，植物を育てることで，ヒートアイランド現象の緩和や，二酸化炭素の吸収による地球の温暖化の抑制に役立つこともできます。また，特別意識しなくても，植物の生長や収穫に喜びや安心を感じることは，多くの人にとって共通の感覚ではないでしょうか。

　農産園芸福祉の考えは，さまざまな能力をもった人が畑などのフィールドで植物栽培を軸に協働することで，収穫物に始まり，体力の維持や知識，人とのつながりなどさまざまな恩恵を得ることです。農園芸は作業の種類も方法も多様なため，心身の状態に合わせ，一人ひとりに適応する方法でさまざまな役割をもつことができます。また，福祉の現場では自立した作業が困難な人が多いことも事実ですが，支援を必要とする人との作業のなかで，ボランティアなどの支援者が人の可能性や自らのやりがいを見いだし，農園芸活動に継続して取り組むことも多く，この場合も十分に協働が成り立ちます。

　現在，農業者の高齢化にともなって，全国で遊休農地とよばれる一時的に耕作を休止した農地が増えています。貴重なみどり資源として機能している都会の数少ない農空間においても，遊休地化は深刻です。このままでは農空間はその機能を失い，やがて周囲に必要のないものとして考えられ，容易に宅地や商用地に転用されていくでしょう。さまざまな役割をもつ農空間を未来に残すためには，たとえ生産性は低くても畑が畑として，水田が水田として維持され，機能していることが重要です。農産園芸福祉を含めたさまざまな農園芸の営みによって維持・活用することは農空間の保全にもつながります。

農空間の多面的機能：農空間は単に農作物の生産現場というだけでなく，環境保全機能，レクリエーション機能，防災機能，景観構成機能といった，さまざまな役割を担っている。

3　農園芸活動の効果

(1) 植物がもつ「動機づけ」の力

　人がよりよい状況を手に入れるためには，現状から一歩前に踏み出すための動機が必要です。農園芸は多くの人の動機づけを図ることのできる有効な手段となり得ます。

　現在，介護保険制度における介護予防事業については，口腔ケアや筋肉トレーニングのようにエビデンス（ある医学的事実に対する臨床的，学問的な証拠，裏づけ）にもとづいたサービスの提供が求められ

ています。

　農園芸活動はどうでしょうか。残念ながら，さまざまな農園芸作業を根拠とした身体機能の維持・回復や，香りによる安堵感，花の美しさによる感動といった効果は，一人ひとりの身体条件やこれまでの経験，嗜好に左右されることから，ある程度の方向性が見いだせても，エビデンスを得ることは難しいと考えられます。

　しかし，冷静に考えてみると，人の生活行動の多くは身体によいからとか，病気にならないためにという理由から行なわれるものではありません。「この音楽が好きだから聴く」「おなかがすいたから食べる」「気分転換に散歩に行く」など，個人の動機にもとづいて行動しています。口腔ケアや運動教室でさえ，「そこに行けば友達がいるから」という動機があれば参加が促されるでしょう。

　あるデイハウスでは，家に閉じこもってしまった高齢者が，農園芸活動への取り組みをきっかけに外に出かけるようになった事例を数多く経験しています。農園芸は高齢者にとって初めての経験ではない場合が多く，「それならできるかも」「昔やったことがある」，あるいは都会での生活が長くなり「なつかしいから」という動機が大きく作用します。人は動機があってはじめて自発的な行動に移すことができます。

　植物を育て始めると，さらに動機づけがしやすくなります。種子をまけば芽が出るのかどうかが気がかりになります。芽が出れば「枯れないようにしなければ」と，水やりに出るようになります。生長すれば，いいものをつくりたいと欲が出て一生懸命栽培に取り組みます。やがて花が咲いたり，収穫時期がきたりすると，自分の活動の成果を味わったり，観賞したりして実感することができます。多くの人が自分のはたらきかけに対する植物のこたえに惹かれ，農園芸への取り組みを継続します。

　たとえ，重度の知的障害や認知症によって継続した取り組みについての理解が困難な状態であっても，単純に「おいしい」「いいにおい」「きれい」「たのしい」といった記憶や体感が，やがてその活動に出かける動機を引き出すことになります。対象者にとって心地よい活動は，新たなあるいは潜在的な能力を発揮するためのステップになります。

(2) 農園芸作業がもたらす効果——機能や記憶の恢復など

　農園芸作業は作業療法におけるさまざまな作業活動の一つとして導入されることがあり，その目的は身体機能面，日常生活活動面，心理面，社会生活への援助など多岐に渡ります。

●身体機能の維持・改善に

　病気や事故のために身体に障害が生じた場合，実際の生活に必要な筋力や関節の動きを維持・改善するために，理学療法における運動療法では，効果的に身体を動かすことによる機能回復が図られますが，障害や痛みのある部分を意識しすぎることで，かえって動かすことができなくなることがあります。このようなケースではさまざまな日常

動作を使って，患部を強く意識せずに身体を動かすことでスムーズな動きを誘導できることがあります。作業療法で農園芸を用いることで，たとえば高い位置にあるおいしそうなトマトや，畑から顔を出しているサツマイモを目標とすることで，手を伸ばす行為に意欲を加えます。

また，閉じこもりがちになって運動量が減少して体力が低下した人が活動を開始して毎回参加できるようになれば，閉じこもった生活よりも移動の歩数だけでも運動量が多くなり，筋力や心肺機能などの身体機能を高めることができます。次のステップとしてさまざまな作業に取り組むことで，多くの筋肉や関節を動かし，さらに機能を高めることができます。また，運動量が増えれば，食欲が出る，身体が疲れて睡眠が深くなるといった効果が生まれるほか，昼間に働き，夜眠るという合理的な日常生活を取り戻すきっかけとなります。

農園芸活動がもたらす効果は，とても多岐にわたる

●記憶，能力の再現

農園芸作業はまた，高齢者のさまざまな記憶の再現にも役立ちます。とくに認知症の高齢者には，過去の生活の感覚を取り戻すきっかけとなるケースが多くみられます。たとえば，施設での食事のときに出されたお皿に盛られた数粒のブドウを種も取らずに皮ごと口に入れてしまう人が，ブドウの収穫に出かけ，房ごとブドウを手に取ったときには，房からブドウを外し，皮をむいてていねいに種を取って食べることができたケースがあります。過去の記憶と連続性のない施設内での食事や生活に対して，収穫してブドウ本来の姿を確認し，食べるという一連の作業が記憶の再現に役立ったようです。

●社会生活の援助

一方，これから就労や日常生活の自立を目指す人には，さまざまな能力開発や機能訓練として農園芸作業を用いることができます。クワやスコップを使って土をおこすと，腕の筋力がアップします。肥料や重量野菜の運搬は足腰を鍛えます。

セルトレイ：細かくマス目状に仕切られた育苗トレイ
⇨ p.95〜96

種まきは，種子の大きさや種まきに用いるセルトレイのマス目数を調整することによって，能力に応じた作業に取り組むことができます。少しずつ種子を小さくすることで高度な指の動きを身につけることができ，セルトレイの目数を増やすことで根気よく作業に取り組むための訓練ができます。収穫作業では，大きさや色によって収穫物を見分ける能力が養えます。

技術の習得や自立した作業は，対象となる一人ひとりの大きな自信につながります。

(3) 人とのかかわりがもたらす効果——教え・教えられる関係

　知的障害のある男性が初めて農園にやってきて，活動を終えたとき，「また来てくれる？」と話しかけると，「もう来ない」という答えが返ってきました。作業に疲れたから来ないというのが彼の理由でしたが，次の週，再度「また来てくれる？」との問いに，「来るよ」という返事に変わりました。その理由を引率の職員の方に尋ねると，彼のお母さんが持ち帰った野菜を喜んでくれたことがうれしかったようだということでした。

　また，ある女性は，持ち帰った花をお母さんが喜んだことから，毎回，「持って帰っていい？」と，花を新聞紙に包んで持ち帰るようになりました。彼女はそれまでの活動では座ったままでめんどくさそうにみつめていることが多かったのですが，それからは作業に積極的にかかわることができるようになりました。

　収穫物が彼や彼女と家族との新しいかかわりとなり，農園芸が意味のある楽しみな活動として位置づけられたようです。その女性は大きく変わり，施設での他の活動にも積極的に取り組めるようになりました。

　活動の成果である収穫物を，家族に持ち帰るだけでなく，授産品として販売したり，施設での給食として利用したりすれば，工賃として，あるいは「おいしかった」という言葉を通して，対象者本人に対する周囲の評価が高まり，一人ひとりの大きな自信へとつながっていきます。そして収穫物を介した人と人のかかわりが社会と対象者との結びつきを深めます。

　また，農園芸活動の周辺には，支援するボランティアや，興味をもってみつめる近隣住民（あるいは隣の畑の生産者）が存在します。多くの人は，はじめ「できないだろうから」とか，「してやらなければいけない」といった善意から活動に参加したり，のぞきみたりします。これらの人は，はじめは自らが役に立つことで満足感を感じることができます。ところが，繰り返し行なわれる活動のなかで，障害のある人からの言葉ではないメッセージを受け取り，自らがいやされることに気づきます。「うまくできないことは不幸なことじゃないよ」「そんなに急がなくてもだいじょうぶだよ」。これは，競争社会のなかで生活する人が本当はいちばんほしいメッセージなのかもしれません。

　一方，高齢者を対象とした活動に取り組むと，対象者本人から農業や食に関するこれまでの経験や技術的なアドバイスを聞くことができ，実際に熟練した作業を目のあたりにします。高齢者施設などで働く若い人たちは，高齢者の豊富な経験や技術力に感心させられることがたくさんあるはずです。ともすると，人生の先輩と後輩という立場が損なわれがちな人間関係のなかで，ふたたびお互いの立場を認識できる機会に恵まれます。

　農園芸活動には，専門性の高い技術や力仕事が必要となることも多く，支援が必要です。そんなときはためらわずに人の力を借りましょ

活動のなかできれいな花を摘む——そのことが，この女性の意欲を引き出し，周囲の人々の結びつきを強くしている

う。多くの人がかかわって、活動はより意味のあるものとなります。互いのないところを補いながら、活動を進めることが自然なことなのだと理解できます。共におなじ空間で作業に取り組むことで障害や老いを自然に受け入れることができるようになります。

(4) そしてヒーリングの効果
——心地よさから引き出される潜在能力

農空間やみどりの空間は、人にどのような効果をもたらすでしょうか。また、花の美しさや香りがもたらすものとは何でしょうか。一つひとつの要素や特定の物質についての効果は、脳波や体内疲労物質の量の計測によって、いずれ数値化されるかもしれません。

しかし、エビデンスが得られていない状況でも、実りを迎えた農作物を前にして「収穫してもいいよ」といわれればワクワクと心を弾ませたり、草木の緑に清涼感や安堵感を覚えたり、花をみてきれいだと感じたりすることは普遍的なことです。また、農空間やみどりの空間は、アスファルトの上よりも涼しく、ほこりっぽくない、柔らかいなど、体感的に心地よい要素がたくさんあることも事実です。

ある自閉症の青年は、これまで小中高と12年間文字を学んできましたが、それを人前で使うことはありませんでした。名前を書こうといえば、まるまるまると円を名前の文字数だけ書くという状況です。その彼が農園芸活動に参加するようになり、自分の収穫物を入れる袋に名前を書くことになりました。「名前書けますか？」との問いに、担当の職員さんが「彼の字はすべてまるなので……まるでもいいよね、わかるものね」と答えている間に、その青年は自分の名前を少し丸みがかった文字にして書きはじめました（下写真）。その日の職員さんや家族の喜びは本当に大きなものとなりました。以後も、施設や自宅に比べて、農園芸活動の場で文字を書くことが多いそうです。

推測にすぎませんが、彼は農園芸活動の楽しさや花やみどりに囲まれた心地よさによって、すでに獲得している能力を自然に外に出すことができたのだと思われます。総合的に「心地よい環境」は、さまざまなストレスを軽減し、潜在能力を引き出すことができます。農空間や花、みどりがもついやしの効果はここにあると考えられます。実際に農園芸活動がうつなどの精神の疾患や障害に対して有効であった症例が多く存在し、農園芸をきっかけに治癒した多くの人が、福祉的な農園芸の普及に尽力しています。

取り組みの過程でみられた文字の変化
　（左の丸印に対し、右は文字に変化している）

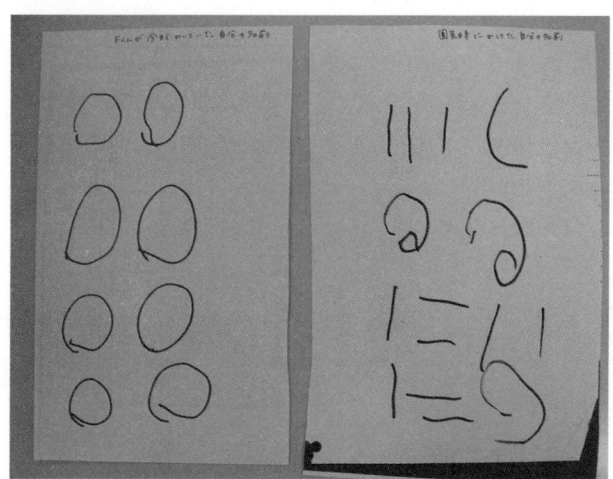

4　高齢者と農園芸活動

　日本はもともと農業国であり，多くの高齢者にとっての原風景には水田や軒先から続く畑などがあります。年老いたおばあちゃんが腰を曲げながら畑仕事に精を出している姿は，現在も，あるいはほんの少し前まで身近にあった代表的な日本の風景ともいえます。今でも，農村地域に暮らす高齢者の多くは，体力の続く限り手慣れた農作業を続け，家庭や地域のなかで重要な役割をもって生活を送っています。

　高齢者と福祉の話題では，よく「生きがいづくり」という言葉が使われます。本来，「生きがい」は意図的につくってもらうものでも，つくるものでもなく，自らがもつものです。しかし残念ながら，多くの高齢者の社会参画の機会や役割が減少し，「生きがいの喪失」が進んでいます。そのようななかで，自らが社会のなかでなんらかの役割をもっている，あるいはそこまで考えなくても，少なくとも自分が生きるために働いているという実感を得やすいのが農園芸における作業の特徴です。農園芸活動を通して，自分の経験を生かしながら作物生産や緑地保全といった活動を繰り広げることで，社会が取り上げてしまった活躍の場を取り戻し，少なからず「生きがいの再獲得」が期待できると考えます。

　さらに，農産園芸福祉では，生きがいの再獲得に加え，作業のおもしろさを通して，より積極的な意欲や身体の動きを導き出し，身体機能を高めることを一つの目的とします。先にも書いたとおり，農作業は多くの動作を含むため，さまざまな筋肉を使うことが可能で，よい運動となります。ただし，多くの作業内容は地面に近い場所で行なわれるため，腰やひざへの負担が多くなります。加齢などによって軟骨がすり減ってしまった関節への大きな負荷や，炎症がおこるほどの無理な筋肉疲労は意味がありません。より長く，楽しい活動を継続するためには，こういった好ましくない要素をできるだけ排除しながら実践していくことが重要なポイントとなります。

5　障害のある人と農園芸活動

　農園芸は，活動自体が天気の影響を受けやすく，重いものも運ばなければならず，必要な技術も多いにもかかわらず，障害のある人が取り組んでいる授産や職業訓練，日常活動によく活用されています。これは，農園芸が，特定の型に縛られない作業方法や，その組み合わせによって，多くの人がなんらかの形でかかわることができ，その成果を得ることができるからです。

　たとえば，種子をまく作業一つでも，きれいに一定の間隔ですじまきを行なう方法から，ばらまき，種子を土に混ぜてふりまくなど，多くの方法で実施できます。また，種子の大きさも，ソラマメのように

2cmもある大きな種子から、ケイトウのように1mmほどの細かな種子まで、器用さや集中力にあわせて選ぶことができます。種まきだけで、現実に収益につながる労働から、集中力や技術を鍛えるための訓練まで、じつにバリエーションに富んだ作業を準備することができます。

農業では、重労働の作業負担を軽減するために、これまで省力生産という方向で多くの技術開発が行なわれてきました。人が疲れないように、腰やひざに負担がかからないように、重いものを持たなくていいように、わかりやすいようになど、目的に応じたさまざまな機械や道具、栽培技術が開発されています。

生活から農業が切り離された今、積極的に学ぶ場をつくらなければ、多くの子どもたちは農業や植物の役割を理解するチャンスに恵まれなくなる

このような農業用機械や道具、技術は、障害のある人にとっても有効なものが数多くあります。しかし、専門性が高いために情報が広く伝わらず、必要な場面でうまく活用できていないのが現実です。農業分野の技術者が知恵を出し合えば、多くの問題が解決できるはずです。

6　子どもと農園芸活動

子どもに農園芸を経験してもらいたい理由は、やはり、学んでもらうためです。

昔は、よほどの都会でなければ、家のそばには水田や畑があり、農業の役割や植物の育つ状況を自然と学ぶことができました。残念ながら、現在は農地と住宅地の隔離が進み、野菜やお米の元の姿をみかけることも少なくなり、子どもたちが農業について学ぶ場が失われつつあります。農業や植物の栽培が理解できないということは、自分たちが食べている行為あるいは生活そのものが、どのように成り立っているのかを理解できないことと同じです。

食べることの大切さ、農作物がつくられる過程の理解、そして植物が担っている役割を伝えるために、農園芸活動は必要不可欠なカリキュラムであると考えます。

全国で食育・食農教育への取り組みが広がっています。また、学校における地域を巻き込んだ取り組みとして、近隣の水田を借りて田植えや稲刈りなどの体験が行なわれています。このような活動が継続的に行なわれるよう、農業関係者が協力して、子どもたちに農業や園芸の意義やおもしろさを伝えていく必要があります。

2 農園芸の楽しさと難しさ
──活動を上手に継続するには

1 収益をあげる観点の必要性

　収益性と園芸療法の相乗効果に期待し，授産施設では農園芸を事業として導入しているケースがよくみられます。しかし，植物の栽培は思ったほど簡単ではなく，活動担当者は活動を開始してはじめて，収益をあげるためには多くの勉強が必要であることに気づきます。

　トマトの苗は20本で2,000円，肥料代に1,000円，支柱や誘引ひもといった資材費に5,000円，道具の減価償却を合わせると，栽培に合計10,000円程度のお金がかかったことになります。トマトが1kg当たり200円で売れたとして，50kg以上販売できてはじめて工賃としての支払い部分が生まれます。このように，販売単価を見積もり，販売できるルートを確保し，最低ラインの生産量を確保しなければ，農園芸は金食い虫になってしまいます。

　福祉的な取り組みだからといって，収穫物が少なかったり，商品性が低いために収益につながらない場合は，授産事業として取り組む意味がありません。当初は技術力や経験の不足により栽培のペースがつかめなくても仕方のないことです。二年目あるいは三年目に確実に収益を上げていけるよう，農産物の生産性や商品性を高めたり，販売ルートを開拓するなど，計画性をもった取り組みを行なっていきましょう。

2 楽しいプログラムとは

(1) 草取り，害虫取りさえ楽しい

　対象者にとって楽しいプログラムを考えるなかで，咲いた後の花がら摘みや草取り，害虫取りなどの作業は，めんどうでいやがられるようなイメージがあり，避けてしまいませんか。

　しかし，自分で作業すると気づくことですが，これらの作業は対象物がはっきりしていて単純で，考える必要がなく，リラックスして取り組むことができます。作業を始めると，「もっときれいに」とか，「もっと早く」といった簡単な目標が自然に湧いてきて，だんだんと夢中になって時間の経過を忘れます。ある種のゲームをしている状態と似ているのかもしれません。このタイプの作業は，高齢者や自閉症の対象者を中心として，楽しみとやりがいをもって取り組む人がたくさんいます。

野菜についた虫を探すのは、とくに子どもたちにとって、とても楽しい作業になります。大きくなったアオムシやヨトウムシの仲間は、農薬が効きにくく食害も大きいので、みんなで取れば作物への被害が少なくてすみます。葉っぱの裏や株の真ん中に注意してムシを探しましょう。直接さわるのがいやな人には、おはしを使ってつまんでもらいましょう。

これらの作業は、はじめに書いたイメージのとおり、嫌いな人、苦痛に感じる人ももちろんいますので、取り組んでみて合わない様子であれば、無理強いしないように注意しましょう。

(2) 収穫の楽しみを最大限に

花摘みは、高齢者にもっとも人気のあるプログラムの一つです。最近は、自宅で切り花をつくる人は少なく、また、施設に入所すると、植えてある花を勝手に切るわけにもいきません。農園に来て、自由に花を摘んで部屋に持ち帰り飾ることで、活動の余韻と贅沢な気分を味わうことができます。

また、実りを迎えた作物の収穫作業は、なんといってもわかりやすく、楽しいプログラムになります。もし毎回収穫作業が計画できたなら、これほどの楽しみはありません。収穫作業によって、対象者のプログラムへの参加が習慣化しやすくなります。

(3) 手を出しすぎないことが大切

そして、楽しみを高めるもっとも大切な要素は、プログラムにおける対象者への支援のあり方です。以前、特別養護老人ホームの利用者を対象としたプログラムを実施したときに、ボランティアと対象者のちょっとしたすれ違いがおこりました。ボランティアは、プログラムの最中、作業の遅い対象者に負担がかからないよう、遅れた作業を代わってあげていました。後に対象者にプログラムについて要望を聞いたとき、「もっと自分で作業がしたい」と話していました。

障害があったり、子どもであったり、高齢者であったり、自分よりも弱い人が大変な作業をしていると、多くの人が助けてあげようという気持ちで手を出しすぎてしまいます。ですが、本当の楽しみは、大変な作業を自分の力でやり遂げることです。まわりの人の役割は、作業を代替するのではなく、自立した活動となるために必要な支援をすることです。

高齢者にとって、花摘みはもっとも楽しみなプログラムの一つとなる

3 地域性，自主性，安全性に配慮

　現在，日本の農業を支えている人の多くは，65歳以上の高齢者です。農業に従事する高齢者の身体機能は，一般の高齢者よりも高いことが多く，高齢者による農産物の産地づくりに取り組む地域では，医療費が他地域よりも安いという報告もあります。また，定年退職後の就農者も増加傾向にあり，多くの人が高齢になっても農業という職業をもって働きながら，健康に生活を送っています。

　一方，農業は無理でも，楽しみのため，市民農園を借りて農園芸に取り組む人が増えていることから，市町村では，高齢者のための生きがい農園を設置するところが増えています。また，軽度の生活機能の低下が認められる高齢者が利用する施設でも，小さな畑やプランターを使った活動が広く行なわれるなど，農園芸に寄せる期待は大きくなっています。

　農園芸を活用した高齢者の介護予防や機能維持に期待される内容は，活動への参加により，
　　①閉じこもりがちな生活の改善，
　　②生きがいの獲得によるうつや認知症の予防，
　　③積極的な運動による身体機能の維持，
にあります。

　これらの点を考慮すると，第一に地域のなかで容易にかかわることのできる場所にあること，第二に自主性や学習の要素を高めたやりがいのある活動であること，第三に安全性に配慮した動きやすい空間や作業体系を実現することが重要になります。

4 一人ひとりの生活の質を高める

　QOL（Quality of life：生活の質，人生の質）を高めるための活動は，さまざまな疾患や障害，あるいは加齢による身体機能の低下，認知症の進行などにより，生活の多くに制限のある環境にあって，治療や機能訓練をおもな目的とするのではなく，人としての尊厳をいかに保ちながら生活できるのかということに重点を置いて進められます。

　農園芸活動は選択肢の一つであり，美しい花やみどりに囲まれることによる快適性や，作業による楽しみややりがいの発見につながることに期待します。とくに農業体験のある高齢者にとっては，「生活」そのものを取り戻す手段となることがあります。

　QOLの向上は，あくまでも対象者の主観的な幸福感にもとづく活動でなければいけません。イベントとしての花見やミカン狩りとは別の視点をもって，一人ひとりの日常生活における幸福感を高めるプログラムを準備する必要があります。

5　時間を大切にする

　活動に取り組める時間は，人によって大きく異なります。これは単に作業の継続時間や利用期間あるいは活動の参加頻度を指しているだけではなく，一人ひとりの残された時間にもかかわります。

　人は一生のうちに，春の満開の桜も，秋の一斉に実った穂の姿も，平均して80回（のシーズン）しかみることができません。年を重ねるうちに，残された回数は必然的に減ってきます。健康で若ければほとんど意識することはありませんが，体調がわるくなったり，年を重ねたりすると，その一日，その一回が，いかに貴重なものであるのかを実感します。

　最近になって，ようやく重要視されるようになったターミナルケア（終末期医療）において，農園芸は何か役割をもつことができるでしょうか。当事者でない人間にこの答えを出すことはできません。ただ，植物は季節の移り変わりを美しく表現することができ，一人ひとりの記憶に寄り添うことができます。もし，庭があれば，地域に古くからあるなじみ深い花木や落葉樹，果樹を植えて，季節ごとの楽しみを準備できれば幸いです。また，農園芸活動への取り組みが期待できるなら，花壇やプランター，室内でもできるテラリウムや鉢栽培で，身近で日常的なかかわりが保てるような距離での活動を実施しましょう。

　活動において重要なのは，対象者が活動のなかで植物のために費やした時間を大切にするために，周囲の人は管理のわるさや不手際によって植物を枯らしてしまわないよう，十分に注意することです。

6　栽培対象を無理して広げない
　　──一つの作物のさまざまな育ちを大切に

　総合学習が進められるようになって，小学校では地域の水田を使った田植えや稲刈り体験や，学校教育ほ場での野菜の栽培を中心とした取り組みが増えています。子どもたちに植物の栽培を伝えることのできる学校の教育ほ場はとても魅力的な空間です。

　しかし，多くの先生にとって農業や園芸はすでに身近なものではなく，また仕事の合間の少ない時間に専門性の高いことを学ぶ時間の確保は難しいと考えられます。植物の準備や栽培管理，草刈りなどは，先生にとって手間のかかる材料となるかもしれません。このような先生への負担を軽減するために，子どもたちの教材として，アサガオやイネの栽培キットや専用の技術資料が作成されていますが，それでも学習の内容は，先生の農業，園芸に関する知識によって大きく変わってしまいます。

　小学校で取り組む植物の栽培は，基本的な理解が大切で，たくさんの植物について追究する必要はありません。先生は育てる植物を限定

し，栽培のコツを要領よく把握して得意な植物をつくりましょう。毎年繰り返して栽培し，自らさまざまな現象を経験することで，子どもたちに植物の生長についてたくさんのことを伝えることができるようになります。

　文系を得意とする先生は，農園芸の社会的な役割や，これまでにつくられたたくさんのことわざや文学などと合わせて，また，理系を得意とする先生は，生態系や植物の生活環，環境への影響など，それぞれ関心の高い分野につなげていくと，栽培に関する知識が十分でなくても，子どもたちに生きものや農園芸についての質の高い学習の機会を与えられると考えます。

第2章
農園芸活動の基礎

1 知っておきたい作物栽培の流れ

　農園芸の楽しさやその意義に魅力を感じ，積極的に取り入れたいという施設や自主活動はたくさんあります。しかし，実際に活動を開始すると，そのうちの比較的多くの取り組みで，雑草や害虫に悪戦苦闘したり，毎日の水やりがめんどうになったり，花や実がつかなかったりなどが原因で，得られる効果よりも担当者への負担が大きいと感じ，活動を途中で断念したり規模を縮小したりしています。

　農園芸を医療や福祉，教育に活用するということは，単に園芸を楽しむということではなく，そのよさを対象者が享受できるよう，活動の提供者はできるかぎり早い段階から植物の性質を理解したうえで，栽培を適切に行なうための技術と知識が必要です。ここでは，施設や学校，自主活動で農園芸活動を行なっているか，または将来取り組みたいと考えている人のうち，まだ農園芸についての十分な知識や経験がない人のために，植物を育てることを材料として，適切に活動を進めるうえでの手順や必要な技術について，その理由や方法を説明します。

1　土を耕す

　農園芸を進めるためには，まずはじめに農作物を育てる場所をつくる必要があります。ふだん人が通行したり，物が置かれて踏み固められた土地は，土がかたくなって植物がうまく育ちません。また，長く栽培していない畑を利用する場合，地上部を刈り取っても植物の根が土の中にたくさんあり，そのままでは植物が育ちにくい環境であるといえます。このような状況では，いくら一生懸命植物を育てても，十分な実りを迎えることはできません。できるだけ失敗しないように植物を育てるためには，まずはじめに土をていねいに耕して，管理しやすい条件をつくりましょう。

　土を耕すことのおもな目的は，次のとおりです。
○かたくなった土をやわらかくし，作物の根が伸びやすい条件をつくる。
○すでに生えている雑草や，前作で残ってしまった植物を取り除くことで，育てたい植物が優位に生長する条件をつくる。
○土の条件がよくない場合には，肥料や土壌改良材を土に混ぜることで，作物の生長を促す。

　このほかに土の条件を均質にしたり，害虫を減らしたり，畝を立てて排水性をよくするなど，多くの目的があります。

　一方，最近は不耕起（耕さないこと）で植物を栽培する方法があり

ます。不耕起栽培は周囲の植生との共存によって植物を育てるパーマネントカルチャーや，農業の機械化における省力的栽培法の一つとして行なわれています。したがって，農園芸を医療や福祉，教育に活用する作業としてパターン化する，あるいはプログラム化するうえでは課題が多いと考えられます。

また，かたい土は植物が育ちにくいだけでなく，そこで実際に作業をする対象者にとっても疲労感が大きくなります。土を耕すことで土がやわらかくなり，後の栽培管理が格段に楽になります。よい畑をつくるためには，少々大変ですがスタートの段階でしっかりと畑を耕しましょう。

畑の面積が小さな場合には人力で耕すこともできますが，100坪をこえるような本格的な畑で，少なくとも週に2日，半日作業に専念できる人が確保できないなら，面積に応じた耕うん機があったほうがよいでしょう。

(1) 人力でかたい土地を耕す手順

これまで作物をつくっていない踏み固められた土地を畑に変える場合や，水田など粘土質の土は，乾燥したままではとてもかたく，耕すどころではありません。人力で作業する場合は水分を含んだ土のほうが少ない力で土をおこすことができます。水を多めにまくか，雨の後をねらって水分を含んだ状態のときにショベル（スコップ，図2-1）などを使って土を粗くおこし，少し乾いてから土を砕くと楽に作業できます。

片手バチグワ
片手で使うタイプ。かたい土をおこすことができる

片手備中グワ
片手で使うタイプ。かたい土をおこしたり粗い土を砕いたりする

片手三角ホー
片手で使うタイプ。表面を削って除草作業などに使う

三角ホー
他の道具よりも先が小振りでとがっており，軽量なので効率はわるいが，少ない力でさまざまな作業ができる

備中グワ
かたくなった土をおこしたり粗く砕くときに用いる

平グワ
畑を耕したり，畝を立てたり，草を削る万能の道具

ショベル
（スコップ）
かたい土を体重をかけて掘りおこすことができる

図 2-1　一般的な農用具

図 2-2 土を耕す手順
土がかたいときはショベルで掘り返し（左），備中グワで土を砕き（中），平グワで土を細かくして（右）畝を立てる

手順としては，①表面の雑草を取り除く→②ツルハシ，ショベルなどを使って土を粗くおこす→③備中グワなどを使って土を砕く→④平グワを使ってさらに土を細かくするとともに畝の形を整える……といった流れ（図2-2）が一般的な進め方です。

はじめはかたい土地でも，堆肥などの有機物を投入して土づくりを進めると，少しずつ土がやわらかくなり，備中グワや平グワだけで耕せるようになります。土を耕すときに投入すると土壌を改良して土づくりができる資材について，表2-1にその種類と特徴を紹介します。

（2）機械を使った耕うん

耕うん作業は身体への負担が大きいだけでなく，面積が広ければ心理的にも大きな負担になります。また，時間に制約の多い活動では畑の準備が整わず，栽培のタイミングを逃してしまうことにもなります。

耕うん機やトラクターがあれば，かたい土を素早く砕くので仕事の能率が格段に上がります。もし購入できるのなら，面積や目的に応じたものを入手しましょう。ただし，耕うん機やトラクターは操作の複雑な機械ですので，使いこなすための技術が必要です。取り扱いを間違うと命にかかわる重大な事故を引きおこしますので，できるだけ専門店で購入し，正しい使い方についてていねいに指導してもらいまし

表 2-1 土壌改良材の種類と特徴

土壌改良材	特　徴
バーク堆肥	木材やパルプ製造の過程で出る樹皮を発酵させたもの。繊維質が多く，土壌が団粒化する
腐葉土	おもに広葉樹の葉を堆積し，発酵させたもの。土壌が団粒化するほか，植物栽培に有用な微生物が多く存在する
パーライト	おもに真珠岩を高温で発泡させたもの。無菌。軽量でサラサラしており，排水性が高いので粘土質土壌や重い土壌での作業性を高めることができる
くん炭	もみ殻などをいぶし焼きにして炭化したもの。炭は多孔質（目にみえない細かな穴が多くある）で肥料を吸着したり微生物のすみかとなるため，土壌改良効果が高い
牛ふん堆肥	牛ふんとわらなどの繊維を混合し，堆積して発酵させたもの。バーク堆肥同様，繊維質が多く，土壌が団粒化する。窒素成分を含むので肥料としての効果もある

農業用機械の利用⇨p.52 ょう。近隣の農業者で機械を導入している人がいれば，はじめのうちは機械による耕うん作業を手伝ってもらいながら，徐々に操作方法を教えてもらうなどの支援をお願いするのも一つの方法です。耕うん機の解説は農業用機械の利用で紹介しています。

2 種子をまく，苗を育てる

(1) 種子をまく

種まきは，植物を育てるうえでもっとも技術の必要な作業の一つであり，多くの対象者が取り組むことのできる最初の工程です。この工程に失敗すると，対象者の意欲がそがれてしまうとともに，栽培計画が大幅に狂ってしまいます。対象者を引きつけて計画的に活動を進めるために，種子を発芽させる技術を身につけましょう。

●発芽を促す条件

多くの種子は，それぞれの決まった条件でしか発芽できません。発芽を促すには，水分と温度と酸素と光の条件を整える必要があります（図2-3）。

水分 発芽時の水分条件はどの種子もほとんど同じです。種子に水分を与えると水分を吸収して芽が動きはじめます。この，芽が動き始めたときがとても重要です。いったん動き始めると，ストップが効きません。このときに水やりを忘れるなどして，乾燥状態になると，根が十分に伸びていないので簡単に枯れてしまいます。発芽不良の多くの原因は，土の水分保持がうまくいかないことです。水分保持には，覆土（土を種子の上にかけること）が有効ですが，かけすぎると発芽しません。おおよそ種子と同じ厚さから2倍程度の覆土をすればよいでしょう。

トンネル・べたがけ⇨p.39

温度 種子にはそれぞれ発芽に最適な温度があり，高温の好きな植物は低すぎると，低温の好きな植物は高すぎると発芽率が下がったり，場合によってはまったく発芽しなかったりします。多くの植物は20℃から25℃前後で発芽しますが，それぞれの発芽に最適な温度は種子の絵袋に書かれてありますので，よく読みましょう。発芽をよくするために，暑い時期には寒冷紗などで日陰をつくり地温を下げます。一方，寒い時期には直まきならトンネルやべたがけ，移植栽培なら電気で適温を保つ温床マットの上に置くなどして暖めます。

酸素 発芽には多くの酸素を必要とすることが知られています。通気性の良い土なら，水を乾かないように定期的に与えると，土の中の酸素が入れ替わり，発芽がよくなります。水はけがわるい土では，水がたまって酸素不足になり発芽不良になることがあるため，注意しましょう。

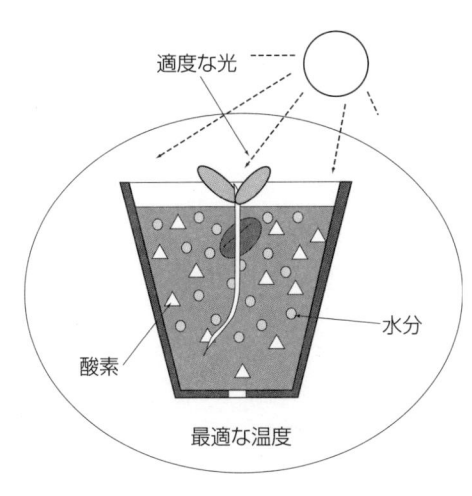

図2-3 発芽を促す条件

第2章 農園芸活動の基礎 27

光 種子のなかには，光がない条件で発芽しやすい種子（嫌光性種子），光がある条件で発芽しやすい種子（好光性種子）があります。種子の絵袋にこの条件が書いてあれば，覆土の量を調整するなどして対応しましょう。また，芽が伸び始めると，すぐに光に当てる必要があります。光に当てないと，ひょろひょろと伸びてもやし状態になり，倒れやすく後の生育もわるくなります。

●発芽しない種子

上記の条件が揃っていても，種子が発芽しにくいことがあります。その多くは種子が古い，高温条件など不適切な環境により種子が死んでいるなどが考えられますが，なかには天候の不順な年に全滅しないように，何年か経過して環境変化にあってはじめて発芽するような遺伝的に発芽しにくい仕組みをもった種子もあります。このような種子のなかには，物理的な刺激を与えると発芽するものがあります。アサガオやハスの種子は，表面に傷をつけたり穴を開けたりすると吸水し発芽します。

●直まきと育苗トレイまき

種まきには直まきと育苗トレイにまく方法があります。

直まき はじめに伸びる直根が重要なダイコンやニンジン，苗の数が多いコマツナなどの軟弱野菜は直まきをして，途中で間引きをする栽培が一般的です。

土をできるだけ細かくなるまで耕して種子をまき，覆土をします。その上から種子の周辺に均等に水分が行き渡るようにします。

覆土は慣れない人が土をかけると，土が厚くなりすぎたり薄すぎたりして，発芽しないことがよくあります。対象者によっては覆土作業はやや難しい作業であるかもしれません。ていねいに均等に覆土するために，支援者が作業するか，一緒に作業をしましょう。

種まきと覆土の方法⇨ p.73

バーミキュライトなど保水性の高い土で覆土すると発芽しやすくなります。種まきの方法と覆土については，第3章で詳しく紹介しています。

育苗トレイまき キャベツやハクサイ，トマトなど，株間を大きくとって植え付ける植物や，パンジーなどの花壇苗は，種まき専用の土を使い，育苗トレイに種子をまいて温室などでまとめて管理をすることが一般的です。

（2）苗を育てる

発芽した苗をよい苗に育てるためには，軟弱にならないように水分や肥料を与えすぎないことと，しっかりと光に当てることが大切です。苗が生長して隣の苗と葉が触れるようになると，光を求めて横の苗と競争してどんどん伸びてしまいます。この現象を「徒長」とよびます。徒長した苗は育てにくいので，徒長する前に直まきならば間引き，育苗トレイまきならば植え替えをして苗の間隔を広げます。

このほか，育苗時によくおこるトラブルは，苗が小さい段階で害虫

の被害に遭うことです。植物が小さいと，ナメクジやヨトウムシが出現すると一晩で食い尽くされてしまうこともあります。虫のつきやすいコマツナなどのアブラナ科の植物は，とくに害虫の発生に注意しましょう。

適切な栽培時期なら温度管理は必要ありませんが，もし早まきや遅まきで季節をずらして育苗するのであれば，温室やトンネルで保温する場合もあります。

3　水をやる

水をやることには，①植物が生きるために必要な水分を供給する，②発芽のところでも書いたとおり，根に酸素を供給する，③葉についたハダニなどの害虫を洗い流す，などの意味があります。水をやる作業は簡単そうですが，農園芸活動に取り組む施設のほとんどの人が水やりで失敗をしています。指導者が水やりのコツを理解することで，活動のなかで水やりを対象者に担ってもらうときにていねいな方法が指導できるとともに，植物の生育が格段によくなり，枯死などのロスも減少します。

(1) 水やりの失敗

原因の多くは，表面が濡れた程度で水やりをやめてしまうか，反対に排水性がわるく乾きにくい土に水をやりすぎて根が窒息してしまうことです。発芽にも酸素が必要と書きましたが，排水性のわるい土の中では空気のすき間がなくなり，酸素不足になって根腐れをおこしてしまいます。反対に，排水性，通気性のよい土なら，毎日水を与えても根腐れはあまりおこりません。

(2) どのくらい水をあげればよいのか

地面に対し20mm程度の降水量があれば，水は地中約15cmまで行き渡るといわれています。畑では1㎡当たりバケツに2杯分（20 l ）くらい与えるつもりで水やりをします。畑なら，苗がしっかり根付いていれば，一度たっぷりと水を与えると真夏でも数日間は水やりする必要がありません。

鉢やポット，育苗トレイの場合，土の表面が乾いてから土の中の水分が完全になくなるまでの時間が短いため，畑よりも頻繁に水を与える必要があります。天候を加味しながら，毎日あるいは2日に1回というように，定期的に水を与えると安心して栽培できます。また，鉢やポットはとなりの鉢とは独立しているので，水やりのムラがあると水の少ない鉢が枯れてしまいます。鉢やポット一つひとつにしっかりと水をしみこませることを意識して水を与えます。

一度完全に乾いた土は撥水性があり，水をはじいてしばらくは吸水しないので，植物の根まで水が届かないことがよくあります。植物が

しおれるほど土が完全に乾いてしまった場合には、時間をかけて与える必要があります。

(3) ウォータースペースをつくる

　水やりで失敗しないコツの一つが、鉢なら土を容器いっぱいに入れないで、鉢のいちばん上から3cmほどの空間をつくることです。これはウォータースペース（水代(みずしろ)ともいう）とよばれていて、ここに水が一時的にたまり、徐々に下にしみていきます（図2-4）。ウォータースペースがないと、水が鉢の上からあふれて水がしみ込む時間を稼ぐことができません。

　これは畑の畝でも同じことで、水が畝の表面を流れ落ちないようにすじを切ったり、植え付けた株の円周に浅いすじをつけたりして、水が一時的にたまることのできるスペースを設けると、少ない水でも効率的に土の中にしみこみます。

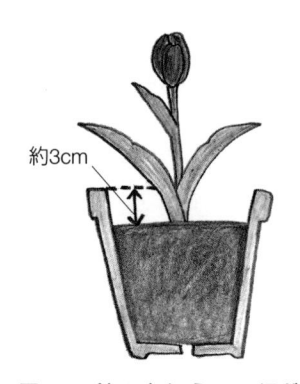

図2-4　鉢の上から3cmほど空間をつくり、水を一時的にためるウォータースペースをつくる

(4) 昼間の水やり

　よく昼間に水やりをしてはいけないといわれますが、もし植物が枯れそうにしおれているなら与えてもかまいません。このとき注意することは、①蛇口からははじめにお湯が出てくるので、冷たい水が出るまで待ってから水を与える、②土が冷えるくらい十分に与える、③葉に水滴がつくとレンズのようになって葉やけをおこすことがあるので、水が葉にかからないよう株元から水を与える、といった工夫をすることです。

(5) 乾かすことも大切

　土がつねに濡れた状態だと、植物は吸水のための根をあまり伸ばさなくなり、乾燥に弱くなります。また、収穫した野菜の味が水っぽくなることがあります。植物の管理に慣れてからでよいので、一つ上の技術として、土が乾くまで水を与えずに管理して根を伸ばすテクニックを身につけましょう。土の表面が乾き、植物のぴんと張った感じがなくなったころが水やり時です。土の水分が少なくなると、深くまで根を伸ばすとともに、細かい根が出て、わずかな水分を利用できるようになります。また、地上部もがっちりと育ち、徒長しにくくなります。明らかにしおれたり、変色したりするまでほうっておくと、生育障害があらわれることがあるので注意します。

4　肥料をやる

　植物は、肥料をおもに土から吸収して生長します。森林や草原では落葉や小動物の死骸が分解されて新たな肥料成分が供給されるため土はつねに栄養を含んでいますが、畑やプランターでは肥料を吸収して生長した植物が収穫物として畑の外に持ち出されるため、そのままで

はどんどん土がやせていきます。このため，新たに生長できるための肥料が必要になります。農業用の肥料は，農協や農業用資材店，種苗店，ホームセンターなどで入手できます。

（1）肥料成分

販売されている肥料袋をみると，よく大きめの文字で「8-8-8」などと3つの数字が表示されています。大きな表示がない肥料袋にも，どこかに生産業者保証票が記載してあり，細かな数字が表示されています。これらの数字は，肥料の成分である窒素，リン酸，カリやその他の成分が何パーセント含まれているかを示したものです。

●肥料の三要素

窒素，リン酸，カリは多量要素または肥料の三要素とよばれます。この三要素は植物が生長するときにたくさん消費されるため，ふつう肥料によって補います。窒素はおもに茎や葉の生長を，リン酸はおもに開花と結実を，カリはおもに根の発達を促します。

●中量要素・微量要素

肥料の成分は三要素のほかに，中量要素であるカルシウム，マグネシウム，イオウ，微量要素であるマンガン，鉄，ホウ素，亜鉛，モリブデン，銅，塩素などがあり，植物の生育に欠かすことはできません。微量要素はふつう土の中にに存在しますが，条件によっては欠乏することがあり，植物の葉の色が変わったり，茎にすじが入ったりして，植物が健全に生長することができなくなります。このような場合には微量要素が含まれる肥料を与えます。

（2）肥料の種類と効き方

肥料は化学的につくられた化学肥料と，自然界に発生するさまざまな有機素材を使った有機質肥料に大別されます（図2-5）。また，肥料にはすぐに効果がみられる速効性肥料と，少しずつ効果があらわれる緩効性肥料の別があります。

●化学肥料

化学肥料は単肥と複合肥料に分かれます。ふつう化学肥料はすぐに効き始めますが，肥料の効き具合を特殊な加工により調節した肥効調節型肥料（緩効性の化成肥料）もあります。

単肥 化学的に合成された肥料のうち，主要成分が一つの肥料です。単肥には硫安や塩化カリなどがあります。

複合肥料 肥料の三要素（窒素，リン酸，カリ）のうち2成分以上を保証する肥料を複合肥料といいます。複合肥料には化成肥料，配合肥料，被覆複合肥料，液状複合肥料（液肥）などがあります（次ページ表2-2）。

●有機質肥料

おもに食品などの残さや家畜糞尿が原料となっています。土壌改良効果をもつ腐植成分を含み，肥料分は化成肥料よりも少なめです。油

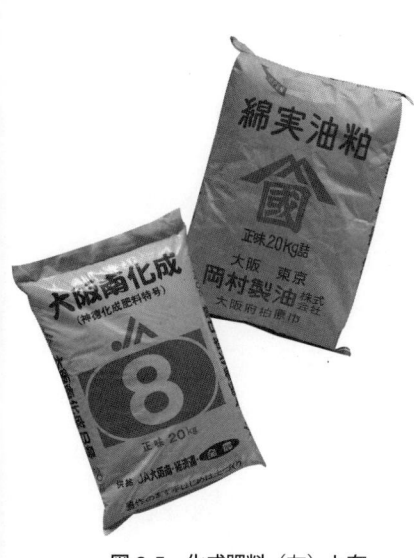

図2-5 化成肥料（左）と有機質肥料（右）の例

表 2-2 複合肥料の種類と特徴

●化成肥料	複数の原料となる肥料に化学的操作を加えて，使いやすいように造粒・成型した肥料。このうち，成分の合計が30％以上のものは高度化成肥料とよばれる。少ない量で効くが，使い方を誤ると肥料あたりすることがある。30％未満は普通化成とよばれ，施肥量を間違えなければ，畑などではほとんど肥料あたりすることがなく，初心者には使いやすいといえる
●肥効調節型肥料	被覆複合肥料のように肥料の表面をコーティングするなどして成分の溶ける速度を調節した化学肥料の一種で，70日タイプや180日タイプなど肥料の効く期間がコントロールされている。ふつうの化成肥料と比較すると3倍ぐらいの値段で高価であるが，育てる植物の栽培期間に合わせて，はじめに肥料を与えると追肥の手間が省ける
●配合肥料その他	有機質肥料と化学肥料を混ぜた有機配合肥料や液体の肥料，溶かして使う粉状の肥料などがある

カス，魚粉，骨粉，牛ふん堆肥，豚ぷん堆肥，鶏ふん堆肥などがあり，ふつう緩効性です。

　油カスの窒素成分は，一般的によく用いられる化成肥料の半分（6％前後）くらいです。また，堆肥の窒素，リン酸，カリ成分はどれも1％未満であることが多く，化成肥料の10分の1程度です。十分に発酵が進んでいない堆肥を大量に投入すると，土に入れてから発酵が進み，土壌中の窒素分が不足するとともにガスが発生して生育を阻害することがあるので注意してください。

●**石灰質肥料**

　植物が直接吸収する目的ではなく，土壌の酸性を中和するために用いられます。苦土石灰や消石灰などがあります。

(3) 施肥量の計算方法

　専門的な本をみると，施肥量について窒素を成分で10a当たり何kg与えると書かれていることがあります。肥料は種類によって含有成分が違うので，このような表示がされています。そのため，使っている肥料ごとに計算して与えます。

　たとえば，普通化成でよく使われている「8－8－8化成」なら，20kgの袋で窒素，リン酸，カリがそれぞれ8％含まれています（図2－6）。重さにすると1.6kgになり，この数字で施肥量を計算します。「10a（＝1反，1000㎡）当たり窒素，リン酸，カリを成分でそれぞれ10kgずつ与えなさい」と栽培の本に書いてあれば，この場合は「8－8－8化成」を125kg与えることになります。

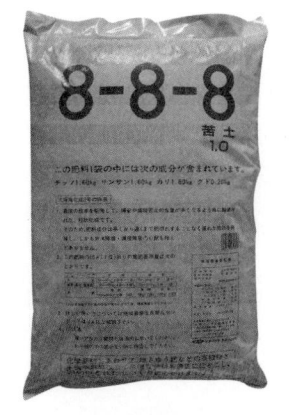

図2-6　肥料袋の裏には成分量が記されている

(4) 一般的な肥培管理

　植物を栽培するときに用いる肥料は，人によって与え方や使用する肥料の種類が異なるために，栽培経験のない人にとってはわかりづらいことが多いようです。そこで，施肥を簡略化するために表2－3のように，肥料の基本量と計量のめやすがまとめられています。栽培する植物によって肥料の量は異なりますが，基本量を与えればたいていのものは育ちます。1か月をこえて栽培する場合は2～3週間ごとに化成肥料なら50gずつ，有機質肥料ならその倍量を追肥します。追肥は生

表2-3　1㎡当たりの肥料の基本量と計量のめやす

	肥料の種類	基本量	計算のめやす
元肥	化成肥料 （油かすなどの有機質肥料だけで育てる場合は約200g〈コップ2杯〉）	約100g	コップ半分
	苦土石灰	約100g	コップ3分の1杯
	堆肥	約2kg	バケツ半分（乾燥状態によって重さが大きく異なる）
追肥	化成肥料 （有機質肥料なら約100g〈コップ1杯〉）	50gずつ	コップ4分の1杯

育状態をみて、量を加減しましょう。

　なお、元肥は一度耕起したあとで畑全体に均等にばらまき、その後畝を立てるのが一般的です。追肥は生長にあわせて、根元から少し離して置くようにします。

（5）肥料のやりすぎに注意

　肥料を与えすぎると、土壌中の塩濃度（＝電気伝導度＝EC）が高くなり生育障害があらわれます。植物が生育しやすいECは、高くても1.0程度です。ECの計測には簡易な計測器が販売されています。一つ準備しておくと土壌のチェックができて、生育不良の原因を探ることができます。

5　生長と開花

（1）温度と日の長さが強く影響

　植物は、野生の状態で決まった時期に発芽し生長して、決まった時期に花を咲かせます。この生長と開花にかかわりが大きいのは、温度と日の長さです。この条件を知らずに植物を育てると、いつまでも花が咲かなかったり、反対に十分に生長しないうちに花が咲いたりして収穫できないなど、本来の栽培ができません。

　春に咲く一年草のほとんどは、秋の適切な温度で発芽した後、寒い冬を迎えます。このとき、地下では根を生長させながら、地上部の葉や茎はできるだけ小さな状態に保つことで冬の寒さに耐え、春が来るのを待っています。温度が上がり、日の長さが長くなり始めると、植物は一気に葉や茎を伸ばして花を咲かせます。これをバーナリゼーション（春化）とよびます。ダイコンなどのアブラナ科の植物がこの時期に一斉に菜の花を咲かせるのはこのためで、遅まきのダイコンでは根が大きくなる前にトウが立つ（花がつく茎が伸び始めること）といわれている理由です。

　一方、コスモスなど夏から秋に咲く一年草は、反対に日が短くなると花を咲かせる特徴があります。このため、早まきのコスモスは種子をまいてから開花までの期間が長くなります。このように、植物は一

年の温度や日の長さの変化を察知して生長したり花を咲かせたりするのです。

　球根や宿根草など多年草の仲間も，一年の温度変化を敏感に感じ取っています。イチゴは夏の高温で花芽をつくり，その後冬の低温を受けることで花芽の発達を促し，ふたたび温度が上がると花を咲かせ実をつけます。したがって，必要な高温と低温を温室や冷蔵庫で経過させると，勘違いして早いうちから実がつきます。これを促成栽培といいます。

　水で栽培できるので病院のベッドサイドでも取り組める園芸としてよく利用されるヒアシンスは，5℃前後の低温の中で一定期間栽培しないと，茎がまったく伸びずに変な姿で花が咲きます。また，高齢者とのプログラムで人気のあるキクの栽培では，夜の間に街灯によって光が当たると開花が遅れたり，咲かなかったりします。このように，温度変化と日の長さは植物のライフサイクルをつくり出しているため，このルールを理解して植物を育てなければ，せっかく時間をかけてもプログラムが失敗してしまいます。

(2) 四季咲き，四季成りの品種も上手に使う

　現在，季節を選ばずに野菜や花が手に入るようになっていますが，これは植物のライフサイクルをうまく人工的につくり出して季節はずれの収穫を可能にしているからです。一方，季節の変化に鈍感な植物も開発され，いつでもつくることのできる品種が増えていて，四季咲き，四季成りといわれていています。このような品種の特性を把握していれば，施設周辺に街灯が多い場合には四季咲き性のあるコスモスを選ぶなど，プログラムを進めるうえでの工夫に発展します。また，授産事業での周年栽培計画を立てるのにも役に立ちます。

6　病気・害虫を防ぐ

　植物を育てるうえで避けられないのが，病気や害虫による被害です。植物栽培に取り組むなかでもっとも大きな問題となることが多く，病害虫の被害は対象者や活動経験の少ない支援者に対して精神的に大きなダメージを与えることがあります。また，防除に農薬を使用することもあるため，病害虫対策については少し詳しく解説します。

(1) 防除の方法

　まず，植物の病害虫に関する写真入りの本を1冊購入しましょう。どんな病気や虫があって，どのように防除するのかを知らなければ対応が難しいからです。

　病害虫が発生したときに，いちばん簡単に効果が期待できるのは農薬の利用です。農薬は敬遠されがちですが，植物と発生している病害虫の組み合わせに対して登録のある薬剤を使用時期と使用量を守って

散布すると，確実な効果が得られますし，安全性も確認・保証されています。

一方，農薬によって病害虫を防除するのとは別に，栽培時の工夫で虫や病気の発生や被害を最小限に抑える「耕種的防除」とよばれる方法があります。たとえば，

①病気の症状が出ている株があればすぐに撤去する，

②病気の多発する畑で同じ作物をつくらない，

③問題となる病害虫の被害を受けにくい品種を導入する，

④植物残さ（収穫後に出た残りの部分などの植物ごみ）を畑に残さない，

⑤雑草などを徹底的に取り除いて病害虫の温床をつくらない，

⑥過湿，過乾燥を避ける，

など，病害虫が発生する要因を積極的に取り除く管理をする方法です。

このほか，土を太陽熱や蒸気などの熱で消毒したり，ポリマルチや不織布を使って物理的に虫の入れない環境をつくったりする「物理的防除」，昔からよく知られているアブラムシ（図2-7）に対するテントウムシや，害虫に寄生するハチなどの天敵を用いて病害虫を防除する「生物的防除」とよばれる方法などがあります。

さらに，最近は「総合的管理」という言葉がよく使われるようになりました。総合的管理（IPM：Integrated Pest Management）とは，化学農薬（化学的防除）だけに頼らずに，耕種的防除，物理的防除，生物的防除をうまく組み合わせたもっとも効果的な防除を行なうことです。

いずれの方法も，まず第一に発生した（または発生すると予測される）病気や虫が何であるのかを見極める必要があります。病害虫の発生初期や小さな幼虫のうちに発見できれば，よく薬剤が効きます。アブラムシやハダニ，アザミウマなどは身体が小さいためにすぐに発見できない場合があります。これらの虫の被害は葉や花によく症状が出ますが，一見して虫の被害なのか病気による症状なのか判別できません。なんだか葉の調子がわるそう，葉や花の色が白っぽい，すじが入ったように色が抜けている，全体的に葉の生長が思わしくないといった症状があらわれれば，まず虫メガネで観察してください。虫がいなければ病気の可能性があります。

虫も病気も同じ生物であり，私たちの仲間です。観察を続ければ，植物の周囲にいる害虫とその天敵の存在など，興味深い自然が身近に存在することに気づきます。私たちにとっては病害虫であっても，それぞれの役割があるため，徹底的な防除にこだわらず，適切に管理して，数を増やさない，発生を抑制するという感覚を身につけてください。

以下に病害虫の具体的な防除方法について説明します。

図2-7 身体が小さいので見逃すこともあるアブラムシ
（田中寛氏提供）

(2) 農薬を使った防除

①被害のある部分をよく観察しましょう。葉の裏や葉が分化してくる芯の部分に虫や病気の症状がみられませんか。

②被害の出た植物の名前と、病害虫の種類を確認します。わからない場合は農業の知識をもった人に尋ねましょう。

③登録のある農薬を調べます。害虫用の農薬であれば何にでも効果があると考えている人も多いようですが、たとえばハダニは小さな虫であっても、アブラムシやヨトウムシに使う殺虫剤が効かないので殺ダニ剤を使うなど、防除効果の確認された薬剤を使う必要があります。

希釈液のつくり方　⇨＜一般的な散布液のつくり方＞p.37

④農薬が準備できたら、所定の濃度に希釈します。このときから手袋、マスクを身につけましょう。

⑤病害虫に確実に薬がかかるよう、葉裏にもていねいに散布しましょう。温室などの施設は閉めきったまま散布すると薬剤を多く吸い込んでしまいます。十分に換気しましょう。

⑥散布するさいには、風向きに注意し、目的の作物以外に薬剤が飛ばないように注意します。

⑦何日かたって虫がまだいる場合や、新しい葉などに病気の症状が継続している場合には、薬剤が効いていない場合があります。同じ薬剤をかけ続けるとその薬剤に抵抗性（病気の場合は耐性）をもった病害虫が大量に発生しかねません。成分の異なる薬剤を探して使いましょう。

⑧薬剤を散布してから収穫時期までの期間に注意しましょう。農薬のラベルには収穫何日前まで使用できるのか書いてあります。ラベルの文字は非常に小さく読みにくいことが多いので、虫めがねや拡大コピーでしっかりと読んで確認してください（図2-8）。

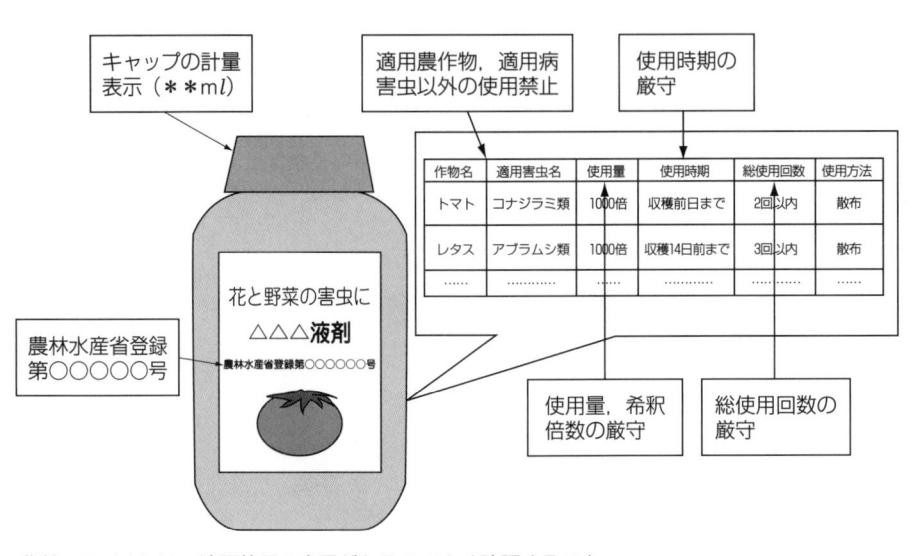

図2-8　農薬のラベルには、適正使用の表示があるのでよく確認すること

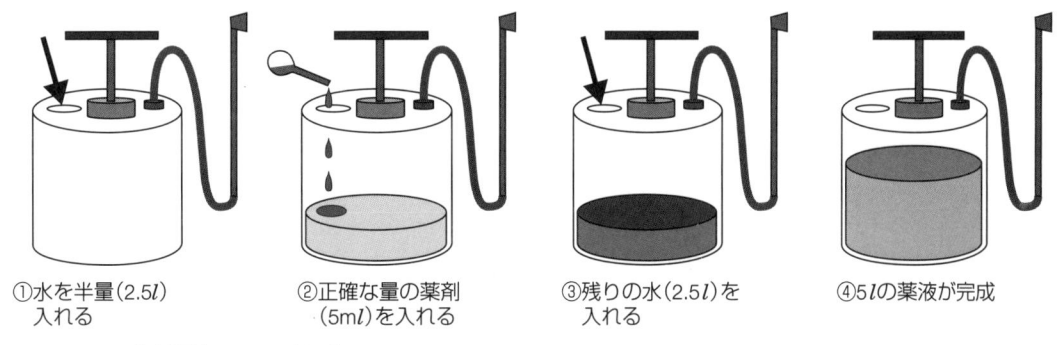

①水を半量(2.5*l*)入れる　②正確な量の薬剤(5m*l*)を入れる　③残りの水(2.5*l*)を入れる　④5*l*の薬液が完成

図 2-9　1000 倍希釈液 5*l* のつくり方

＜一般的な散布液のつくり方＞（図 2-9）

①防除用噴霧器や，農薬専用のバケツなどの容器に，必要な液量の半量程度の水を入れます。

②薬剤を正しく量ります。1000 倍の薬液を 5*l* つくる場合，液状の薬剤（乳剤，液剤，フロアブル剤）なら 5m*l*，粉状，顆粒状の薬剤（水和剤，水溶剤）なら 5g 量ります。液状の薬剤は専用の計量スプーンやスポイトを使って，また粉状の薬剤は 1g 単位で測定できる秤で量りましょう。容器のキャップにも，計量の基準となるように何 m*l* と書いてあります。

ときどき，農薬の計量をいい加減にする人がいます。一般の人が農薬を使っている状況を観察した結果，いちばん濃いもので，100m*l* 容器入りの薬剤の半分量を 5*l* 容器に入れた例があります。本来 1000 倍希釈で利用するこの薬剤が 100 倍希釈され，通常の 10 倍もの濃度で散布されたことになります。当然，植物にはひどい薬害が発生しましたし，植物への農薬の残留もとても心配です。

③正しく量った薬剤を容器に入れて水に溶かします。水に溶けにくい水和剤の場合は，薬剤をまず少量の水で溶かしてから加えます。そのあとで残りの半量の水を加えて必要量の薬液をつくります。

（3）耕種的防除

栽培管理を徹底することです。耕種的防除は農薬による防除が行なわれる前から，農業技術として発展してきました。

●栽培環境整備

病害虫が繁殖しないように，周囲の環境を整えます。周辺の草刈りを徹底するとともに，植物の残さを残さず，病害虫の温床をつくらないようにします。また，病気の株が発生したらすぐに抜き取って伝播を防ぎます。

●栽培時期を変える

病害虫が発生しやすい時期を外して作物をつくることで被害を抑えます。たとえば露地栽培の場合，苗を早めにつくっておいて，収穫時期を通常より少し早くすると被害は少なくなります。

●抵抗性，耐性植物の利用

　作物によっては，「耐病○○」といったネーミングで品種改良が行なわれ，販売されています。また，販売されている多くの接ぎ木苗は土壌病害への抵抗性がある台木を用いています。

●健全種苗の利用

　ウイルスフリーの名称で販売されています。植物に潜むウイルスなどを排除した苗です。

●栽培管理

　土壌を湿潤にしすぎない，乾燥させすぎない，あまり密植せずに風通しをよくするなど，病害虫が好まず，植物が健全に育つ管理を行ないましょう。

●連作を避ける

　連作は病害虫をその畑で続けて発生させることになります。同じ場所で同じものをつくらないようにしましょう。

●作物選択やコンパニオンプランツによる害虫被害の軽減

　センチュウが多い畑には，根菜類などの被害の出やすい植物を育てることは避けて，イネ科の植物（トウモロコシなど）やマリーゴールドを植えると，センチュウの密度を減らすことができます。そのあとで主作物の根菜をつくれば，センチュウの被害を減らすことができます。また，アブラムシが寄りつかないナスタチウムなどをアブラムシ被害の多い植物と混植したり，ゴミムシが集まる白クローバーのように，キャベツやブロッコリーに集まるアブラムシやヨトウムシを捕食する天敵となる昆虫を呼び寄せる植物を一緒に植えたりすることで，植物の被害を軽減することができます。

(4) 物理的防除

●太陽熱消毒

太陽熱消毒：土の中にいる虫や病原菌を熱殺することで防除する方法。

　太陽熱消毒は，真夏の日差しが強い時期に実施します。ビニールハウス内で保温できるとさらに効果的ですが，露地でも実施できます。

　その方法は，まず，畑にわらや枯れ草を細かく切ったもの（分解するときに熱を発生する）を1㎡当たりバケツ半分，石灰窒素（窒素肥料の一つ）を1㎡当たりコップ1杯ほど畝の表面にばらまきます。石灰窒素は皮膚や粘膜にかかると荒れたりするので注意してください。

　この後，耕して土とわら，石灰窒素を混ぜ合わせ，畝立て後に畝および畝間に十分かん水を行なった後，透明ビニール（ビニールハウスなどで使った後の古ビニールでよい）を被覆して畑を蒸し込みます（図2-10）。

　天気がよければ2週間，わるい日が多ければ4週間程度で，多くの土壌病害虫や雑草種子が死滅します。ただし，

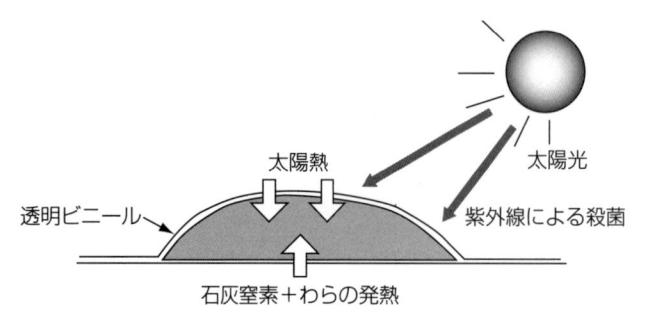

図2-10　土の太陽熱消毒

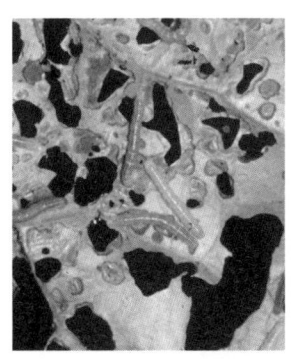

図2-11 ヨトウムシは日中は土中にもぐり,夜間活動する
（田中寛氏提供）

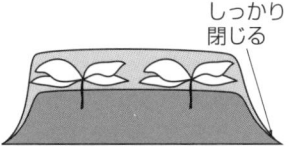

べたがけ
直接,畝にネットをかぶせる方法

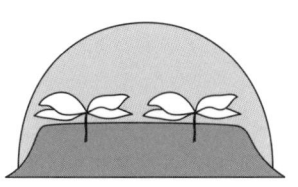

トンネルがけ
トンネルにして,ネットをかぶせる方法

図2-12 べたがけとトンネルがけ

秋から春の時期には効果は得られません。

●蒸気消毒,熱水消毒

蒸気消毒や熱水消毒は,専用の機械を使って地中に蒸気や熱湯を送り込み,熱で病害虫や雑草種子を死滅させます。やけどの危険があり,機械が高価なため,農業を大きく拡大していく予定がある場合にのみ考えましょう。

●べたがけ,トンネルがけ

種子をまいたり,苗を植え付けたりしたすぐ後に,目の細かいネットで畝をすっぽりで覆います。すそをしっかり閉じて飛んでくる虫が入りこめない状態にします。被覆によって外からの侵入は防げますが,虫がすでに中にいる場合は効果は得られません。前述の太陽熱消毒によって潜伏している害虫を防除できれば,害虫による被害が効果的に軽減できます。

ヨトウムシ（図2-11）の仲間には5mm目合のネットで親のガの侵入を防止できます。また,アブラムシやコナジラミ,アザミウマ,ハモグリバエには1mm目合で侵入を防止します。図2-12のように,べたがけやトンネルがけにして設置します。ビニールハウスにも張ることができます。トンネルがけやべたがけをすると,保水,保温効果も得られ,種子の発芽を促します。

●黄色蛍光灯

多くのイモムシ,ケムシ類の防除には,黄色蛍光灯の効果がみとめられています。イモムシ,ケムシの親（蛾）は夜行性が多く,一晩中照明することにより,交尾,産卵などを防ぐことができます。黄色の光は飛来を忌避する効果もあります。電気が畑に引き込めるのなら,この方法は有効です。ただし,日の長さに反応する植物では,開花時期が遅れてしまうことがあります。同様の効果が期待できる緑色蛍光灯もあります。

最近は,インターネットで園芸植物の病害虫情報を得ることができるようになっています。農林水産省や都道府県の農林水産部局や病害虫防除所,農薬メーカー,種苗会社などが情報を提供しています。ホームページを探すと病害虫情報が写真つきで得られるので,活用してください。大阪府では社団法人大阪府植物防疫協会が「ひと目でわかる花と野菜の病害虫」をインターネットで公開しています。

以下に病害虫防除に関するサイトをご紹介しますが,ホームページはアドレスが変わることがあるので,そのときはキーワードなどを使って探しましょう。

●ひと目でわかる花と野菜の病害虫＝大阪府園芸植物病害虫図鑑
　　http://www.epcc.pref.osaka.jp/afr/zukan/index.html
（独立行政法人　農業・食品産業技術総合研究機構）

7　鳥獣害対策にも目配り

　最近は鳥や獣による被害が広がっています。農産物を荒らす動物には，スズメやカラスなどの鳥のほか，イノシシ，サル，アライグマなどがいます。

　鳥による被害には，防鳥ネットを使って対応します。最近増えているイノシシを防ぐもっとも有効な方法は，作物がイノシシにみえないように，畑全体を1.5m程度の高さまで板などで覆ってしまうことです。サルはとても賢く，なかなか効果的な手立てがありません。また，特定外来種として指定されているアライグマの被害も広がっています。凶暴で被害も大きいため，かわいくても餌づけするなど安易に手を出してはいけません。

　害獣被害は農家にとっても大きな問題となっています。捕獲などの具体的な対策の多くは地域ぐるみで取り組む必要があるため，被害が出たなら，まず近隣の農家に相談して連携をはかることが大切です。

8　雑草管理

　病害虫と同じく，広い面積で栽培を始めると雑草管理の大変さに驚かされます。日本は四季の変化が豊かで雨が多いため，農作物と同じように雑草の種類も豊富でとてもよく育ちます。雑草は栽培植物の生長に影響を及ぼすだけではなく，病気や害虫の温床になります。ほうっておくと種子をばらまいて広がり，他の畑にも進入します。

　春先の気候のよい時期にはあまり辛くない雑草管理も，夏の暑い時期には過酷な作業に変わります。対象者に積極的に取り組んでもらうには厳しい条件であるため，雑草管理は多くのケースで支援者に大きな負担としてのしかかってきます。となりの畑からは「ちゃんと管理してもらわないと困る」と文句をいわれ，「ただでさえ人手不足で大変なのに，なぜこんなに辛いことをしなければならないのだろう」と，汗だくになって抜いても抜いても生えてくる雑草に，ついに嫌気がさして活動をやめる人もたくさんいます。だからこそ，雑草防除のコツをつかんで効率よく作業を進めなければなりません。支援している自分が精神的にも肉体的にも疲れた状態になってしまえば，活動そのものがなくなってしまう危険性があるからです。

　雑草を管理する知識と手段をたくさんもっておくことは，作業を軽減するうえでとても重要なことです。種子が落ちる前に防除すると，翌年の発生量を抑制できます。一方，雑草のなかには地中に茎や根を残すため，いくら刈り取っても再生する種類が多くあり，根気よく防除しなければならないこともあります。畑によく生える雑草なら，近隣の農家の人がその特性を把握していることが多いので，相談してみましょう。それぞれの雑草にあった効果的な防除方法を選択すること

で，少しでも管理の労苦を軽減しましょう。

　雑草の防除方法はおもに薬剤（除草剤）による方法と，草刈りや引き抜き，中耕（途中で畝間の表面を耕うんし，草をすき込んでしまう）といった耕種的方法，太陽熱消毒やマルチング，火入れなどの物理的な方法に分かれます。

（1）除草剤を使った防除

　除草剤は多くの雑草が発生してしまった場合に，少ない時間と労力で確実に防除できます。除草剤は雑草の種類（広葉かイネ科のような細葉か）と栽培植物の種類によって使い分けます。まず，主たる雑草が何であるのかを見分けましょう（広葉，細葉，球根や地下茎の有無を調べる）。畑地に生える雑草は比較的見分けやすいものが多いので，雑草の本などを使って調べましょう。除草剤メーカーなどから参考となる情報が本やチラシなどになって配布されていることもあるのでチェックしてください。除草剤は病害虫用の農薬と同じく，登録がない場合には使えません。

　耕うん後に雑草の種子が発芽していなければ，土壌処理剤（土に直接まいて発芽を抑制する除草剤）を使って発芽を抑制します。また，地下茎をもった植物には根を枯らす効果の高い処理剤を使います。

　除草剤は作物にかかると被害を及ぼしますので，使用のさいは十分に注意してください。

（2）草刈りや中耕による防除

　畦畔のように，草でのり面の保護をする場合には，刈払い機などで草刈りをするか，少ない面積なら鎌で草を刈ります。刈払い機や鎌はともに，使い方を誤ると非常に危険な道具です。講習会などを開いて，専門知識のある人から正しい使い方を学びましょう。

　中耕は作物が植えてある畑で土を軽くおこす作業のことで，草を取ったり，土をやわらかくして通気性をよくしたり，土を寄せて植物を保護したりすることができます。雑草が生育初期ならば，平グワを使って簡単にできる作業です。いつも平グワや三角ホーをもって畑に出向き，小さなうちに草をかき削ってしまえば，大きな雑草を必死になって抜く必要がなくなります。

図2-13　ポリフィルムでマルチング
雑草を効果的に抑制する。ただし，土がみえないので違和感を感じることも

（3）その他の手段

　ポリフィルムマルチやバークなどで土の表面を覆うマルチングは，雑草抑制に効果があります。とくにポリフィルムでマルチングすると，土の出ている部分以外に雑草が生えず，土もやわらかく保つことができます（図2-13）。もし当面植える予定のない畝があれば，ポリフィルムでマルチングしておくと，いつでも植え付けできるので便利です。

　また，昔は冬枯れの雑草に火を入れて焼く方法がとられていましたが，最近は環境への配慮からあまり行なわれません。

9 収穫する

　花にも野菜にも収穫適期があります。収穫時期が早すぎると，花が咲かなかったり，味がわるくなったりします。また，収穫が遅れると，花や野菜の品質が低下するだけでなく，実をつけている植物自体が弱り品質も収量も一気に低下します。販売する野菜は流通や販売期間を考えてやや早めに収穫しますが，収穫物を自分たちで食べる場合や，その日のうちに販売する場合は，収穫適期に収穫しましょう。

10　片付け，翌年への準備

　栽培が終われば，株を引き抜き，残さ（収穫した後の植物かす）を集めます。残さを放置すると，悪臭がしたり，害虫の温床となったりすることがあるため，すみやかに処分します。ごみに出すと大変な量になるため，誘引ひもなどよけいなものを除去した後，細かく切って堆肥化すると畑に戻すことができます。

　冬場は堆肥を使って次年度の栽培に向けた畑づくり，土づくりをする時期です。少し土を深めにおこし，1㎡当たり2kgくらいの堆肥を混ぜると，春にはやわらかい土ができます。土がやわらかいことは，植物に対してだけでなく，作業をする人にとっても非常によいことです。すぐに土がほぐれると身体への負担が軽くてすむので快適に多くの畑を耕せます。

(1) 堆肥づくりのすすめ

　環境にやさしい取り組みとして，授産施設などでは，食品残さや枯れ葉などを使って堆肥をつくる取り組みが積極的に行なわれていることが多いようです。堆肥は有機物の腐植と肥料成分を活用することができ，土壌改良効果が高いので，良質の作物がとれるほか土がやわらかくなって作業がしやすいなどのメリットがあります。

　　○堆肥にできる素材：家庭や施設から出る調理くずなどの生ごみ，
　　　　落ち葉，剪定くず，刈り草など
　　○堆肥化を促す添加素材：米ぬか，土
　　○堆肥づくりに必要な道具：堆肥槽となる容器や枠（大きなほうが
　　　　発酵熱が逃げにくく，発酵むらが少ない），切り返しのための
　　　　ショベル，温度計（あれば）

(2) 簡易な堆肥づくりの工程

　堆肥は少しのスペースがあれば簡単につくることができます。ただし，生ごみなどを発酵させると悪臭が発生し，近所迷惑なことになる場合もあります。そこで，ここでは発酵しやすく，においの発生が少ない簡易な堆肥づくりを紹介します。

①土と生ごみなどの素材を容器の中でサンドイッチ状に積み重ねます（図2-14）。米ぬかを生ごみにまぶすと発酵が促進されます。生ごみの水分が多いと嫌気発酵し悪臭がします。少し干して乾かすか，枯れ葉などを加えて水分を調整します。熱式の生ごみ処理機を使うと水分を調整できます。

②堆肥づくりを開始したら，1か月に1回程度切り返しを行ないます。切り返しは，堆肥の外側の温度があがらず，中側が熱くなって熟度が変わるため，堆肥の状態を均質にすることと，水分と空気を供給するために行ないます。

③おおむね1年程度で完熟堆肥となりますが，木質堆肥は食品残さよりも時間がかかります。堆肥が十分に熟しているかどうかを判定するために，コマツナなどの種子を使って発芽試験をします。ポットに堆肥と土を1：1の割合で入れ，種子をまき水を与えます。十分に発酵していると発芽しますが，発酵が不十分だと発芽しないか，発芽しても生長しません（図2-15）。

④よい堆肥をつくるためには，材料の組み合わせがポイントです。牛ふんや鶏ふん，魚のあらなどは窒素やリン酸が多く含まれます。一方，わらや枯れ葉，小枝などは炭素分が多く，組み合わせることで良質の堆肥となります。小枝はそのままでは発酵に時間がかかるため，小さく切って利用します。窒素分が多いと悪臭の原因となりますので注意してください。

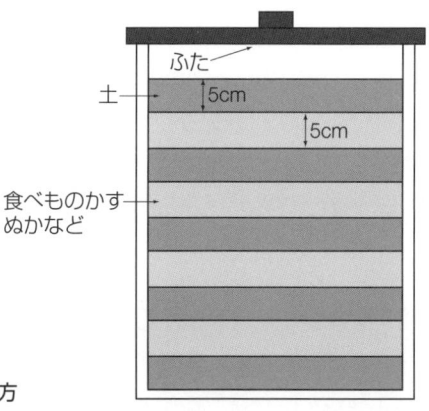

ポイント
☆土と生ごみなどを層状に重ねる
・発酵が促進され，においを抑える
☆1〜2か月に1回は切り返す
・温度が上がりきったら切り返す
☆完熟すると黒っぽくなる
☆水分状態は握ると崩れないが水が出ないくらい
・乾いてきたら水を足す
☆魚のあらや油かすなど窒素分の多い材料と，わらや枯れ葉など炭素の多い材料を混ぜる
☆容器ごと土に埋めると，温度が逃げず発酵が早くなる

図2-14　簡易な堆肥のつくり方

図2-15　堆肥の品質は，種子をまいて発芽の様子で判断できる

発芽しない⇒悪質な堆肥　　やや生育抑制⇒未熟堆肥　　きちんと生育⇒良質な堆肥

第2章　農園芸活動の基礎

2 活動場所を用意する

1 作物を育てる場所，条件

(1) 畑で育てる

　地面に直接植える栽培方法は，根の発達する範囲が広いので，水やりが楽なうえ，大きな作物が比較的簡単にできます。庭先の一角から広い畑まで，基本的に管理方法は同じです。本格的な畑のつくり方は51ページで詳しく紹介しています。

(2) 温室など栽培施設で育てる

　温室などの栽培施設を使う理由は，まず，寒い時期でも暖かく保つことができ，暑い時期には遮光できるなど環境を制御しやすいので，露地栽培よりも早く（促成栽培）から遅く（抑制栽培）まで，長い期間植物を育てることができるからです。また，雨がかからないので，植物が病気にかかりにくくなります。温室があれば冬場は人も暖かく，雨を避けて作業することもできます。50㎡ほどの面積のビニールハウスなら，20万円程度で必要な資材が購入できます。

　温室栽培の欠点は，①露地栽培よりも植物が軟弱になりやすい，②屋根があるために雨水が期待できない，③雨がかからないため，残った肥料成分（塩類）が集積しやすく，何年かに一度専用の植物に塩類を吸わせたり，水をためて除塩したりする必要がある，④春先から夏にかけて温室内は高温になりやすく，換気が不十分だと植物や人へのダメージが大きい，などがあげられます。

専用の植物：「クリーニングクロップ」と呼ばれる，過剰な肥料分を吸わせるために育てる植物（トウモロコシやヒエなど）

(3) プランター，鉢で育てる

　プランターしかないから野菜の栽培は無理と考える方もおられるかもしれませんが，容器の形や大きさを選べば，たいていの野菜が栽培できます。プランターや鉢での栽培は，移動が可能で，作業場所を選ばないことから，屋内での活動や机を使った作業がよい人には最適です。また，雑草管理の心配も少なく，畑の維持管理も必要ありません。日長管理や温度管理が必要な場合には，屋内に取り込んだり，ダンボール箱をかぶせるなどして，学習効果の高いプログラムを計画的に仕組むことができます。

　一方，プランター栽培のデメリットは，なんといっても鉢内の水分が限られており，晴れの日が続いたり，植物が大きくなったりすると，すぐに水が不足し，水やりを忘れると簡単に枯れてしまうことです。また，プランターは根が伸びることのできるスペースが限られるので，

根詰まりしやすく，植えすぎると一つひとつの植物は大きくなれません。

プランターや鉢は，花と野菜の土などを購入して栽培することが多いようですが，古くなった土でも，太陽熱消毒と土壌改良材によって再生できます。土壌改良は，育てる植物にとって好ましい環境（乾燥，湿潤，多肥，排水性，通気性など）にあわせて行ないます。

● **プランターを使った基本的な栽培方法**

プランターでの栽培を成功させるコツは，毎日様子をみることです。畑とは違い，根の広がる空間が限られているため，水や肥料の加減をこまめにチェックすることが大切です。

容器の選び方 プランターの形と大きさは植える植物にあわせて選びましょう。根の形が自由で栽培期間の短い軟弱野菜なら，どのような容器でも栽培できます。カブやニンジンなどの根菜類の場合は深型のプランターに植えます。ハクサイやキャベツのように大きな野菜，トマトのように長期間栽培する野菜，キュウリやナスのように水が多く必要な野菜は，できるだけ大型のプランターに植えます。ゴボウやダイコンなど，とくに根が長く育つ野菜は，肥料袋などを使った袋栽培がよいでしょう（図2-16）。

置き場所 日がよく当たる，毎日様子をみることのできる場所に置きます。

水の与え方 プランターは極端な湿潤と乾燥になりやすいため，できるだけ適切な範囲で水分を調節できる条件をつくりましょう。植物の大きさに合わせて，定期的に水を与えると失敗が少なくなります。過湿にならないために排水のよい土を使い，はじめは水の加減がわからないので，苗が小さい間は2日に1回程度，大きく育って，葉と葉が重なるようになれば毎日水を与えます。気温が低い時期には，もう少し水やりの間隔を開けましょう。よくいわれる，土の表面が乾いたら水を与える，というテクニックには細かな観察と経験が必要です。

また，植物が生長して鉢の中に根が回ると，水は水みちとよばれる決まった場所を流れて排水されやすくなり，中まで水がしみこみにくくなります。プランターに水を与えるときには，土がえぐられない程度の水圧で，時間をかけてしっかりと水がしみこむように与えます。

肥料の与え方 土が少ないので，化成肥料を使う場合は畑よりも少なめの量を細かく分けて与えるか，緩効性の肥料を使って管理します。量を多く肥料を混ぜると根が傷んで生長できません。有機質肥料の場合も，土の中で発酵してガスが出ることがあるので，一度に多く入れないよう注意しましょう。

プランター用土の太陽熱消毒 7～8月に実施できます。古くなった土から植物や根っこを取り除き，10ℓ当たり移植ゴテで2杯程度のわら（または枯れ草）と大さじ1杯の石灰窒素を入れよく混ぜあわせ，しめった状態になるまで水を加えてから透明ビニール袋で密封し（図2-17），できるだけ日当たりのよい場所に2～4週間おいて温度

図2-16 肥料袋を使ってダイコン栽培
底と側面に穴を開けて通気性と排水性を高める

図2-17 プランター用土の太陽熱消毒の方法

第2章 農園芸活動の基礎

を上げます。スペースがあれば，ビニールのトンネルをつくって，袋を中に入れておくと保温性がよくなるので，殺菌・殺虫効果が高まります。

また，紫外線の強い時期には，土を薄く広げて太陽光に当てて乾かすだけでも，一定の殺菌・殺虫効果があります。

●屋上やベランダでの栽培の注意点

都市の施設では畑をもつスペースのあるところのほうが少なく，多くの施設がベランダや屋上で植物の栽培に取り組んでいます。

建物に使われるコンクリートは，熱を蓄える性質があり，土の上よりも気温が高く，水分もほとんど含まないため，とくに夏場は植物にとって過酷な条件となります。打ち水で冷やしたり，プランターの下にスノコなどを入れて浮かせたりして，熱の影響を小さくしましょう。

また，ベランダは，光の入る方向が限られていることが多く，思ったほど植物が生長しません。光の当たる場所は季節によっても移動するため，光を追っかけてプランターを動かして調整しましょう。

プランターをベランダから外にみえるように置く場合，落下しないようにしっかりと固定し，作業する場合には下に人がいないことを確認しましょう。高層階では，プランターは外に出さず，花だけがみえるような工夫をしましょう。

(4) 土を使わない水耕栽培

植物は土がなくても栽培できます。植物に必要な栄養素を水に溶かし，効率よく植物の根から吸わせることで，植物は土で育つよりも急速に大きくなります。根が水につかっていると根腐れをおこすイメージがありますが，ポンプで水を流して管理するか，エアレーション（ぶくぶくと水の中に空気を送り込むこと）すると，酸素が根に行き渡って生育できます。

システムの構造は単純で，水槽，水を循環するためのポンプか空気を送り込む熱帯魚用のエアポンプと，専用の液肥，植物を植え込むと同時に水に光を当てないためのふた，そしてトマトのように大きくなる植物の場合は支えがあれば水耕栽培ができます（図2-18）。

土が必要でないため，施設の屋上など日当たりのよい場所さえあればミニ植物工場ができます。また，パターン化できる作業が多いので，授産施設での農業生産にも活用できます。もちろんコンパクトなキットを作成し，蛍光灯などを使って室内での栽培もできます。欠点は，システムを揃えるための初期投資が必要なことと，管理を怠ると，土のように変化に対する緩衝作用がないために，あっという間に枯れてしまうことです。

図2-18 水耕栽培システム
構造は至って簡単で，水槽，ポンプ，液肥と植物の土台となるボードだけ。家庭用の小さなシステムもある

2　農地を活用する

最近は農業・農作業の教育的な機能や医療上の効果が認められ，学校法人，福祉法人などが自ら農地を保有し，農業体験や園芸療法を目的とした学童農園，福祉農園も増加しています。そこで，現在，農地を使って活動に取り組んでいる，あるいはこれから農地を準備して活動に取り組むことを考えておられるみなさんに，農地を活用するための方法や，活用するうえでのメリットやデメリットなどを紹介します。

(1) 農地を準備する

まだ，畑などの準備ができておらず，新たに農地を活用して活動を展開しようと考えられている場合，農地を「利用する」「借りる」，あるいは「取得する」というケースが考えられます。

●利用する

農業者や市町村が開設している農園を利用することです。市民農園や農業者が技術指導をしてくれる農業体験農園がこれに当たります。市民農園は，平成15年4月には，農地の遊休化が深刻な問題となっている地域にあって，地方公共団体および農業協同組合以外の多様な者による市民農園の開設を可能とする特定農地貸付法などの特例措置を講じることで開設が促進されました。平成17年9月1日には改正特定農地貸付法が施行され，地方公共団体および農業協同組合以外の多様な者による市民農園の開設が可能となりました。つまり，これまでは公益性の高い機関でなければ設置できなかった市民農園が，農業者が自ら開設したり，NPOなどが中心となって農地を借り受けたりして，高齢者のためのあるいは障害者のためのといったさまざまな目的をもった市民農園の開設ができるようになったのです。市民農園にはトイレや休憩所，倉庫などが設置されているので，安心して利用できます。

一方，市街化区域の農地では，市民農園とは別に，農業体験農園が少しずつ広がり始めています。農業体験農園は，農地を所有する農業者自らが主に耕作しながら，あらかじめ契約して一部の農作業を一般市民に体験・学習してもらい，参加者が担当した区画の農作物を買い取ることで農業収入を得るという農園です。農業者が中心となって活動を進めるので，取り組みを始めるにあたってなんら知識や手段がない場合には，農地の整備や栽培技術について具体的な指導を受けることができるので最適です。この農業体験農園は東京都練馬区の農業者が中心となって運営を始めたため，「練馬方式」ともよばれています。

市民農園や農業体験農園には福祉的利用のための区画が設けられている場合も多いので，市町村の担当部署に相談するとよいでしょう。ただし，市民農園でつくった農産物は基本的に売買できないので，授産事業で大規模に取り組む場合は不向きです。

市民農園の形態としては，都市住民の方々が自宅から通って利用す

る日帰り型の市民農園と，農村に滞在しながら農園を利用する滞在型の市民農園（クラインガルテン）があります。

●借りる

農地所有者と契約を結んで農地を借り受けることで，収益を上げる権利を得ることができます。農地を借りる場合，一般的には地域の小作料を基準として借りることが多いようです。もう少し高額であっても，畑の周辺管理や機械で耕うんするなどの作業支援が受けられる場合は，施設での活動担当者の労力が大幅に減少するので有益です。また，市町村によっては，福祉的活動を目的とした農地の貸し借りについては，公的機関が仲介することで公租公課（固定資産税，都市計画税）を免除することがあり，このような制度があれば，地主側にもメリットがあります。

●取得する

農家のほか，農業委員会が認めた，これから就農を目指す人やグループに認められています。しかし，交通の便がよい市街化区域の農地は，農地として売買されることはほとんどなく，農地の借り受けや取得はおもに市街化調整区域や農業振興地域が中心となります。農業振興地域は，農業振興を目的とした制約を設けているため，市町村の農林部局や農業委員会で事前に十分な説明を受けましょう。

営利を目的としない社会福祉法人や学校法人は農地所有が法律で認められていますので，借りることも取得することもできます。

農地を活用するための状況は地域によりさまざまですので，いずれの場合も，まずはふだんからつながりのある市町村の福祉部局や社会福祉協議会などに窓口をお願いし，農林部局や農業委員会に農地斡旋の相談をするとよいでしょう。

農地を活用することのメリットには，税金や賃料が安いことと，新たに大規模な改良が必要ないので活動資金を安く抑えられることなどがあります。一方，デメリットは電気や上水道がないことが多く，倉庫や休憩所などの付帯施設についても建設に規制があることです。

(2) 農地の法律上の特性

「近くに条件のよい農地があるのでもち主に貸して欲しいとお願いしたところ，はじめはいいよといってくれたのに，いざ話を進めると法律があって貸すことができないといわれた」という事例がいくつか報告されています。実際に，便利のよい市街化区域の農地は，市町村などが運営する市民農園以外に貸し借りされることはほとんどありません。これは，1991年の生産緑地法改正時に，市街化区域の農地が生産緑地として認められた場合，使用または収益をする権利を有する人が告示から30年間農地として管理しなければならないとする法律があるためです。また，市民農園においても，農地に相続が発生した場合，農地の相続税納税猶予制度に関係し，税制上の不利益が大きくなるため通常閉園します。

どれも都市の農地を生産緑地として保全するための法律で，たとえ農家が好意で福祉的な活動に貸したいと考えても，相続発生を考慮して貸せないケースも多くあります。問題が生じるような借り方は，貸し手にも借り手にも不利益なことが多いので避けましょう。市街地では，農業体験農園や市民農園を積極的に活用しましょう。

都市域でも少し郊外に出ると市街化調整区域があります。市街化調整区域では土地の評価額が低く，市街化区域よりも農地を借りることが比較的容易です。

(3) 地域との関係づくり

農地で生産活動に入れば，近隣の農家との関係づくりが非常に重要です。これは，地域の農地をよい状態で管理するため，ため池などの農業用水利用や畦畔の管理責任，溝掃除の順番などの農地管理に関する約束事から村祭りの運営まで，地域ぐるみでの活動が多くあるからです。

最低限，自分たちが使っている農地とその周辺畦畔の管理は自分たちでしなければなりません。耕作地以外にも通路など，雑草の刈り取りや管理を必要とする場所があり，放置すると雑草が生い茂って移動の安全が確保できないうえに，害虫の発生や雑草種子の拡散など近隣農家にも害が及びます。できれば事前に地域の人に話を聞き，農地の管理方法について地主や近隣農家と十分に意志の疎通を図りましょう。

また，地域ごとの農地の条件や気候にあった栽培管理の方法は，やはり地域の農家に教えてもらうと的確な答えが返ってきます。積極的な交流や行事への参加によって地域の農家と信頼関係が築かれることで，農業技術やその他農園芸に関するアドバイスを受けることができたり，管理上の問題が発生したときにもよい方向で対応してもらえたりすることが多くなります。もし，トラクターなど農業機械の利用で厚意が受けられれば，作業はずいぶんと楽になります。協力があれば早いうちに品質の高い作物がつくれるようになり，授産事業では将来出荷組合などへの参加の可能性も出てきます。

(4) 水　利

通常，農業にはため池や井戸の水を利用します。ため池の水を利用するためには，水門の開閉などで地域のため池を管理する水利組合（土地改良区とも呼ばれます）の支援が必要となり，蛇口をひねればいつでも水が出るというわけにはいきません。

幸い，畑での植物栽培の利点は，プランターのようにつねに水やりに気を遣わなくても急激な水不足にはならないことです。長期にわたり雨が降らない場合はため池の水を利用するとして，ふだんはドラム缶などを利用して休憩所や倉庫の屋根の樋から落ちる雨水をためて水やり用の水を確保しましょう。また，井戸が掘ってある畑は比較的自由に水が利用できます。飲料用の水はペットボトルなどに入れて持ち

込みましょう。

　市街地や住宅地に隣接する農地では，ため池や水路がなくなり農業用水が利用できなかったり，井戸が埋め立てられていたりするなど各ほ場の水確保の状況はさまざまです。市街地では水道の確保が容易なため，必要な部分にだけ水道を利用するのもやむを得ないでしょう。

(5) 排水対策

　農地の多くは水田に利用されてきたため，深さ数十cmのところに土でできた耕盤（防水層）があり，水を蓄える構造になっています。このため，排水管理ができていない畑では，雨の後にはぬかるみが強く，しばらく畑に入って作業ができなくなるとともに，作物のできもわるいことが多いようです。耕盤を壊すと排水性は改善できますが，水田として利用できなくなるので（一度壊すと元に戻すまでに何年もかかる），畑の周囲と畝間を切って表面排水路（明きょ）をつくり，畑の高い位置から低い位置に水が効率よく流れる工夫をします（図2-19）。排水管理ができている畑では，畝間の排水側を土のうなどで一時的にせき止めると水が通路にたまり，効率よくかん水できます。

　一方，表面排水がうまくいっても，地下水位が高く，少し掘ると湿気の多い畑があります。ジャガイモなどは地下水位が高いとよいものができません。この場合は畝を高くして対応しましょう。

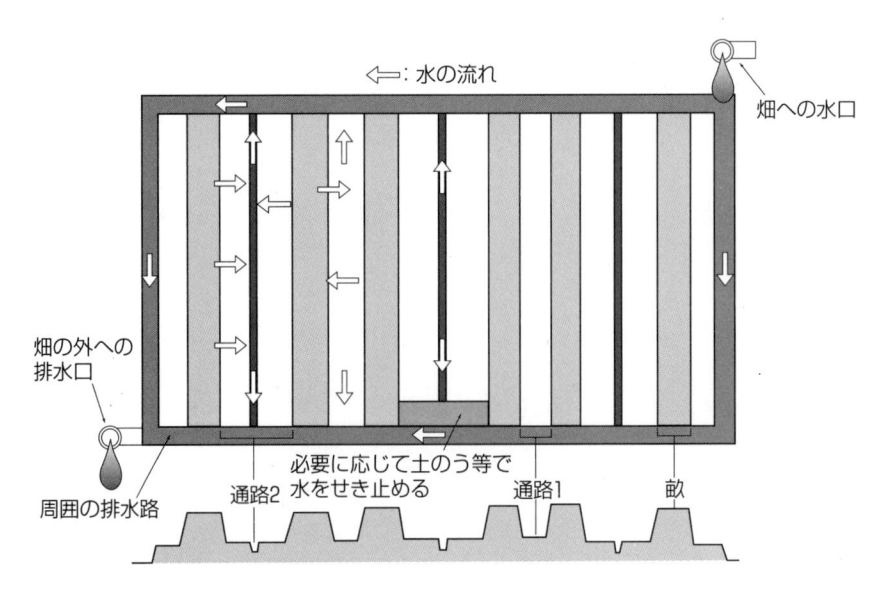

図2-19　畑の排水整備例
通路1：通常の畝間の深さ
通路2：車いすが通れて作業がしやすい広めの通路を設ける場合は，水がたまりやすいので，中央に細く深く溝を切って砂やレキなど排水性の高い土壌を入れ，周囲の排水路に流す
周囲の排水路：畝間よりやや深く掘り，水が流れこむようにする
畝：水が多い（水位が高い）ほ場では畝をできるだけ高くつくる

3 畑のつくり方——土づくりから畝立てまで

　農地など大きな面積で畑づくりをすすめるためには，土づくりや排水管理を中心とした専門的な知識を身につけると，合理的な栽培管理ができるようになります。

(1) 傾斜をつける

傾斜のつけ方⇨図2-19

　畑の前歴が水田の場合，水を管理するための取水口と排水口があり，取水口がいちばん高く，排水口がいちばん低くなるように土地全体に傾斜をつけます。水田でない場合にも，この整備方法を導入すると，畑の水管理が効率的に行なえます。わずかな傾斜で十分な効果があります。雨の後に水のたまる場所をみて畑の状況をまず確認し，くぼんだところや高くしたいところに土を動かしていきます。はじめは運搬用一輪車などを使って土を動かしますが，慣れてくればクワで耕すさいに意識して高いほうに土を引っ張れば，傾斜が維持できます。

(2) 土づくり

　土づくりは，有機物の少ないところに堆肥を入れたり，土壌のpHが低いところに苦土石灰を入れたりして，作物が育ちやすい環境をつくることです。畑1反は1000㎡なので，1㎡当たり2kgの堆肥を入れるとすれば，1反当たりおおよそ2tの堆肥（20kg袋で100袋）が必要です。また，苦土石灰は酸性に偏りやすい土地では1㎡当たり100g，1反なら100kgを散布します。粗おこしした土地に，堆肥や石灰を均等にまき，クワや耕うん機を使ってすき込みます。

土壌のpHと植物の生育：pHは土壌の酸度をあらわす。多くの植物にとって好適なpHは6.0前後の弱酸性。pHが5以下や8以上になると，生育障害が発生しやすくなる。
酸性＜中性(7.0)＜アルカリ性

(3) 畝立て

　畝は，光の当たり具合と東西南北を気にしながら立てます。東西に伸びる畝は，南の光を中心に受けるため，北側の生育が劣ります。南北に伸びる畝は太陽の光線が平均に当たりますが，地温が上がりにくく霜の影響を受けやすい傾向があります。どちらも一長一短があります。草丈が高い植物を多く栽培する場合には，陰の影響が少ない南北畝にして平均した光を当てます。東西畝の場合は，北側から背の高いものを順番に植えます。

3 農園芸作業を容易にする工夫
——過剰な負担となる作業を少なく

1 農業用機械を上手に活用

(1) 耕うん機,トラクター

　耕うん機やトラクターは,かたい土を細かく砕き,きれいな畝をつくることができます。土の水分が多い条件で耕うん機を使うと,粗い土のかたまりができるため,耕うんは地面が乾いた状態で実施します。一度耕うんした後に,今度はガイド板(畝を立てるために土を切る板)をつけてもう一度耕して畝を立てます。

　耕うん機やトラクターは大きくなればなるほど耕うん能力が高くなり,深く,早く耕すことができます。100㎡ほどの畑なら大きな機械は効率がわるいので,小さめの耕うん機や管理機とよばれる小さなサイズの機械を使います。反対に1反をこえる大きな畑なら,大きめの耕うん機やトラクター(座席がついているもの)があると作業がずいぶん楽になります。

図 2-20　家庭用耕うん機
　1反以下の面積ならこれ1台で十分活躍する

　家庭菜園用の耕うん機(図2-20)なら10万〜20万円の価格帯で販売されていますが,大きめの耕うん機やトラクターは自動車並みの値段です。

　耕うん機やトラクターは死亡事故のおこりうる機械であるため,取り扱いには確実な技術が必要です。使い慣れるまでに時間がかかるため,販売店から機械操作について十分な説明を受け,安全な場所で繰り返し練習して操作に慣れましょう。

(2) かん水装置とタイマー

　活動が活発になって,広い面積を管理するようになると,かん水の時間が多く必要になります。また,休みの日に水やりのためにわざわざ出勤していたのでは,休む時間がなくなってしまいます。かん水装置を使うと,水道を開くだけで多くの面積にかん水できます。かん水装置にはスプレーミスト式,チューブ式,ドリップ式などがありますが,どれも塩ビパイプと組み合わせて簡単に配管できます。

　一方,休みの日に水をやるためには,かん水タイマーを使うとよいでしょう。性能のよいかん水タイマーは1万〜2万円と高価ですが,数年使えるので休日出勤のコストを考えると安いかもしれません。ともに,園芸センターやホームセンター,農業用資材店で購入できます。使い方や設置の仕方がわからないときにはお店の人に尋ねるとたいてい教えてくれます。

(3) 刈払い機

　畑や周辺通路，敷地内の雑草を効率よく刈ることができます。機械はおおよそ3万〜5万円します。刃はしばらく使うと切れなくなるので研いでまた使いますが，替え刃も準備します。

　エンジン音，機械の振動音，草刈り音が大きいため，作業する人は周辺の音が聞き取れません。まわりに人がいないかどうか，まわりの状況に気を配りながら作業します。刈払い機を持った人に話しかける場合は，必ず正面から目があったのを確認して話をします。

2　一石三鳥のはたらき——マルチング

　フィルム系のマルチをすると，植穴や畝間通路など土の出ている部分以外に雑草が生えず，土もやわらかく保つことができます。畑を耕した後にこのタイプのマルチで覆っておくと，改めて耕うんしなくても植え付けできるので便利です。ポリフィルムマルチには黒やシルバー，白があり，シルバーや白は光を反射することでアブラムシを寄せつけなくする効果があります。素材としてはビニールやポリオレフィン系のほか，最近は生分解性の商品（ポリ乳酸：トウモロコシが原料）も開発されています。

　マルチはフィルム系だけでなく，わらや木材チップなどで実施する場合もあります。フィルムマルチほどではありませんが，乾燥や雑草の抑制に効果があり，そのまますき込むことができるところが魅力です。

4 必要な注意事項

1　農薬の管理

　農薬は不適切な取り扱いをすると，植物だけでなく，人間や周辺の動植物にまで害を及ぼします。このため，農薬の管理は厳重に行ないます。必要以上のものは買わず，屋内の鍵のかかるところに保管し，使用した量をしっかりと記録して管理します。

　農薬のラベルの文字は非常に小さく，読みにくいことが多いので，拡大コピーをするなどして，必ず読んで確認してください。農薬の間違った利用は，作物に成分が残るなど危険なことがあるだけでなく，法律で厳しく罰せられます。

2　植物の毒やトゲ

(1) 植物には毒がある

毒草：『薬草・毒草300プラス20』（朝日新聞社編）などがあるので参考にするとよい。

　植物は自然のものだから安全……と考えている人が少なくありません。ですが実際には，人体にわるい植物は多く存在します。植物は古くから薬として用いられたように，種類によっては人体に影響する成分を多く含んでいます。少量ならば薬として使えても，量を間違えると毒になります。また，花粉症は植物に対する代表的なアレルギー症状です。このほか，草にかぶれたりする人も多くいます。植物を選ぶときには，作業する人のことを考え，誤って口に入れないか，アレルギーのもとにならないかなど，あらかじめ調べておきましょう。

　一般的な野菜の場合，とくに注意の必要なものはありませんが，園芸用の花には危険な植物が数多くあります。認知症や重度の知的障害による異食行為や，あるいは特別な障害がない場合でも子どもや高齢者が間違って食べてしまうというトラブルは避けなければなりません。園芸でもよく利用すると思われる植物のうち，腹痛だけではすまない，取り扱いに注意したほうがよいものを紹介します。

　以下，代表的な毒草について紹介します。

　チョウセンアサガオ（俗名：エンゼルズトランペット）の仲間（図2-21左）　一年でとても大きくなり，ラッパ状の美しい花を咲かせるため，とても人気があります。つぼみがオクラのようにみえます。また，花や葉が大きく，子どもの格好の遊び道具となってしまいます。汁のついた手で目をこすったり，花や実，種をいたずらで口に入れたりすると，神経系に重大な事態がおこります。

　ランタナ（とくに実，図2-21右）　オレンジやピンクのかわいい花

図2-21　キダチチョウセンアサガオ（上）とランタナ（下）

が咲き，秋に黒い実がつきます。小さな木の実のようですが，遊びで口に入れると身体に悪影響を及ぼします。

多くの球根類 コルチカムは球根をテーブルに置いておくと花が咲くために屋内の園芸で重宝がられますが，タマネギと勘違いし，食べて死亡した事例があります。認知症の人が利用する施設では持ち込まないようにしましょう。

このほか，スイセンやリコリスなど多くの球根に毒があります。チューリップは食べても死亡するようなことはありませんが，人によっては手で球根をさわっていて汁がつくと，手が大きく腫れあがるなどのアレルギー症状をおこすことがあります。

クリスマスローズ 汁で手がかぶれます。花壇などに植え替えるときには注意します。

プリムラオブコニカ 毛にさわるとかぶれる人がいます。原因物質のプリミンを含まない品種が開発されているので，利用する場合は品種表示をよくみましょう。

このほかにも花や葉，根，実に毒のあるものはたくさんありますので，花や観賞用として売られたり栽培されていたりするものは，口に入れないように注意してください。

(2) トゲや鋭利な葉にも注意

トゲのある植物といえばバラが有名ですが，このほかにもたくさんトゲのある植物があります。野菜ではナス，キュウリ，オクラなどで，収穫作業のときにチクリと刺さることがあります。小さなトゲですが皮膚に刺さってなかなかとれず痛いので，注意してください。果樹では柑橘類や木イチゴにもあるので，剪定や収穫時に注意します。また，ススキやチガヤなど，しっかりとしていて細い葉は，草刈りのときに手を切ることがあります。

3　虫にも注意

土や草をさわると，必ずいろいろな虫に遭遇します。ほとんどの虫は人間には危害を加えませんが，なかには注意が必要な虫がいます。暑い時期でもできるだけ長そで・長ズボンで作業することです。

(1) ハ　　チ

アシナガバチは葉の裏や花の中によくいます。気づかずに手を伸ばすと，刺されてやけどをしたような痛みが走ります。アシナガバチに刺されると，スズメバチに刺されたときの死亡原因となるアナフィラキシーショックに見舞われるケースはまれですが，1週間程度は痛みがつらく，やがてかゆくなって回復に向かいます。

アシナガバチが多く飛んでいれば近くに巣があります。ハチは花粉を運んだり，害虫を捕食したりするなど有益な虫ですが，作業にじゃ

アナフィラキシーショック：急性アレルギー反応の一つで，皮膚症状や呼吸困難，めまい，意識障害などの症状，血圧低下などの血液循環の異常が急激にあらわれ，生命をおびやかす。

まな場所に巣があれば，専用の殺虫剤を使って巣を落としましょう。
　スズメバチには刺されないよう，周囲を飛び始めたら注意しましょう。黒っぽい服装は襲われやすく，香水の香りにも敏感です。秋の攻撃時期には服装や帽子は白っぽくして，香水や整髪剤，香りのよいシャンプーは使わないようにします。

(2) チャドクガ，イラガ

　ツバキやお茶の木につくチャドクガや，いろいろな木につくイラガなど，さわると大変痛い毛虫がいます（図2-22）。チャドクガやイラガの発生初期には，幼虫が食害した白く透けた葉がみられるので，発生の多い5～8月ごろには，支援者が注意して虫の発生がないかどうか確認します。発生まもない幼虫は集団で行動するため，みつけ次第，葉を取って処分するか，適用のある農薬で防除します。

(3) ム カ デ

　刺されるとひどく痛み，傷が長く残ります。まれなケースですが，ムカデもスズメバチ同様にアナフィラキシーショック症状をおこすことがあるので，異常を感じた場合はすみやかに病院にかかるようにします。

(4) ク　モ

　ほとんどのクモは益虫ですが，最近は近畿・東海地域で毒のあるセアカゴケグモが出現するようになりました。セアカゴケグモの特徴はおしりの部分にひょうたん型の真っ赤な模様があることです（図2-23）。刺されると，その瞬間よりも30分ほどしてから徐々に刺されたところの痛みが強くなります。乳幼児や高齢者は全身症状（おもに痛み）になる場合もあり，すみやかに病院へ行く必要があります。

(5) カ，アブ，ハダニ，ノミ

　刺されると，しばらくして強烈にかゆくなります。蚊取り線香や虫除けを準備するとともに，かゆみを我慢できない人のために効果の高いかゆみ止めを準備しておきます。

4　土や泥，ほこりなどへの対応

　土をさわれば必ず手や服が汚れます。土は特別汚いものではないので神経質になる必要はありませんが，人によっては手が荒れたり，傷口から雑菌が入ったりすることもあるので，必要に応じて手袋の利用を促し，作業後の手洗いを徹底します。また，汚れた服装は屋内に土を持ち込むことになるので，できるだけ作業後に着替えをします。土ぼこりのほか，植物の残さにはカビやダニの死骸がついていて，さわるとほこりになって舞い上がります。粘膜の弱い人，アレルギーのあ

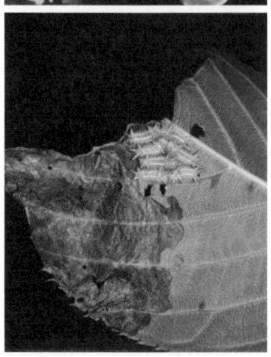

図2-22　チャドクガ(上)とイラガ(下)

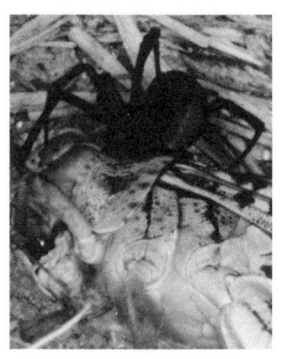

図2-23　セアカゴケグモ
（上の3点はいずれも田中寛氏提供）

る人はマスクやメガネを使うようにします。

5　栽培にかかわるトラブルのおもな原因と対策

　植物の栽培を始めると，はじめはみなさん同じような疑問に突き当たります。そこで，基本的な疑問点の答えをまとめました。

Q1．芽が出ないのですが
　①温度は適切ですか。土をトンネルで保温したり，陰をつくって冷やしたりするなどの工夫をしましょう。
　②乾かないように水を与えていますか。乾きやすい条件なら毎日水を与えましょう。
　③土がべたついて水がたまっていませんか。べたつく条件なら，かん水を少し控えめにするか，畝を高くしたり，土壌改良をしたりして排水をよくしましょう。
　④深いところにまいていませんか。土をかぶせすぎると芽が出ません。
　⑤種子は古くないですか。できるだけ新しい種子を使いましょう。残った種子の保管は冷蔵庫で。

Q2．大きくなりません
　①肥料は与えましたか。枯れずに黄色っぽくなり，大きくならないなら肥料不足です。堆肥はあまり肥料の効果がありません。肥料を与えましょう。
　②根は伸びていますか。水や肥料が多すぎると，根を伸ばすことができません。ポット苗を植えた場合，すでにポットの中で根がまいていたり，土があわない場合も大きくなりません。
　③光は当たっていますか。植物の生長には多くの光が必要です。
　④密植になっていませんか。光や養分の競合がおこり，一つひとつの植物はやせ細って大きくなりません。
　⑤虫がついていませんか。アブラムシがつくと，汁液が吸われて小さな植物は生長できなくなります。

Q3．花が咲かないのはなぜ
　①夜に電灯の光があたっていませんか。日の長さに反応しています。
　②窒素肥料が多すぎませんか。葉の生長を優先する状態になっています。
　③途中で何度もしおれさせていませんか。花芽がつぶれています。
　④虫がついていませんか。ハダニやアブラムシがつくと花が咲きにくくなります。
　⑤季節の低温や高温にちゃんとあたっていますか。開花には四季の変化が必要です。

⑥木の場合，剪定の時期や切る場所を間違っていませんか。正しい剪定をしましょう。

Q4. 実がつきません
①花は咲きましたか。花が咲かないと実はなりません。
②肥料が多すぎていませんか。実が落ちてしまいます。
③気温が高すぎませんか。気温が高いと，花が咲いても実になりません。
④木の場合，まだ若い木ではありませんか。もう少し待ちましょう。
⑤雄花と雌花に分かれた木ではありませんか。両方植えましょう。
⑥同じ品種では受粉しないタイプの木ではありませんか。サクランボやウメ，ブルーベリーなどは違う品種を一緒に植えましょう。
⑦虫がついていませんか。果実が小さいときに食われていませんか。

Q5. どうして枯れたの？
①ていねいに水をあげていましたか。土の中まで濡れていないことがあります。
②虫がついていませんか。根を食べる虫がいると，地上部の生長が遅れてやがて枯れます。また，一度に多くの卵が孵(かえ)って，幼虫が葉を食い尽くしていませんか。
③根っこが腐っていませんか。病気や過湿による根腐れは，土の消毒と排水性の向上が必要です。
④どの部分から枯れ始めましたか。病気や土壌の問題かもしれません。本に載っていないか，インターネットでも同じような症状がみつからなければ，都道府県の病害虫防除所など専門機関に相談してみるのも一つの手段です。

Q6. 同じ場所で作物が育ちません
ナス科やウリ科，マメ科の植物，ゴボウなどは同じ場所で繰り返し栽培すると，生育が極端にわるくなり，十分に収穫できなくなります。これを連作障害といいます。連作障害は，病気が蔓延したり，土壌中の微量要素が欠乏したり，植物から生育を阻害する成分が出たりすることが原因で生長がわるくなります。

連作障害への対応技術には，
①障害の出やすい作物の栽培場所を毎年移動する輪作，
②堆肥などの有機物を多く入れることで土壌の微量要素や土壌中の菌のバランスを改善する方法，
③水田に戻すなどして畑に水をため(湛水(たんすい)という)，生育を阻害する成分や病害虫を排除する方法，
などがあります。

第3章
無理せずできる農園芸活動の展開

1 一人ひとりにあった作業を考える

　植物栽培の技術者と作業療法士，理学療法士によるアドバイスが受けられれば，一人ひとりの心身の状態にあった適切な作業が実現できます。しかし，さまざまな現場での担当者の仕事量を考えると，農園芸活動について十分な人員配置を実現することが難しい施設も多いでしょう。一人ひとりに対して専門性の高い取り組みは困難であっても，対象者の特性を知り，安全で快適な活動を進めることが必要です。そこで，対象者の移動能力や手先の器用さ，作業への集中力や理解力などに応じた農園芸活動が提供できるように，注意点や工夫を考えてみましょう。

1　身体への負担とおこりやすい事故

　農園芸活動は，屋外に出て，気持ちよい汗を流し，栽培の楽しみと収穫の喜びを味わうことができます。しかし，屋外での活動は天気に左右されることが多く，また，一般的な畑には，ふつう手すりなど支えとなるような設備の取りつけができません。加えて，通路では段差や傾斜，雑草などによって足場がわるく，畑の中では地面の凹凸や雨の後のぬかるみなど，歩行や車いすでの移動に障害となる条件が多くあります。

　実際に畑での作業に取り組もうとしても，畝の高さはせいぜい30 cm程度で，しゃがんだり腰を曲げて作業しなければならないので，身体に無理のかかる姿勢をとることが少なくありません。したがって，屋内での活動とは異なる配慮や支援を考えていく必要があります。

(1) 身体によい作業，わるい作業
　作業を行なうときに身体にかかる負荷は，一人ひとりの身体や精神の状況によって，よいものとそうでないものがあります。
●身体によい作業
　ふだんの生活で身体を動かす機会の少ない人が，高い位置にあるトマトを取ったり，目の前のイモを収穫するために身体を伸ばしたり曲げたりすることは，関節の動きを促すよいリハビリテーションになります。また，引き抜くときに力の必要なダイコンを収穫したり，適切な道具を使って土を耕したりする作業は，筋肉に適度な負担があって身体を鍛えるトレーニングにもなります。
　さらに，土を耕す作業はイライラした感情を土にぶつけることができるので，精神的なストレスを発散するためにも利用できます。雑草を取る作業は気分を落ち着かせるとともに，きれいになって作業の成

果がよくみえるので，達成感を得やすいといえます。

●身体にわるい作業

せっかくのよい作業も，同じ体勢のままで長時間続けると筋肉がかたくなってなかなか元に戻らず，ひどい場合には腰痛や肩のこりなど強い痛みが残る場合があります。また，体力に見合わない大きなショベルを使って多くの土を持ち上げる，あるいは何度も持ち上げると，筋肉や関節への負担が必要以上に大きくなり，かえって身体に悪影響を及ぼすことになります。

いったん疲れてしまうと，活動への意欲が低下して継続できない人も出てきます。はじめから負担が大きくならないよう，適度な作業方法と仕事量，時間配分を見極めて進めていく必要があります。

(2) 作業日の天気の影響

屋外での活動は，作業日の天気によって身体への負担が大きく変わります。このため，天気へのさまざまな対策や準備が必要です。

●雨の日

屋外での活動ならば中止することが無難です。しかし，日程が新たに組めないなどの理由から，カッパや傘を使って，簡単な作業を実施するケースもあるかもしれません。こんなときは足元の地面がかたく，ぬかるまない場所での作業を中心に行ないましょう。水を含んだ畑の土はやわらかく，土が崩れやすいので，人にも畑にもよくありません。

＜雨の日に活動するときの注意点＞

①水たまりなどに気を遣いながら歩くうえ，傘をさしていれば片手がふさがるので動作が鈍ります。

②水を含んだ土はぬかるんで沈み込んだり滑ったり，前に進むのも簡単ではありません。

③土が水を含んでとても重くなり，作業にも思わぬ負担がかかります。

④雨に濡れると，身体が冷えて体温が奪われます。夏でも風邪をひいてしまいます。とくに健康面に十分な配慮が必要な対象者の場合は，濡れないよう十分注意してください。

⑤着替えやタオル類は多めに準備しましょう。

雨がやんだ後も土が安定するまでには時間がかかりますので，畑に入る際には同様の点に注意しましょう。

排水対策⇨ p.50　　雨の後の畑の状態をすみやかに回復させる方法は，排水対策にあります。詳細は第2章で紹介していますので再度ご確認ください。

雨の日には，屋内やビニールハウスに活動場所を移してプログラムや作業ができるよう，年間計画の時点からその作業内容を検討しておくとよいでしょう。

●暑い日
　最近は温暖化の影響や都市部でのヒートアイランド現象など，夏場の高温が問題となっています。対象者には，熱中症の予防のために日陰に入ったり，水分を取ったりするなどの自己管理が難しい人もいます。また，車いす利用者は，地面が舗装されていない条件では自操が困難な場合がほとんどで，日が動いて直射日光が当たり始めても，周辺の支援者が気づかなければ，なかなか言い出すこともできず，暑さを我慢しているケースもよくあります。暑い日の屋外活動は，日陰の確保と水分補給に十分配慮して実施しましょう。

　＜一般的な熱中症対策＞
　①簡易テントやパラソルでもいいので，日陰を準備する。
　②通気性のよい帽子をかぶる。
　③首から背中にかけて長時間直射日光に当たらないよう，帽子にタオルを挟むなどして防護する。
　④こまめに日陰で休憩する。
　⑤冷たい水（できれば塩分補給できるスポーツドリンクなど）をときどきゆっくりと飲む。
　⑥暑いと感じたら首，脇の下などを冷やす。

　＜熱中症の応急処置＞
　もし，急な発汗やめまい，ふらつきなど熱中症の症状がみられたら，次のような応急処置をとり，様子をみます。
　①すみやかに日陰に移動して休憩する。
　②できるだけ体温が逃げるように薄着にして風を通す。
　③保冷剤や濡れタオルで身体（とくに首すじ，脇の下，足の付け根など太い血管の通っているところ）を冷やす。
　④水が飲める人には水分を取らせる。
　意識がある場合でも，吐き気などで水分がとれない場合には，すみやかに病院に搬送して医師の診察を受けましょう。さらに，意識がない，意識がはっきりしない場合には救急車を呼びましょう。
　いずれにしても，熱中症の症状があらわれたらすみやかに身体を冷やすことが大切です。暑い時期には，冷えた水とスポーツドリンク，保冷剤，うちわなどを活動時につねに持ち歩き，緊急の場合に備えましょう。
　農家の人たちは，夏の間は日中に外に出て作業することを極力避けて体力を維持しています。作業をするのは早朝か夕刻です。施設では一日の作業時間が決まっているので難しい面があるかもしれませんが，もし夏の間に早朝作業が実施できれば，体力的な心配も軽減できます。

●寒い日
　少しずつ寒さに慣らす　寒い季節の暖かい室内から寒い屋外への移動は，血圧の変動が大きく，高血圧症状のある人や，梗塞が心配され

る人にはとくに配慮が必要です。また，症状がみられない人にも突発的な事態がおこりやすいので，準備体操で身体を動かしながら身体を少しずつ寒さに慣らしましょう。

効果的に保温する　寒い場所でも，活動量の多い人であれば体温が保持できるので，作業は可能です。一方，活動量の少ない人は身体が冷えやすいので，通常の服装に加え，マフラーやベスト，レッグウォーマーを使って冷えやすい部分をカバーしましょう。厚着をするとかえって動きを妨げることになります。ウインドブレーカーなど風を通さない薄手素材の上着を着て十分に保温するよう配慮しましょう。携帯用カイロも有効です。低温やけどに配慮しながらうまく使いましょう。

汗対策　また，寒い時期に屋外で汗をかくほど動く場合，作業を中断すると急に身体が冷えてしまいます。着替えを準備する必要がありますが，屋外での着替えは大変なので，作業中はタオルを背中や胸に直接当てておき，汗をかいたら引き抜くようにすると身体が冷えません。

(3) 移動・作業中の問題や事故

●移動における注意点

車いすでの移動　畑周辺は舗装されていないところが多く，地面も多少でこぼこしています。このような振動を生じやすい場所を車いすで長距離移動すると，気分がわるくなったり，首などの関節に負担がかかったりして好ましくありません。また，雨の後は地面がやわらかくなるので，車いすの細いタイヤが地面に沈み込んでしまい，移動が大変です。舗装されていない通路では少しタイヤの太い車いすが便利です。

> 舗装されていない通路：通路を簡易に舗装する方法として，芝生用舗装材が利用できます。
> ⇨ p.69

徒歩での移動　自分で歩いて移動する人たちのためには，雑草の管理に気を配る必要があります。草が生長すると，足にからんで歩きにくくなります。さらに，草は地面のでこぼこや石などの出っ張り，道の縁を隠してしまうので危険を察知しにくく，足をくじく，転倒する，足を滑らせ畑へ転落するなどの事故につながることも考えられます。

周辺通路の草は，地面の侵食や土の流亡を防ぐことに役立っているので，抜いてしまうのではなく，できるだけ草刈りで管理したいものです。草刈りと同時に，通路の凹凸や危険箇所をチェックして，安全確保に努めましょう。

●作業における注意点

畝間通路幅の確保　畑の中は，通路よりもさらに地面がやわらかく，歩きにくい条件です。これに加えてふつうの畝の立て方では，通路の幅が広くても20 cmほどで，両足を揃えることができません。このような細い通路をまっすぐに歩くには，高いバランス能力が求められます。歩行が不安定な人の利用を考えると，畝間通路は肩幅まで足を広げることのできる40 cm以上の幅が確保されていると歩きやすくなります。車いすで畑に入る場合は，最低70 cmの幅が必要です。

第3章　無理せずできる農園芸活動の展開

図3-1 高齢者の作業の様子1
ひざに痛みのある人は，ひざを曲げることができずに前屈姿勢をとることが多く，足元への苗定植では作業姿勢に不安があった

図3-2 高齢者の作業の様子2
ひざの痛みがあるにもかかわらず，作業を優先。植え付けや除草作業など，てきぱきと作業をこなすため，ひざの曲げ伸ばし回数が多く，ひざに体重をかけて作業する時間が長くなった。作業が楽しく，痛いとはいわれなかったが，長く続けるためには改善が必要

図3-3 車いすでの作業
レイズドベッドを用いることで車いす利用者の畑栽培が可能になった。しかし，写真のように身体をねじって連続作業を続けたことで，筋肉痛や体調不良が発生。長い時間非対称な姿勢での作業は好ましくない

図3-4 杖使用者の作業
杖利用者がジョロを持ち上げてかん水しているとき，ジョロを持ち上げることで重心が前に移動し，足がふらついて転倒しそうになった

作業姿勢に対する配慮 作業中の姿勢にも配慮が必要です。車いすや立った姿勢でも作業ができる立ち上げ花壇（レイズドベッド）など専用の設備がない場合，ほとんどの作業は腰を曲げるか，しゃがんだ姿勢で行なうことになります。しかし，高齢者にはひざや腰に痛みのある人が多く，痛みのない人には想像できないほど，立ち座りや，ひざを地面につけて体重をかけることが大変です（図3-1，2）。

＜痛みを少しでも生じにくくする方法＞
①ひざの曲げを少なくするために畝をできるだけ高くする。
②いす付き作業用台車を利用する。
③ウレタンマットなど体重を分散できるマットをひざ下に敷く。あるいはひざ当てを使う。
④立ち上がりを補助する道具を利用する。

⑤自由に姿勢を変えることができるよう，畝間通路を広めに取る。

身体をねじって作業する場合の対策　一方，レイズドベッドを使っていても，作業位置の下に足を入れるスペースがなければ，車いすを横付けして身体をねじって作業することになります（図3-3）。身体をねじった左右非対称な姿勢で長時間作業を続けると，ふだん身体をよく動かしている人でさえ痛みが生じることがあります。車いすを利用する人のなかには，全身の筋力が低下している人も多くいます。このような状況の人たちが非対称な姿勢を長時間続けることは，身体に負担が大きいといえます。作業の不便さはありますが，ときどき横付けする車いすの側を変えるなど，身体の向きや位置を変える，休憩時に作業時とは反対側に身体を動かしてみる，対称な姿勢で休息するなどの工夫も大切です。

● **作業中の事故**

　転倒　作業中にもっともおこりやすい事故は転倒です。実際に，高齢者を対象とした市民農園では，年に何名かが地面に置いておいたクワなどの道具や，仕切用や支柱用の杭につまずいて転倒し，骨折などの大けがをしています。転倒事故は，安定姿勢で座っている車いす利用者よりも，足腰が弱く杖歩行する方などにおこりやすくなります。

　足腰が弱い人は，収穫物や作業道具を持つことでバランスを失うこともあります。クワやショベルなど大型農用具は重量があるので扱いが難しく，バランスを失いやすくなります。図3-4の女性は杖を利用していますが，片手に杖を持ち，片手でジョロを持ち上げてかん水しているとき，植物のほうに重心を移した瞬間によろけて転倒しそうになりました。ジョロは比較的小さなものを使っていますが，それでも1.5kgほどあります。このような場合，できれば座って作業するか，体重を掛けても大丈夫な歩行器のような器具があれば，安心して作業することができます。

　道具を使っての事故　このほかの作業中の事故として，クワやショベルなどの重い道具をぶつけて本人やほかの人が打撲やけがをする，作業位置が近すぎることで，先が鋭利な移植ゴテや三角ホーを隣の人に当ててけがをさせる，ハサミやナイフなど鋭利な道具を使い慣れずに切り傷を負う，など道具を使っての事故は数多くおこる可能性があります。使い慣れない道具なら，しっかりと操作の指導ができる範囲に制限するなどして，細かなことにも目が行き届くようにしましょう。

2　できること，できないことを見極める

(1) 身体の動く範囲

　人は，身長や手足の長さ，障害やまひ，痛み，身体の柔軟さ，車いすや補助具の利用などによって，身体の動く範囲が異なります。身体の動く範囲を把握すれば，畑での作業やレイズドベッドでの作業を実現するための適切な栽培方法や道具の選択ができます。

ここでは，具体的な身体の条件と必要な条件を照らし合わせてみましょう。

●車いすを利用し，力が弱く手の届く範囲が狭い人

土をさわる場合，道具を使って地面に向かって作業をするには土の抵抗が大きすぎるため，力を発揮できる位置にまで土の高さを上げる必要があります。ひじの高さから上10cmから下15cm程度の範囲で手の届く位置が作業しやすい範囲となります。

垂直に立ちあげたレイズドベッドの場合，車いすを横付けにして，身体をねじって作業ができる範囲はせいぜい奥行き20cm程度までです。作業のなかで少しずつ身体を動かす範囲を広げていけるように，道具を使って手が届く範囲も含め，縁から40cm程度までの奥行きを設けておきましょう。作業対象となる位置はひじから少し下が作業しやすく，レイズドベッドの高さは50～60cm前後がよいでしょう（図3-5）。このような設定のベッドがあれば，弱い力でも先がとがって振り下ろす三角ホーのような道具を使って少しずつ土がおこせます。また，ひしゃくのような柄の長い道具を使って，種や肥料を少し奥までばらまくこともできます。

細いホースや軽いジョロを持って水を与える作業や，ばらまきによる種まきは，細かな動きが少ないので，手の位置から少し距離のある地面に向かっての作業が可能です。

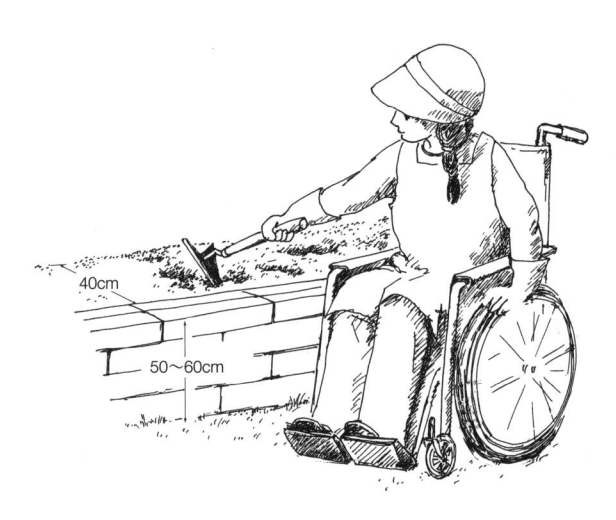

図3-5 車いすでの作業（レイズドベッド）

図3-6 車いすでの畑作業

●車いすを利用しているが，上半身や上肢の機能がよく，上半身の可動域が広い人

さまざまな条件で作業ができます。レイズドベッドがあれば，ほとんどの作業を手で行なうことができます。また，通常の畑であっても，地盤のしっかりした車いす用通路を確保すれば，高めの畝を立てることで，長い柄の道具を使って土をおこしたり，手を伸ばして野菜を収穫したりすることもできます（図3-6）。

また，座位の姿勢が安定していて，上肢の機能が良好であれば，農業用の高設栽培システムを使ってイチゴや軟弱野菜の栽培ができます。高設栽培システムは人の荷重を計算してつくられていないので，寄りかかって作業する場合には，体重を受け止めるだけの強度を設けなければいけません。

高設栽培システム⇨p.93

●補助具があれば，自分で立ち上がったり，歩いたりすることができる人

　歩行に補助具を必要とする人は，足腰が弱く，身体のバランスが取りにくい状態の人が多いと考えられます。立ち座りの動作がスムーズに行なえない場合が多く，中腰や前屈姿勢，ひざを曲げての作業が不安定です。このように足腰の弱い人には，立った状態で手を支えにしたり，少しもたれたりすることのできる高さのレイズドベッドがあると安全に作業できます（図3-7）。ただし，高さのあるレイズドベッドは容易に手づくりすることができません。また，畑では設置することが困難なので，ほかの方法を検討する必要があります。

　前傾姿勢がとれる場合は，腰掛け作業用台車や椅子に座って作業するとよいでしょう。ウレタンマットなどのクッション材を畝間に敷いて，腰を下ろしてゆっくりと作業を進めるのも一つの方法です。また，立ち上がる，座るといった動作は足腰への負担が大きいので，立ち上がりのための補助具を準備しましょう。

図3-7　立ち上がりの大きなレイズドベッド

（2）空間における動作性，反復性

●動作性

　ふつう，広い畑では何十mの単位で畝を立てて利用します。長い畝は省スペースで作業効率がよく，植物栽培に適していますが，人が移動するには不便です。畝の反対側での作業も，いちいち端まで戻って移動しなければいけません。元気に動くことのできる人でもめんどうですが，素早く移動できない人にとっては，さらに大きな時間のロスになり，なかにはめんどうになって畝をまたぐ人もいます。しかし，無理な動作は転倒の原因となります。移動に時間を必要とする人のために，畝の途中で横断できるスペースを設けましょう（図3-8）。

●反復性

　また，農業で広い畑で農作物をつくるときには，同じ品目を一列に植えて栽培します。これは，連続的に同じ作業をして，時間当たりの作業効率を上げるためです。しかし，このような栽培方法は，長い時間姿勢を変えないため腰や肩，腕や首が疲れます。意図的に作物を変えて作業の位置や動作が変わるように仕掛けると，反復動作の時間を

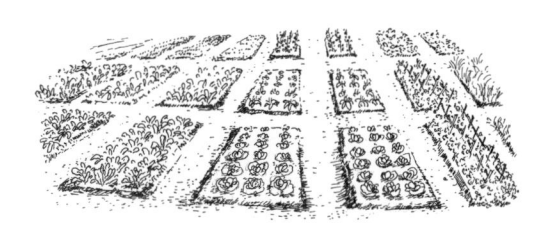

図3-8　畝の立て方の工夫
　何十mも続く畝から，数mの畝にして作物の種類をかえる

調整することができます。

(3) 力仕事

　力仕事にはどの程度取り組めるでしょうか。一人ひとりの腕や腰，足への負担を計画的に調整するために，土を耕す，収穫，水やりの各作業について考えてみましょう。

　まず，どの程度の重さまでなら動かしたり，操作できたりするでしょうか。身体の状況によって加減しながら，さまざまな道具を使って土を耕す作業に取り組んでみましょう。農園芸作業では，小型の移植ゴテなどの小さく軽い道具からクワやショベルなどの大型道具まで，さまざまな道具で土を耕す作業ができます。プラスチック製の小さな移植ゴテなら重さが100ｇ程度ですが，金属製の移植ゴテや小型の三角ホーなら300ｇ前後，大型の金属製ショベルやクワならおおよそ2〜3kgあります。最近は軽量で強度のある製品が増えているので，さらにきめ細かく道具が選択できます。

●土を耕す

　また，土を耕す作業では，単に道具や土の重さではなく土のかたさが大きく影響しますが，土壌改良によって土を柔軟にすると抵抗が小さくなります。人に応じた道具の使用や土壌の改良で，身体への負担を調節しながら安心して作業に取り組むことができます。

●収　穫

　次に収穫作業を考えてみましょう。イチゴは1粒20ｇ程度で，1パック集めても300ｇと，たいした力仕事ではありません。しかし，大きなダイコンは1本で2kg，ハクサイは3kgもあるので，収穫作業は重労働になります。重量のある収穫物や収穫物を入れたコンテナを持ち上げるときには，ひざを曲げて腰をまっすぐに下ろし，おなかに持ち上げるものをつけた状態でしっかりと抱えて引き上げます。回収には運搬用台車があったほうがよいでしょう。トマトやキュウリは1つ50〜200ｇなので，収穫物を入れる容器の大きさを加減して運ぶ重さをコントロールできます。

●水やり

　水やりもジョロの大きさによって重さがまったく異なります。水を容量いっぱいに入れた場合，1ℓ容量の小さなジョロなら1kgちょっとですが，10ℓ容量の大きなものなら12kgぐらいになります。ホースの場合も同様に，太いホースなら重くなりますが，細いホースを使って水圧を抑えれば力の弱い人にも作業ができます。

　様子をみながら，道具の重さや作業の量を変えて，一人ひとりに適切な作業を計画しましょう。

(4) 器用さ

　加齢にともなうこまかな動きや精密な技がこなせる能力の低下や経験不足，あるいはまひがある場合は，苗を植え付ける，指先で種をま

くといった手先の細かな作業や、イチゴのようなやらかくて小さい作物を収穫するといった力のコントロールを必要とする作業は難しいことがあります。握りやすい、腕全体で操作できる、力が弱くても動く、長さ調整ができるといった適切な道具と、作業位置の調整やアドバイスがあれば、細かな作業も繰り返し取り組むことによってできることが増えていきます。

適切な道具⇨p.96

対象者一人ひとりの技術のレベルを把握し、それに合わせて道具の工夫や作業位置の調整、道具使用のトレーニングを行ないましょう。とくにハサミやカマなどのとがったものやよく切れる道具は、力の加減や距離感がつかめず、あやまって自分の手を切るなどの事故がよくおこります。対象者が安全に使用できるよう、しっかりと指導し、見守りましょう。

(5) 視力、聴力など

視覚や聴覚に障害のある人だけでなく、高齢者の多くに視覚・聴覚機能の低下がみられることから、農園芸活動の現場においても五感に訴えるわかりやすい情報を提供する工夫をする必要があります。

●視覚障害への対応

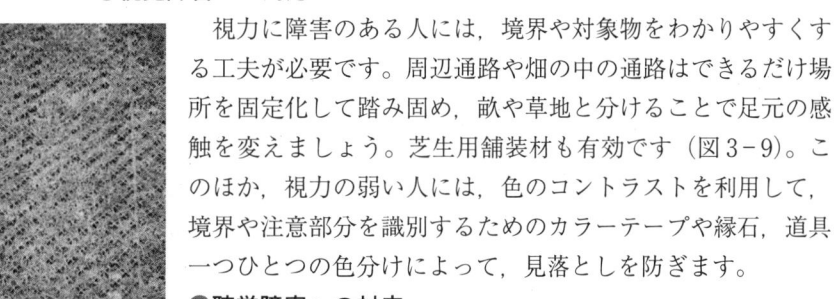

視力に障害のある人には、境界や対象物をわかりやすくする工夫が必要です。周辺通路や畑の中の通路はできるだけ場所を固定化して踏み固め、畝や草地と分けることで足元の感触を変えましょう。芝生用舗装材も有効です（図3-9）。このほか、視力の弱い人には、色のコントラストを利用して、境界や注意部分を識別するためのカラーテープや縁石、道具一つひとつの色分けによって、見落としを防ぎます。

図3-9 簡易舗装材を敷いた芝生

●聴覚障害への対応

聴力に障害のある人には、視覚での情報を増やします。作業行程は現物や写真、図を使ってわかりやすく説明しましょう。作業とは別ですが、刈払い機や耕うん機などの機械を近くで使っている場合には、気づかずに近づくと非常に危険です。機械を操作している人は、機械の音で周囲の音がまったく聞こえません。また、機械操作に集中しているので、まわりのことを見落としがちになります。活動の前に作業者と対象者の双方に注意を促してください。

●重複障害への対応

視覚・聴覚の障害が重複している場合でも、植物の栽培では手の感覚情報で多くのことが理解できます。定植の間隔を広くして、一つひとつの植物の状態を確認しやすい条件をつくりましょう。ただし、植物にはトゲや有毒な汁のあるものも多いので、手で触れて確認する場合には、植物の選択に配慮するとともに、その特徴や注意点をしっかり説明しましょう。

雑草を防ぐポリフィルムマルチ⇨p.41, 53

また、雑草を防ぐポリフィルムマルチに定植用の植穴を開けておけば、視力に障害のある人が作業位置を手で確認できます。ポリフィル

第3章 無理せずできる農園芸活動の展開　69

ムマルチには白や銀色のものがあるので，土との色の違いを利用して植える場所を示すこともでき，植穴の周囲を着色すれば，より多くの人にわかりやすいでしょう。

さらに，畝に水田用の波板などの仕切り板を使って足元にも境めをつければ，手や足の感覚だけで作業位置や畝間通路が確認できます。

(6) 作業を継続できる時間

対象者はどのくらいの時間，農園芸作業が継続できるでしょうか。これには，一人ひとりの集中できる時間や作業の内容に加え，屋外の気象条件やお手洗い，休息の時間が影響します。

お手洗いと，天候が悪化（暑さ，寒さを含む）した際に避難できる休憩所があれば，個々人の状態に配慮しながら，休憩を挟んで２〜３時間の作業が可能です。お手洗いや休憩所が確保できない場合，作業時間は休憩を含めて１時間程度に設定しましょう。

(7) 作業内容の理解や記憶

作業内容の理解や記憶は，障害の有無にかかわらず人によって大きく異なります。１時間の作業内容をはじめに口頭で説明した場合，どれだけの人が理解できるでしょうか。これは対象者についてだけでなく，支援者も含めたすべての人についてです。すぐに理解できる人もいますが，なかなか集中して聞けない，覚えられないのが現実です。

●**視覚情報の提供**

作業の内容や工程を順序立てて写真や絵に言葉を加えて図示すると，自閉症のように口頭による説明よりも視覚情報で理解が得られやすい障害に役立つだけでなく，支援者にも理解しやすく誤解が生じません。また，認知機能の低下した対象者が作業工程を途中で見失ってしまっても，改めて自分で確認することができます。

作業そのものも目にみえて確認しやすいように，たとえば種まきをしたところは，そのつど，種がまかれた土と色の異なる覆土をして，後で種をまいた場所が視覚的に確認できるようにしましょう。苗を植え付ける場合も，あらかじめ植える場所に苗を一つずつ並べておけば，迷わず作業できます。

●**環境の調整**

雑然と作物が植えられた畑や道具の散乱，不特定の人の介入は，混乱を招いて作業そのものへの集中力を低下させます。環境を調整して，集中・理解しやすい空間をつくるように努めることが大切です。

(8) 植物や土，虫などへの適応力

植物は好きでも，植物をさわることが嫌だったり，あるいは花粉症などのアレルギーが原因で特定の植物にさわれない人がいます。土も同様で，ほこりに弱い人，あるいは土で手や衣服が汚れることを嫌う人もいます。人それぞれ，植物そのものや土，虫などへの適応力が異

なるため，安易に作業を強いることをしてはいけません。

●手袋やマスクの使用

　手が汚れることを嫌う人や接触性のアレルギーのある人には使いやすい薄手の手袋を，さまざまなアレルギーのある人には植物の選択に配慮します。花粉やほこりを吸い込まないように必要に応じてマスクをしましょう。また，エプロンやアームカバーをつけると，服が汚れにくくなります。

●手洗い

　汚れることで精神的なストレスが大きくなる人には，少しずつ慣れてもらうことが大切です。多くの人が楽しいと思える収穫作業などを活用し，はじめは手袋をつけて取り組むことから始めます。収穫の楽しさを理解してもらったところで，徐々に素手での作業を取り入れていきます。作業終了後はしっかりと手洗いをしてもらい，汚れることときれいにすることをはっきりと意識してもらいます。土や葉の汁は，目にみえて汚れていることがわかるので，汚れが落ちたことを確認しやすいのが利点です。落ちにくいときにはアルコールやクレンジングオイルなどで拭くときれいになります。

●虫嫌いへの対応

　虫に対する嫌悪は，人それぞれ大きく異なります。ゴキブリの苦手な人が部屋を飛び出していってしまうように，大きく行動にあらわれることがあり，転倒事故にもつながりかねません。虫が苦手な人には，あらかじめ土や植物には虫がいること，だれかに声を掛ければ対処してもらえることを説明し，心の準備をしてもらうことが大切です。

　野菜などの害虫管理を怠ると，多くの虫が発生し，目を覆いたくなるような光景に遭遇します。こうなると，虫嫌いの対象者にとっては，農園芸作業は苦痛以外の何ものでもありません。害虫管理は早期発見という防除の基本を守って，虫の駆除や植物そのものの処分をすることはもちろん，対象者には「虫がいるのでみない」などの予告をすることも大切です。

●虫に対するアレルギーへの対応

　嫌悪感とは別に，アレルギー体質の人はハチやムカデ，カやダニなどに注意が必要です。はじめにアレルギー体質であるかどうか，これまでに刺されたことがあるかどうかのチェックをしておきましょう。小さな子どものなかには，カやダニに刺されただけでもひどく腫れあがって，なかなか治らない人もいます。虫除けスプレーや蚊取り線香，とっさのときに対応できる殺虫剤と，虫さされ用の軟膏などを準備しておきましょう。また，刺された後の症状によっては医師の診察を受けましょう。

3 作業しやすさの工夫

(1) 作業姿勢，動作の改善・補助

レイズドベッド ⇨ p.91

　作業位置を高くするレイズドベッドの利用は，車いす利用者や座った状態で作業する人だけでなく，地面での作業が困難な人や，ひざ，腰に痛みのある人，貧血症状があって立ったり座ったりする動作が負担になる人にも有効です。また，単に畝を高くするだけでも，市販の作業用台車に座って大きく身体を曲げずにすむため，腰やひざが楽になります。また，農業用に立ったままで草取りのできる道具や，種子をまくための道具が実用化され販売されています。大型の道具にもステンレス製やプラスチック製の軽量で使いやすい商品が増えていますので，専門店で調べてみましょう。

立ったままで草取りのできる道具や，種子をまくための道具 ⇨ p.97

(2) 土壌や植物栽培管理の改良

　植物や土壌といった作業の対象物を改良することで，作業姿勢や作業負担も大きく変わります。人が土壌から受ける負担は，土のかたさによって異なります。とくに土を耕す作業ではその影響が大きくなります。ショベルやクワを使う人だけでなく，移植ゴテで小さな範囲を耕す場合も同じことです。耕しやすさは土の重さとは別のもので，土壌の粒子間の結合力が関係しており，この力の弱い砂は固まりにくく，手でも簡単に崩れます。はじめはかたい土でも，土に有機物を入れて粒子のすき間を多くつくることで結合力を弱めることができます。

　また，植物そのものの栽培技術の改良方法として，大きく生長するトマトやキュウリ，果樹などの植物をヒモを使った誘引で自由に動かせるようにしたり，対象者の手の届く範囲でエスパリエ仕立てにして作業しやすい位置に枝や果実がくるようにしたりすれば，レイズドベッドがなくても作業できます。

エスパリエ仕立て：垣根仕立てのこと ⇨ p.93

(3) 作業範囲を区切る

　広い空間で作業をしていると，いったいどこまで作業すれば終わるのだろうという不安をもったことはありませんか。たとえば，広い場所の雑草取りをしていると，自分の作業の成果が小さくみえて，とても疲れた気分になります。このような不安感は，自閉症などの障害のある人にはさらに大きなものとなります。漠然とした仕事量ではなく，ここからここまでの範囲というふうに場所を区切って示せば，多くの人は見通しがもちやすくなります。

　園芸療法の先進地であるアメリカの現場では，自閉症対象者への作業の進め方として，フラフープの輪を使って「この輪の中の草を抜いてください」と提案しています。輪の中の作業が終われば，輪を動かして次のエリアの草を抜くというふうに進めていきます。国内でもこの方法に似た方法として，太めの白い梱包用ビニールヒモの端を結ん

で直径1mほどの輪をつくって地面に置き，これを境界線にして輪の中の草を取る作業を進めている事例がありました。ヒモなので形が自由に変化するため，必要な部分だけを囲うことができ，ヒモを動かして次の場所設定も簡単にできます。

範囲を区切ることは，作業時間の区切りがつけやすく，姿勢の固定化を抑制することもできます。また，作業を時間で区切ってあらかじめ何分間ということを伝えておき，時間を確認しながら進めると安心して取り組むことができます。

さらに，しっかりした枠であらかじめ畑や花壇のエリアを細かく区切ると，視覚障害のある人でも，手前から3つ目の枠にはトマトというように，栽培植物の場所や作業範囲がとてもわかりやすくなります。

(4) 作業内容を明確に

対象者への作業提示の際に具体的でない表現を用いると，間違いを生じやすくなります。栽培している植物が植えてある中で「雑草を取りましょう」という進め方は，雑草と植えた植物の見分けがつく人に理解できる提案方法です。よりわかりやすい提案としては，特定の草を示して「この草を抜きましょう」と提案するか，前述のヒモなどを使って植えた植物が入らないようにうまく枠をつくり「この枠の中の草を取りましょう」と示すと，植物のことをあまり知らない人でも間違いなく作業できます。また，一方で植物の違いをどこで見分けるのかということもていねいに説明しましょう。

4 対象者ができることをみつける
——作業を細かく分ける

農園芸作業を一つひとつ細かく分けてみると，人の状態に合わせて実施できる多くの作業をみつけることができます。それらの作業を組み合わせて，一人ひとりにあった作業を組み立てていきましょう。

以下に，代表的な作業について，工程を分けて，実現のための方法をいくつか紹介します。方法を変えることで，作業のほとんどを自分だけでできるようになる人もいれば，これまで作業に参加できなかった人がさまざまな作業の一部になんらかのかかわりをもつことができる場合もあります。

(1) 種まき

農園芸のなかで，種まきはもっとも基本的な作業です。畑に直接まく方法と，育苗用の容器にまく方法があり，畑に直接まくのか容器にまいて育苗するのかによって，作業内容が異なってきます。箱やセルトレイなど育苗用の容器を使った種まきは，屋外での活動に参加できない人が屋内で役割をもって取り組むことができます。芽が出たら，必ずまいた人にみせて確認してもらいましょう。

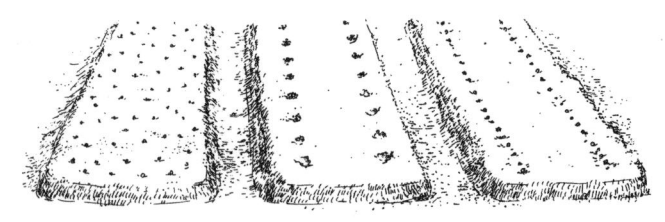

　　　　　　ばらまき　　　　　点まき　　　　　　すじまき
図3-10　直まきの方法

●**畑に直にまく場合**
　ダイコンなどの直根が重要な野菜やコマツナなどのように多くの苗を畑で育てる場合には，畝に直まきします。まく方法には，ばらまき，すじまき，点まきがあり（図3-10），指先を使って種子の量を加減する点と，種子をまいていく位置を調整する点で難易度が異なります。

　ばらまき　畝の上に適当な量の種子をパラパラとばらまいていく方法です。覆土をするか表面を軽く混ぜて覆土の代わりとすることができます。ばらまきは均等に種子をまくことが難しいことと，まいた場所がよくわからなくなり作業に迷ってしまうことがあります。

　種子を畑の土とは異なる砂などと混ぜて増量し，手で握るか，ヒシャクですくって大胆にまいても大丈夫なようにすれば，まきムラが小さくなることに加え，土の色が変わった場所は種子をまいた場所として認識できます。

　点まき　予定した株間ごとにつまんだ種子を置いていく種まきの方法です。このとき前もって指で穴を開けたり，長い支柱やテープに種子をまく間隔でしるしをつけて位置を示すと，目標ができて種子がまきやすくなります。また，まく量をあらかじめひとつまみとか，5個とかいうふうに決めることができます。このため，点まきは，まく位置をわかりやすくする，まく量を調節するなどの手間をかければ，さまざまな人に適応のある方法となります。

　すじまき　畝の上に縦長にすじをつけて，その上に種子を均等に続けてまいていく方法です。種子をつまむ指先のコントロール，種子の量の加減に加え，すじの上に均等にまかなければならないため，一般的にも難しい方法です。そのため，まずは短い区画のなかで均等に種子をまく訓練から始めます。すじまきのつまむ，量，均等まきの3つの加減を同時にコントロールすることができるようになれば，農業における重要な作業の一つを習得したこととなり，職業訓練としても大きな成果となります。

●**育苗用の容器に種子をまく場合**
　育苗バットにまく場合は，すじまきやばらまきで種子をまきます。また，セルトレイという育苗専用のマス目の容器を使って，1マスに1粒ずつ種子をまく育苗方法があります。

セルトレイ⇨p.95

　育苗バットへの種子のばらまき　バットに土を入れ，表面を平らにした後，種子をパラパラとまきます。固まった場所があれば軽く指で

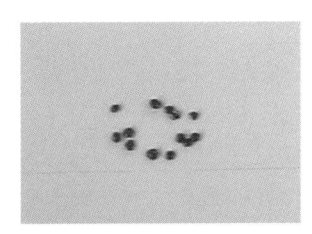

種子を広げます。覆土をして水を掛ければ終わりです。細かな作業を必要とせず，簡単に取り組めますが，育苗後の掘り上げにていねいな作業が要求されます。

セルトレイ 1粒ずつ種子をまくことは技術のいる作業であるため，はじめはうまくまけないこともありますが，作業の繰り返しによって，徐々に身につけることができます。種子には1mm以下の小さなものから1cm以上の大きなものまで，いろいろな種類があり（図3-11），セルトレイにも同様にいろいろな大きさがあります。一人ひとりの能力に合わせて，種子の大きさを加味しながら作業の習得を目指しましょう。セルトレイでは，種まき作業に手がかかりますが，あとは土から掘り上げて苗を分ける必要がなく，だれにでも取り組みやすいプログラムが計画できます。

セルトレイにまく場合でも，細かな作業が困難な人には，土と混ぜて上からばらまきで種子をまいてもらい，芽の出た部分を使いましょう。

（2）育苗用の土づくり

育苗用の土づくりは，いくつかの土をブレンドして，野菜の苗や花苗，寄せ植えなどに使う最適な土をつくる工程です。はじめに配合する土を計量し，その次に混ぜ合わせていきます。

●土の計量

土の配合は苗によって異なりますが，基本的なブレンドの例として紹介すると，まさ土や川砂など基礎となる土3割にピートモス4割，パーライト2割，バーミキュライト1割を混合します。混合比はそのまま軽量カップで土混ぜ容器に土を入れる杯数になります。

数が理解できる人には順番に1杯，2杯と数えながら容器に土を入れてもらうか，あらかじめそれぞれの土の前に混合する杯数や数量分のカップの絵を示し，10個のカップを準備しておいて，それぞれの土を3杯，4杯，2杯，1杯と取り分けてから容器に移して混合してもらうとよいでしょう。作業を簡単にするために，4つのバケツを用意して，それぞれの土の必要な分量を示す線を引いて土を量る方法もあります。

●土の混ぜ合わせ

数えたり，量ったりすることは難しくても，土を混ぜることなら多くの人が取り組めます。この作業は手や足，道具を使ってさまざまな障害のある人に取り組んでもらうことができます。作業しやすい位置に土を配置できるよう，土混ぜ容器の深さや大きさ，土の量を考えます。

机の上に置いて座位で作業するなら，深いバケツよりも浅めの洗い桶のような容器が手が届きやすく適しています。一方，足を使って混ぜる場合には，大きめの容器を足元に置くと作業しやすいでしょう。長めの道具を使って混ぜる場合には，土がこぼれないよう，大きめのバケツのような深型の容器が適しているでしょう。

図3-11 種子の大きさ（実物大）

ケイトウ
キャベツ
コスモス
ヒマワリ

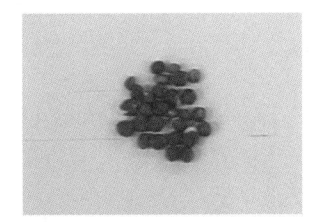

（3）苗の植え付け

苗の植え付けには，苗を取り出す→土に穴を開ける→苗を穴に入れる→土を寄せるの4つの工程があります。花壇苗の植え替えプログラムも参照ください。

花壇苗の植え替えプログラム ⇨ p.160

●苗の取り出し

育苗バットの場合は，苗が大きくなりすぎると根が絡んで分けにくくなるため，本葉が1～2枚展開したらスプーンやフォークで土をおこして手で苗を分けます。苗を分ける作業はていねいさが必要ですが，慣ればできるようになるタイプの作業です。

セルトレイの場合，本葉が1～2枚だと苗と苗のすき間が多く，根の発達も未熟で，取り出しの際に根と茎が切れてしまったり，土が崩れたりします。少し長めに育苗して，隣どうしの苗の葉があたり始めるころにはセルの中に根鉢ができて，手で引き抜くといったやや粗い操作に耐えることができる状態の苗になります。この段階の苗なら，手の細かな動きが難しい人にもフォークなどの道具を使って簡単にポットやセルトレイからの取り外しができます。

●土に穴を開ける

植え付ける側の土に深く穴を開けて，苗が埋まってしまう失敗がよくあります。苗の大きさに合わせて土に穴を開ける基準を，指や道具を使ってつくりましょう。

●苗を穴に入れる

必ず葉のついたほうを上にすることと，葉のついた部分を埋めてしまわないことです。この工程は，正しい植え方を示しながら繰り返し説明して習得してもらいます。

●植えた苗に土を寄せる

手でも道具でもできる比較的簡単な作業です。苗が埋まらないようにそっと土を寄せるように注意しましょう。

（4）間引き

間引き作業は，生長し始めた植物について，
　①ばらまきやすじまきでは，等間隔に苗を残す，
　②点まきでは，集団のなかから一つの苗だけを残す，
　③大きすぎるもの，生長の遅れているものを選択して取る，
という複数のルールをしっかりと守りながら作業を進める必要があり，障害のある人にとって難しい作業になるかもしれません。しかし，ポイントを絞ってトレーニングし，決まり事が理解できれば，徐々に達成できる作業です。5本の苗を1本にするトレーニングや，マーキングなどを実施して等間隔に植物を残すトレーニングを組んで，間引きの技術を身につけられるように作業を進めましょう。

（5）収　穫

収穫作業には，収穫できる状態の作物を判別する，収穫する，収穫

かごに入れて集めるという作業があります。

●収穫できる状態の判別

コマツナなどの軟弱野菜の場合，生長の早い株を選んで収穫しますが，同時にすべて収穫してもよいため，対象者にあった方法で収穫しましょう。果菜類は適期に収穫することが重要です。見分けが難しく，なんでも収穫してしまうということがおこりますので，大きなもの，発達したものの基準を，大きさや色で指定すると判別しやすくなります。はじめはできるだけそばについて，一つひとつ確認しながら収穫しましょう。

●収穫作業

道具を使って収穫する場合と，手で引き抜いたり，ちぎって収穫する場合があります。コマツナなどの軟弱野菜の場合，ほとんどは手で引き抜いて収穫できます。また，判別する力がつけば，シュンギクやカキチシャなど，植えたままで茎や葉を摘む作業の展開も考えられます。トマトなどの果菜類は手で収穫できるものも多くありますが，力の加減が難しいので，引っ張りすぎて植物本体をダメにしてしまうことがあります。このような場合は，ハサミなどの道具を使って，ていねいに収穫する方法にも取り組んでみましょう。

●収穫物を集める

収穫物の収集は目標がはっきりしていて理解しやすいので，比較的多くの人が取り組めます。回収のための道具は，かごを使って少しずつ集める，大きな箱で回収する，運搬台車を使って一度にたくさんの物を運ぶ，など体力に応じて使い分けましょう。また，品目によっては重ねておくだけでも傷むものもあるので，取り扱いについて適切にアドバイスしましょう。

2 結果を出す栽培を仕組む

　福祉的な園芸では，趣味の園芸と違って，栽培の過程や結果についてさまざまな対象者と共有して進めています。このため，失敗したことをやりっ放しですませるのは望ましいことではありません。植物の状態をコントロールできて，はじめて適切な活動が提供できるのです。
　また，失敗のまま「また来年」と割りきってしまってはいけない理由があります。対象者のなかには，年齢を重ねるにしたがい，あるいは病状が進行するにしたがい，長期にわたって活動に参加できない人もいます。一人ひとりの「今」を大切にしながら，実りの多い活動となるよう，結果が出る栽培を仕組んでいくことが大切です。

1　失敗しない栽培技術

　栽培をプログラムとして人に提供するために，失敗を避ける栽培技術を身につける必要があります。植物を栽培するなかでもっとも重要な点は，次の3点です。
　①きれいに発芽させること。
　②水を適切に与えること。
　③病害虫を早期に発見して，被害を最小限にくい止めること。
　どの項目も，よく植物やそのまわりを観察することが基本です。植物は，毎日みているとよく育ちます。これは，問題が発生したら，自然とすぐに対応しているからです。定期的に確実に生育を見守りましょう。

(1) きれいに発芽させる＝集中して管理
　発芽しないと，栽培計画が大きく狂ってしまいます。きれいに発芽させるためには，適切な温度と，通気性，水分保持が大切です。
●乾かさない
　水分保持のためには覆土をすることがいちばんですが，覆土も厚くなりすぎると発芽しません。発芽の難しい植物は，種子をまいた後，薄く覆土し，その上に不織布や白い寒冷紗をかけて乾かさないようにします。新聞紙を上にかけておくこともあります。「芽が出るまでは乾かさない」これがポイントです。
●適温を保持する
　また，気温が低かったり高かったりすると発芽までに種子が腐ってしまうことがあるので，それぞれの種子にあった適温を保持するよう心がけましょう。地温管理のためにも不織布や寒冷紗は有効です。さらに，寒い時期に発芽させたい場合は，保温できるところで箱まきな

どによる育苗を行ないます。冬場の発芽を促すために電気で適温を保つ温床マットが販売されていますので利用してみましょう。

●種子の品質

　発芽をよくするもう一つの要因は，種子の品質です。種子は信頼できる店で，まく前に購入するほうがよいでしょう。常温に置いたままの何年も前の種子は発芽率が低下しています。なお，冷蔵庫で貯蔵すると品質が低下しにくくなるので，残った種子は湿気を遮る袋に入れて冷蔵庫で保管しましょう。

(2) 水を適切に与える＝ていねいな管理

●土の中に水を与える

　発芽時の水やりは重要ですが，芽が出てからも気をつけて水を与えましょう。とくにプランター，鉢を使った栽培では，水を忘れるとすぐに枯れてしまいます。また，ていねいに水を与えた植物と，いい加減に水を与えた植物とでは，生育差がはっきりしています。

　半日もたたないうちにしおれ，そのうちに葉っぱの先がカリカリに乾いたようになるのは，水を与えていても表面が濡れているだけで，土の中に浸透せずに水が不足しているためです。ちなみに，病気でしおれているときには，植物体のどこかで水が流れなくなっているので，水を与えてもほとんど回復しません。

●大きめの鉢を利用

　プランター，鉢栽培でよく失敗するのは，利用している鉢が小さい場合が多いようです。小さい鉢は，こまめな水やりが欠かせません。植物の生長後の大きさに見合った鉢や，それよりも少し大きな鉢を利用すると，ずいぶん管理が楽になって失敗が減ります。また，プランターでの水やりの失敗を減らす方法として，水やりを対象者との日常プログラムにして決まった時間に決まった量を与えます。この場合は，水をやりすぎても根腐れがおこらないように，必ず排水性のよい土を使います。

(3) 病害虫を早期に発見する＝毎日植物をみる

　植物の病気や害虫は，早期に発見すれば，より簡単に防げます。植物の栽培に慣れてくると，病気や虫にすぐ気がつくようになります。しかし，そこまで熟練するまでには，かなりの経験が必要になります。そこで，病害虫を発見するためのポイントを紹介します。

　①植物は，植えてある全体を見回すのではなく，一つひとつの株をちゃんとみましょう。

　②葉に穴をみつけたら，近くに虫がいます。とくに葉の裏に潜んでいます。穴の小さいうちが防除のチャンス。

　③葉の色の変化を見逃さないで。色が薄くなったり，変色したりするときは，ハダニの発生や病気の可能性があります。

　④葉の形に注意。先端の葉の形が変形していると，アブラムシやハ

ダニの被害かもしれません。

⑤しおれに注意。水をあげても回復しないしおれは，病気の可能性が大です。

早いうちにみつければ，打つ手は多くあります。また明日と思っていると，気がつけば被害が甚大で，取り返しがつかなかったり，手当てのための仕事が何倍にもなったりします。

2　学習の要素を高める取り組み

栽培は学習要素の固まりです。わかりやすく栽培を学んでもらうためには，まずはじめに，単純な栽培過程に繰り返し取り組んで理解を深めます。さらに次の段階として，植物がどのように育っていくのかを，「光」「水」「土」「温度」「肥料」などの基本的な環境のなかから一部に違いを付けて，観察できるようにします。また，摘心栽培など，植物そのものに手を加えることで，植物の生長する姿の違いを観察しましょう。

(1) 植物を育てる基本的な意味

植物の育て方や収穫する方法，食べ方といった一連の過程を，一人ひとりのペースで学習し，習得できることを目標として，比較的短時間に生長する軟弱野菜などの植物を繰り返し用いて，栽培に取り組みます。畑を小さなエリアに区切って一人ひとりの作業範囲をわかりやすく示し，「まっすぐ植える」「雑草を見分けて抜く」「決まった場所に水をやる」「大きくなったものだけ収穫する」「洗って土を落とす」などの作業を活動ごとに繰り返し行ないます。収穫物は，必ず本人が収穫したものであることを伝えながら食べます。

ハツカダイコンは発芽・生長が早いうえに，根元が赤く膨らんで収穫適期を見分けることができるので，取り組みの初期段階に最適な素材です。

(2) 栽培条件をいろいろ変える
●光条件を変える

光の量が変わると植物の生長には大きな差がみられます。目にみえてよくわかる栽培法には，ネギやアスパラガス，チコリなどの軟白栽培があります。なかでもネギはなじみ深いので挑戦してみるとよいでしょう。青ネギはせいぜい2～3cmの深さに苗を植え付ければ，順次収穫できます。一方，白ネギは植え付けたネギに繰り返し土寄せを行なって，白い部分をどんどん伸ばしてやります（図3-12）。収穫時期には姿も味も違う2種類のネギをみることができます。

光の当たる時間を調節することで開花する時期が変わる植物があります。秋ギクは短日条件，つまり日の長さが短くなることで花芽を付けます。したがって，夜でも光のあるところに置いておくと花の咲く

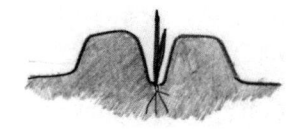

①深い位置に植え付ける

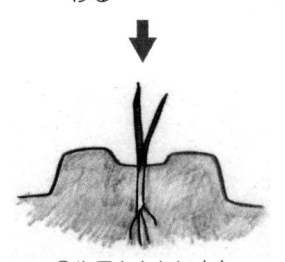

②生長とともに土を寄せる

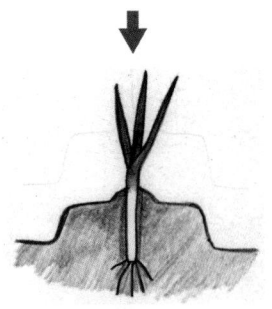

③白い部分が伸びて白ネギができる

図3-12　軟白による白ネギづくり

時期が遅れます。反対に，ダンボールなどで1日の日の当たる時間を短くすると，花が早く咲きます。

● 水分条件を変える

　トマトは，水の量を減らして乾かし気味に育てると収穫量は減りますが，味が濃くなることが知られています。植え付けたトマトの半分には水を与えず，半分には水を与えて，その生長の違いをみます。水を与えたトマトはみずみずしくあっさりした味に，水を与えなかったトマトは甘みが強く小さめになります。

　ただし，鉢栽培では完全に水を切らせてしまうと枯れるので，乾かし気味に育てる方はときどき様子をみながら水を少しずつ与えてください。

● 土の条件を変える

　土の違いはダイコンなどの根菜を使うとじつによくわかります。石ころや未熟堆肥の多い土では，股根のダイコンがよくできます。土の表面だけをよく耕すと，土のやわらかいところだけがよく太った短めのダイコンができます。立派なダイコンは，小石や堆肥のかたまりなど土のガラを取り除いて，しっかり深くまで耕したところでできます。

　意識して，土の耕し方（浅く耕す，深く耕す）や堆肥投入の時期を変えてやる（直前，3か月前）と，さまざまなダイコンが畑でとれます。

● 温度条件を変える

　温度の違いは，トンネル栽培と露地栽培で比較するとよくわかります。冬場のホウレンソウは露地でつくると，寒くなるにしたがい葉が縮み，ずんぐりとした形になります。一方，トンネル栽培だと葉がすんなりと伸びます。ホウレンソウは寒さに強いので最低気温が大きく氷点下を下回らない地域では露地でも冬に栽培できますが，草姿がずいぶん異なるので温度の影響がわかりやすく観察できます。また，寒さに当たると，凍らないように植物体内の糖度や塩分などのさまざまな濃度を上げるので，ホウレンソウの味が濃くなり，味覚でもその違いがわかります。

● 肥料条件を変える

　肥料のうち，窒素（N）は葉に，リン酸（P）は花や実に，カリ（K）は根に効果があらわれるといわれます。窒素肥料を多く与えると，塩類障害（肥料の成分が強すぎて害があらわれること）をおこさない範囲なら，葉が青々と茂り，みている間に大きくなります。コマツナなどの軟弱野菜で試してみるとよくわかります。

　土の中に窒素肥料が多くある間は，植物も葉を茂らせることばかりに集中するので，花や実がつきにくくなります。窒素を与えすぎると結果のよくない作物として，マメ（とくに大豆）やサツマイモがあります。葉が茂りすぎると陰が多くなって結果的にデンプンを蓄える能力が下がり，実の入りがわるくなります。しかし，マメやサツマイモが収穫できないと楽しみが損なわれるので，取り組みはコマツナなど，

収穫できるもので実施してください。

また，有機質肥料と化学肥料の違いについて試してみるのも楽しい結果が出ます。有機質肥料は急速には効かないので，生育スピードが異なることが多くなります。収穫後に，食べ比べをしてみるのも楽しいものです。

● 摘心栽培

植物の生長点の部分を摘んで頂芽の生長を止めることを摘心といいます。頂点を摘心すると，その下にある腋芽が発達して分枝します（図3-13）。分枝させることで株は横にも大きく広がり，花の数が多くなるなど，さまざまな利点があります。キクやケイトウなど切り花の一部では，摘心栽培を行なって1株からの採花本数を増やすことができます。

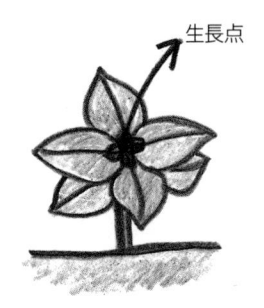

3 確実に収穫し，生産性を高める

授産や，生産者として農業に取り組もうとする場合，収益が上がるような栽培体系を組む必要があります。楽しむための栽培とは違い，確実に収穫できるように，土地を計画的に利用し，栽培の効率を高めます。

(1) 販売方法から栽培品目を決める

生産した野菜や花はどのような販売方法で売ろうと考えていますか。これによって栽培の品目が変わります。なぜなら，施設の家族への販売や，露店販売，施設内での給食利用の場合は，できるだけ多くの品目を準備したほうが利用しやすく，買う側もたくさん買うことができます。一方，農産物を利用した加工品づくりや，卸売り市場や地元直売所への出荷や学校給食向け野菜販売なら，ある程度決まった品目が決まった時期に準備できることが大切になるからです。

(2) 栽培計画を立てる

畑を有効に使って確実に収穫するためには，あらかじめ栽培計画を立てて，目標に合わせて栽培を進めます。植物のなかには，時期が遅れてもなんともない植物と，時期が遅れるとまったく収穫できない植物があります。種まきから収穫までの期間は種子の絵袋にも書いてありますので，これをもとに計画を立てていきましょう。とくに，秋に育てる植物は気温の低下とともに生育が遅れて，やがて収穫できなくなります。絶対に時期を逃さないようにしてください。

(3) 着実に栽培する

● 種子や苗をきちんと選ぶ

種子を購入するときは，地域の農家が利用する種苗店のアドバイスを受けながら，品質のよい種子を購入しましょう。種苗店は，地域ご

図3-13 摘心栽培

摘心：生長点とそのまわりの小さい葉を取ること

摘心せずに育てると頂点に大きな花が咲く

摘心すると分枝が伸びて花の数が増える

との栽培方法をよく把握しています。種子や苗は，栽培適期になると品薄になって入手できないことがあります。できれば予約するほうがよいでしょう。もし，近くに種苗店がない場合は，農協やホームセンターでも種子や苗が販売されているので利用できます。しかし，店舗によっては専門家が不在の場合もありますので，近隣の生産者や農協の営農指導員，都道府県の農業改良普及員に相談するのも一つの方法です。

● **タイミングよく施肥をする**

植物をしっかり大きく育てるには肥料が必要です。元肥，追肥のタイミングを逃さず，しっかり施肥をしましょう。化学肥料は簡単に植物が大きくなりますが，有機質の肥料で栽培する場合には，植物の生長を繰り返し観察し，肥料の効き具合やその特性をよく把握しましょう。

● **収穫適期を逃さない**

野菜は収穫適期が過ぎると，味が落ち，品質の低下も早くなります。また，トマトやキュウリなどの果菜類では，植物が弱って収量が減る原因となりますので，注意しましょう。

（4）販売戦略を立てる

栽培技術が身について計画生産が可能になれば，販売戦略を立てましょう。施設内消費や家族による買い取りから，少しずつ外に向かって販売していくことを目指します。

● **直売所**

自分たちの生産物に考えたとおりの値段をつけて販売できます。しかし，直売所は鮮度が重要で，品質の低下したものに高い値段をつけて出荷すると売れ残り，自分たちで引き取らなければいけません。

● **市場出荷**

一方，面積が大規模になれば，市場出荷も夢ではありません。生産を始めれば，やはり大きな目標になるでしょう。市場出荷を目指す場合は，地域の農協や出荷組合の支援を受けるとよいでしょう。はじめは，「生産者でもないのに」と受け入れられないこともあるかもしれませんし，市場出荷は実際には思うような価格がつかないこともありますが，品質や出荷量が安定していれば徐々に認められます。

最終的には，オリジナル品目や有機栽培などで付加価値をつけ，商品性を高めることも考えてみましょう。

4 やりがい，楽しさも盛り込みながら

農園芸活動の取り組みが，一人ひとりにとって楽しいものとなるように，それぞれの目標を立てて栽培を進めていきます。集団のなかにも個人差があるため，一つの農園でたくさんの目標を立てることが必要なことも多くなりますが，農園の運営体制が安定し，栽培や利用技

術が獲得できると，目標の範囲も少しずつ広げられるようになりますので，はじめは少ない品目で，つくりやすい作物をつくるところからスタートしましょう。

(1) まずは自給生産を目指す

自分で食べるものを自分でつくるというレベルです。お金を払って買ってもらうわけではないので，少々形がわるくても問題ありません。収穫量は少なくても季節のつくりやすい植物を中心に栽培計画を立て，対象者が栽培の喜びや大変さを感じながら作物を食生活の一部に自給でき，家族や仲間に分け合えるレベルを目指しましょう。自分が栽培した作物を家族に持ち帰って喜んでもらったときの本人の感動は，大きな自信につながります。

(2) レクリエーション的要素を盛り込む

好みの植物や珍しい植物などを育てる，チャレンジ心旺盛なおもしろさを重視した栽培を行ないます。園芸を楽しんだことのある高齢者が，経験を生かしながらも「こんな植物が自分で栽培できるとは！」といった楽しさを味わうことができます。

(3) 体験の機会を増やす

目標は，土をさわる，植物をさわる，収穫するなど日常生活では経験しにくい活動をより多く体験することです。その機会を増やすため，草を引く作業だけを目的としたエリアや，花を摘むだけのエリアなど，栽培過程にこだわらない畑をつくります。植わっている場所は少しにして，植物とふれあいやすいように，畝間を1m程度あけても問題ありません。サツマイモやタマネギなど，作業内容が単純な植物を用いると，対象者の活躍の場が多くなります。

5　1回の活動で種まきから収穫までを体験
　　── 限られた時間内での栽培プログラム

植物の栽培を楽しむには，継続した活動が好ましいことはいうまでもありませんが，1週間ほどの入院者や，ときおり参加するデイサービスの対象者に継続した内容の活動は適しません。さらに，身体の状況が思わしくなく，長期にわたって継続的な活動への参加が困難な人もいます。そのように，参加頻度が低い場合や短期間の取り組みの場合は，長期的な取り組みの断片的な活動ではなく，1回の活動の完成度を高める必要があります。

1回の活動で完結するプログラムとしては，寄せ植えや生け花，押し花などを使ったクラフトがあります。しかし，植物を栽培する楽しさは何ものにも代え難いものがあります。

こんな場合は，比較的短期間に生長する植物を使って，種まきの時

期をずらし，一度の活動で種まきから栽培管理，収穫までを体験できるよう，計画的に圃場内の植物栽培を進めます。これはプランター栽培や，レイズドベッドでの栽培も共通の手法です。特別に気温の低い時期を除いて，コマツナ，ハツカダイコンなら1か月，スプラウト（カイワレダイコン）は1～2週間で収穫できます。

　対象者には，まず種子をまいてもらい，横に植わっている1週間後の植物の生長を確認し，生育途中の植物には肥料を与え，最後に収穫してもらえば，一連の作業を体験できます。このときの対象者がまいた種子について，「あなたがまいた種子のおかげで，また収穫できるわ」と，次の栽培につながることを伝えます。もし，その人が繰り返し来ることができるようになったら，自分のまいた植物を管理してもらえばいいのです。

　このように，限られた時間内での栽培プログラムを実現するためには，計画性をもった畑や花壇の運営が欠かせません。ここに書いたような短期栽培の植物にかかわらず，つねに受け入れ態勢のできた畑が準備できれば，対象者は季節ごとの楽しみをその空間で味わうことができるでしょう。

3 支援者にも無理のないプログラムに

1 はじめに支援者の仕事量を考える

まず，下の項目について考えてみてください。
①農園芸活動は，施設運営側に喜んで受け入れられていますか（あるいは受け入れられそうですか）。
②農園芸活動の担当者は何人確保できますか。
③担当者は交代して毎日出勤できる態勢ですか。
④栽培管理のための休日出勤は可能ですか。
⑤信頼のおけるボランティアを確保していますか。
⑥基礎的な栽培技術をもった人はいますか。
⑦耕うん機や刈払い機など農業用機械を扱える人はいますか。
⑧対象者との活動とは別に，勤務時間内に栽培管理の時間が確保できますか。
⑨日常の業務と比べて，栽培管理を後回しにするといった気遣いを自分でしていますか。
⑩農園芸活動の準備，後片付けや日常管理作業について，職場での理解は得られていますか。

これらの項目は，今から農園芸活動への取り組みを行なう人や，現在取り組んでいる人が，どれだけ自分自身の負担を軽減できるか，ということに密接に関係しています。

農園芸活動は，毎日の管理を必要とする生きものを道具に使う，少し特殊な活動です。他の活動では事前準備と事後の後片付けですみますが，植物は生きものであるために，これに加えて日常管理が必要です。とくに土，日あるいは休日の管理が大変です。植物はたとえほうっておかれても言葉を発しないので，気がつくと枯れています。枯れてしまうと，これまでの努力が水の泡です。じつは，この管理負担が，施設での農園芸活動を進めるうえでもっとも大きな障壁となっています。

施設では，多くの場合，農園芸活動を否定的にとらえる人はいませんが，栽培管理の大変さに対する理解は進んでいません。このため，「仕事中に水やりしてる」とか，「植物ばっかりさわって」といった陰口をささやかれ，つらい思いをしている人も多いようです。

理解が得られていない間は無理をせず，負担をコントロールできる範囲で活動を実施しましょう。1週間の間に，どの程度の人数が栽培管理に従事できるのかで，栽培方法や栽培面積，作物を決めて進めていきましょう。

大規模な取り組みは困難と考えている場合でも，片手間に水やりなどの管理ができる状況であれば，プランターや鉢，花壇を使って活動に取り組めます。反対に，場所はあっても毎日の栽培管理は無理で，週に1～2回程度しか水やりや管理ができない状態であれば，プランターや鉢栽培はあきらめ，水やりの回数を減らすことができる花壇や畑を使った地植え栽培で進めましょう。

2　無理のない活動の規模

(1) 畑の大きさと労力の関係

100㎡（10m×10m）の畑を管理するためには，どの程度の労力が必要でしょうか。まず，基本的な管理労力を考えてみましょう。

畑の大きさと労力の関係は，栽培する植物と，雑草管理に大きく影響されます。とくに雑草の大きくなりやすい春から夏にかけては，100㎡なら1週間に最低1時間は除草作業が必要です。雑草をほうっておくと，ものすごいスピードで大きくなって，畑にはいることができない状態になります。

(2) 植物の栽培管理に要する時間

次に植物の栽培管理に要する時間を考えてみましょう。生育の早い軟弱野菜を栽培したとします。水やりは，雨のない時期なら1週間に2回で計1時間，種まき，施肥や間引き，定植，収穫などの時間は1週間に2時間，病害虫の防除に1か月に1時間といったところでしょうか。トマトなど，誘引や芽取りの時間が必要な植物なら，さらに10本当たり1週間に30分余分に時間がかかります。加えて，施設から畑までの距離が長い場合には，移動時間を加える必要があります。

(3) 農園芸活動に必要な時間

これらを合わせて計算すると，施設の担当者や支援者が畑で1週間のうち4時間を過ごすことができるのなら，100㎡の畑の維持管理が可能です。この内容を対象者との活動のなかで進める場合は，もう少しゆっくりとしたペースで作業を進める必要があるので，1週間のうち丸1日，あるいは2日に分けて半日ずつ農園芸活動の時間が必要だということを，周囲に理解してもらう必要があります。はたしてこの時間は，現在の状況を考えると確保できる時間でしょうか，無理のかかる時間でしょうか。

(4) 面積と距離を考慮

面積が小さくなれば，当然作業は少なくなります。また，畑がすぐ近くにあれば片手間の作業ができるため，時間が有効に使えます。面積と距離を十分に考慮して，無理のない範囲からスタートをきりましょう。もし，1反（1000㎡）もある広い畑を少し離れた場所に借りて

農地の面積：農地はよく1反（たん），1町（ちょう）で面積をあらわす。
1反＝約1,000㎡＝10a
　　＝300坪
1町＝10反＝約10,000㎡
　　＝100a＝1ha
となる。

しまったのなら，専従の担当者が必要になるでしょう。広い面積で積極的に活動をすすめたいと考えているのなら，植物栽培の知識をもったボランティアの支援があると助かります。

(5) プランターや鉢栽培での管理時間

　一方，畑はなくてプランターや鉢で栽培に取り組んでいるというところもあるでしょう。プランター栽培の弱点は水やりです。しっかりと水を行き渡らせるためには，一つのプランターに30秒ほど水を与える時間がいります。これを計算すると，20個あれば10分程度の時間が必要です。この時間の確保も難しい場合にいちばん合理的なのが，施設内の植え込みや花壇を使って活動を進めることです。地面につながっていれば，毎日水を与えなくても枯れません。頻繁に様子をみることもできるので失敗が少ないでしょう。

3　作業量に見合った栽培計画にする

(1) 適切な栽培量・面積を設定する

　活動の対象者は何名ほどでしょうか。また，作業できる時間はどれくらいでしょうか。
　活動時間については，お手洗いやある程度の温度管理ができる休憩所がすぐ近くにある場合，のんびりとしたペースで1日を畑で過ごすことも可能です。
　しかし，お手洗いや休憩所が近くにない場合，作業時間はせいぜい1時間です。あらかじめ1時間の間に活動が終了するよう，対象者一人ひとりの仕事量を考えながら作業を計画すると，担当者が後で仕事を残ってしなくてもすみます。そのために，手間のかかる作物の場合は，栽培する苗の数や面積をあらかじめ計算して無理のない範囲で栽培し，残りの面積は比較的管理の簡単な作物で対応します。
　はじめは，作業ペースをつかむために，対象者を労力には入れず，限られた活動時間の半分の時間で担当する職員だけで管理できる栽培量を設定すれば，大きな無理は発生しません。

(2) 作物を選択する
●作業の少ない作物
　必要な労働力は作物によっても大きく変わります。もっとも作業が少ない作物はサツマイモで，収穫までに必要な作業は，ツルが地面に降りて余分な根を生やさないようにときどきツルを返す程度で，水やりは必要なく，特別な技術も必要ありません。タマネギやジャガイモも同様に栽培管理が容易です。これらの作物は水やりや誘引といった作業が少なく，さらに収穫時期の幅が広く，天気や体調に合わせて柔軟に対応できます。もちろん，通路などの草管理は必要ですが，100㎡の畑で1人が1週間に1時間ほど管理に入れば収穫まで維持できます。

表3-1 管理作業の少ない作物と多い作物

途中の仕事や管理の多少が……	
●少なめの作物	サツマイモ，タマネギ，ジャガイモ，カボチャ，トウガン，アスパラガス，ハツカダイコン
●中くらいの作物	ダイコン，ハクサイ，ブロッコリ，シュンギク，コマツナ，エンドウ，ニンジン
●多めの作物	イチゴ：薬剤散布や防鳥，防虫ネットの設置など。収穫は毎日 トマト：誘引，芽かき，支柱立て，薬剤散布，受粉，収穫，追肥など ナス：トマトとほとんど同じ キュウリ：支柱立て，誘引，収穫

●作業の多い作物

　作業の多い作物はトマトやキュウリなどの果菜類で，定植後に芽かきや支柱立て，ツルの誘引，仕立てのほか，収穫が始まれば少なくとも1日に1回は収穫する必要があるため，ほぼ毎日1時間ほどの作業が必要です。

　ウリ科植物の場合，キュウリは収穫適期が短いので頻繁に作業が必要ですが，カボチャなどは1週間程度収穫が遅れても問題はありません。また，トウガンは大きくなってから何か月も畑に放置できるので手間がかからず，融通のきく作物といえます。

　確保できる労力によって，管理の手間が大きな作物と小さな作物（表3-1）をうまく組み合わせながらほ場を管理しましょう。トマトなど，手間はかかるものの商品性の高い作物をつくる場合には，農業技術をもった支援者を募りましょう。

(3) 1年間の栽培計画を立てる

　それぞれの植物栽培に必要な労力がある程度予測できれば，次に畑を1年間どのように計画して運営していくのかを考えましょう。畑の面積とつくる作物で維持管理に必要な労働力が決まります。また，作物栽培にはタイミングがあります。種まきなどの時期がずれるとたいてい生育はよくありません。遅れて秋まきしたホウレンソウが大きくならない間に花をつけたり，白菜が結球しなかったりします。反対に，早く植え付けた夏野菜が霜にあたって枯れることもあります。

　さらに，同じ場所で毎年同じ物をつくったり，ジャガイモの後に同じナス科の植物であるトマトを植えるなど同じ科の作物を栽培したりすると，連作障害があらわれることがあります。これらの事柄を考慮して栽培計画を立てていきましょう。

　90ページ図3-14に示した栽培計画は，比較的管理が簡単な例です（冷涼な地域を除く）。この計画では，畑を4区に分けて利用しています。少なくとも，ほ場の4分の3が埋まるようにあらかじめ品目は決めておいて，4分の1は土を休めたり，対象者一人ひとりの目的に合わせたエリアを組んだり，新たな植物を育てたり，親切で持ち寄った

連作：同じ科や品目を連続して栽培すること。作物によっては連作障害が発生する　⇨p.58

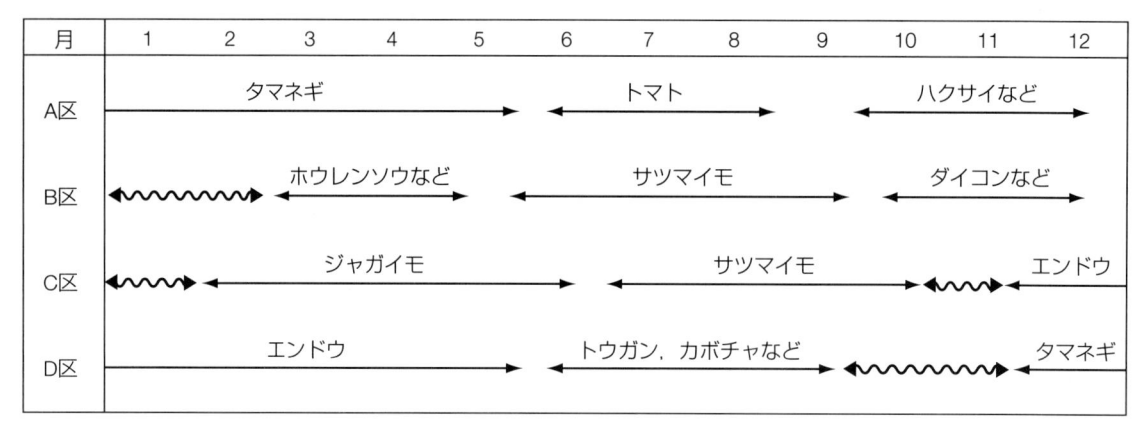

月	1	2	3	4	5	6	7	8	9	10	11	12
A区	←――――タマネギ――――→					←―トマト―→				←―ハクサイなど―→		
B区	←~~~→←―ホウレンソウなど―→					←―サツマイモ―→				←―ダイコンなど―→		
C区	←~~~→←―ジャガイモ―→					←―サツマイモ―→				←~~~→	←エンドウ→	
D区	←――――エンドウ――――→					←―トウガン，カボチャなど―→				←~~~→	←タマネギ→	

◀~~~▶ は，堆肥などを投入して土づくりを行なう期間

図 3-14　1 年間の栽培計画の例

苗や種子を育てたりする柔軟な場所にして楽しみましょう。

　また，管理が簡単な植物と難しい植物とをバランスよく栽培し，労働過重にならないようにします。さらに，連作障害に配慮し，近縁作物を重ねて植えないように計画します。図 3-14 では，連作を避けることができるように，翌年には 1 区画ずつずらして栽培する計画を立てています。

　栽培の方法や期間は，第 2 章にも一部を記載していますが，家庭向けの園芸雑誌や書籍，種苗会社が発行する情報誌に詳しい情報が写真入りでわかりやすく書かれています。また，種子を買いに行くときには，品種の間違いがないように絵袋の説明書きをよく読んでから買うようにします。

4 福祉的な農園芸活動に利用できる技術

1 レイズドベッド

車いすを利用していて,地面での作業が物理的に困難な場合,レイズドベッドがあると便利です。レイズドベッドとは畑や花壇を枠で囲い,通常より高く立ち上げたもので,作業位置が高くなっています。

高齢者施設では,日常生活に園芸を取り入れることを目的とした導入事例がたくさんあります(図3-15)。

(1) 特徴と形状,材質

レイズドベッドの特徴は,立ち上げて作業位置が高くなっていることで,
①車いすで作業ができる,
②作業のためにひざや腰を曲げなくてもよい,
③植物と人との距離が近いので,目や手の感覚で植物の状況を確認しやすい,
④座り込んで作業したあとで立ち上がるとおこる,立ちくらみなどの症状を緩和できる,
といった利点があります。

● 形　状

レイズドベッドには地面から垂直に立ち上げた簡易型のもの(図3-15上,図3-16)と,植物を植える場所の下に足が収まる空間を設けたもの(図3-15下)があります。レイズドベッドはその形状によって土の量が異なりますが,プランターで栽培するよりも土の量が多いタイプなら,バリエーションに富んだ植物を栽培することができます。92ページ図3-17のように,作業場所を自由に変えられるようにキャスターつきのものが考案されています。

図3-15　施設ベランダのレイズドベッド
新築の施設では,あらかじめレイズドベッドを設置するところが増えている

図3-16　垂直に立ち上がったレイズドベッド
(大阪府立食とみどりの総合技術センター)

図 3-17 移動式レイズドベッド
（兵庫県立淡路景観園芸学校）

● 材 質

　木でつくられたレイズドベッドは身体を接触させると冬には冷たく感じず，夏は熱くないため，人に優しい素材であるといえます。ただし，土と接触している部分から徐々に腐敗が進み，耐久性は長いものでも10年程度です。

　一方，コンクリートや金属でつくられたレイズドベッドは冬場には冷たく夏には熱くなるので，直接人の皮膚と接触する部分に使うことは好ましくありません。しかし，耐久性は高く，一度設置すれば腐敗することなく長く利用できます。中間的な素材として，樹脂を成型してつくられたレイズドベッドも販売されています。

（2）畑の中にレイズドベッドをつくる

　畑でも一部に厚手の合板や水田用の波板などを使って簡易のレイズドベッドを準備すると，作業の幅が広がります。簡易な資材の使い回しによって畑に立ち上げ，畝をつくる場合，土の量や枠の強度を考慮すると高さは40〜50cm程度がよいでしょう。それ以上の高さでは，簡易に作成すると強度に問題が生じます。周囲の土をベッド部分に入れて高くするため，通路が広くなります（図3-18）。畑すべてをレイズドベッドにするのは労力も経費もかかり現実的ではありませんが，数mのベッドがあれば便利に使えます。

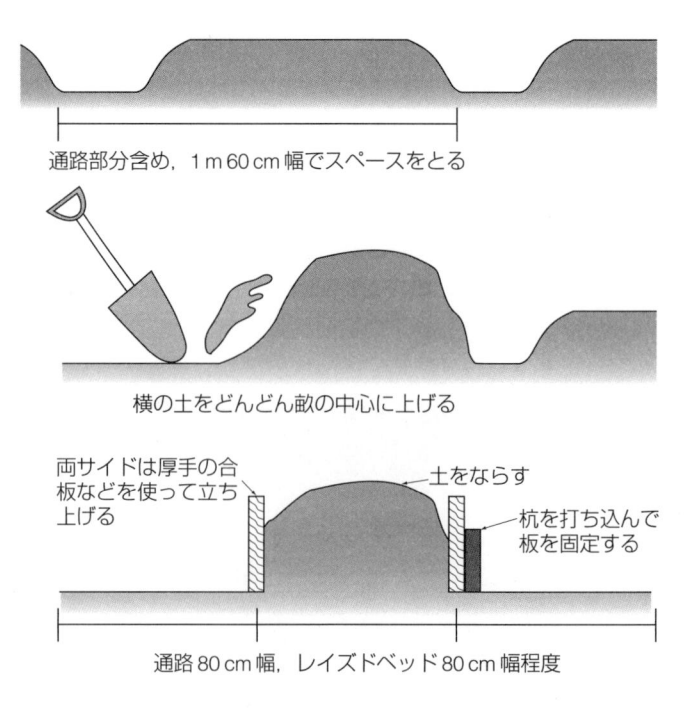

通路部分含め，1m60cm幅でスペースをとる

横の土をどんどん畝の中心に上げる

両サイドは厚手の合板などを使って立ち上げる　　土をならす　　杭を打ち込んで板を固定する

通路80cm幅，レイズドベッド80cm幅程度

図 3-18　畑に簡易レイズドベッドをつくる

2　高設栽培

隔離床栽培：地面への直植えに対して、プランターなどを使い、地面とつながっていない条件に植えて栽培すること。

　ミツバやサラダ菜などの水耕栽培，イチゴやガーベラの隔離床栽培など作業性の改善と収量アップ，土壌病害の防止を目的として，農業分野で最近増加している高設栽培（図3-19，20）は，農業における作業性の改善がもっとも進んだ事例で，システムはすでに市販されています。イチゴの高設栽培は，隔離床栽培で衛生的にイチゴを育てるとともに，かがみ作業をなくしています。架台の間をところどころ幅広にすれば，車いすでも十分に作業できます。

図3-19　イチゴの高設栽培　（前川寛之氏提供）
立ったまま作業できるように高さを調整してある。イチゴの観光農園では車いすでも対応できるよう，高設栽培を導入した施設が増えている

図3-20　大きめの高設栽培
幅が60cmほどあるので、畝と同じようなつくり方ができる。写真はガーベラの切り花を栽培しているが、コマツナなどの野菜もつくれる

3　果樹の仕立て方

(1)　ブドウの鉢栽培と可動棚

　果樹昇降垣根（図3-21）および回転垣根（図3-22）を用いたブドウの栽培です。
　日本のブドウは，高品質な果実をつくることと台風の対策として，棚にして栽培している生産地が多く，生産者は上を向いて

図3-21　昇降垣根　（細見彰洋氏提供）
枝を留めている柵が広がったり閉じたりすることで枝の位置が上下する

図3-22　回転垣根　（細見彰洋氏提供）
テーブルは動かず，植木鉢と枝を誘引している柵が回る

第3章　無理せずできる農園芸活動の展開　93

一定の高さのところで作業します。このため、一つの畑で車いす利用者や身長が高い人、低い人など一人ひとりに対応できる栽培は困難です。

これに対し、ヨーロッパなどでのおもにワイン原料となるブドウの生産は、ほとんどが垣根栽培です。この栽培法なら、車いす利用者や身長の異なる人でも正対位置で同じように栽培に取り組むことができます。

大阪府立食とみどりの総合技術センターで考案した昇降垣根や回転垣根を用いたブドウの垣根栽培モデルでは、ツルの位置を都合にあわせて動かすことのできる仕掛けがあり、車いすに座ったまま大半の作業を行なうことができます。また、垣根の上下動や回転の効果に加え、車いすで正対姿勢をとって作業できるため、身体への負担が少なく、楽な気分で作業できます。

さらに、枝を誘引するときの結び方を単純にしたり、誘引にカラフルなリボンを使って連続した作業であることを印象づけたり、手や指など身体の一部を定規代わりに使って枝の長さや房の大きさを決めたりするなど、実践現場でさまざまな工夫を生み出しています。

(2) カキの低面ネット栽培

農業生産分野でも、農業者の高齢化にともないさまざまな取り組みが行なわれています。果樹栽培においては、木を低くして作業しやすくするという新しい方法が広まりつつあります。

奈良県農業総合センターでは、ユニバーサルデザイン（より多くの人にとって使いやすいデザイン）とフェイルセイフ（事故をおこさない仕組み）をコンセプトにした果樹園をつくり、高齢農業者の営農継続のための研究を行なっています。奈良県はカキの産地で、生産者は傾斜地に植えられた高い木に登って作業をしなければなりません。将来高齢化が進めばこの作業が困難となって、いずれは栽培管理できなくなるという難問に直面しています。この問題を解決するために、カキの仕立て方を改良し、テーブル状に幹をのばし、手が簡単に届く範囲に実がなるように仕立てる技術を開発するというのがこの研究です。

カキが1m程度の低い位置で栽培できるようになれば、剪定や収穫での高所作業がなくなる上に、薬剤散布も手が届きやすくよくみえる位置でできるため（図3-23）、作業がはかどります。この高さなら、車いすや高齢者から子どもまで、多くの人が果樹栽培に取り組むことができます。

図3-23 カキの低面ネット栽培のコンセプトは"ユニバーサルデザイン"と"フェイルセイフ" （前川寛之氏提供）

4 野菜栽培の工夫・技術

(1) 作業性を優先したトマトの誘引方法

トマトは家庭菜園の場合、茎を支柱にひもでくくりつけてつくります。農業では、専用の誘引ひもを用いて、はじめは上に、背が高くなると徐々に横にずらして作業位置を一定に保ちます。この技術を応用すれば、高さ調節に加え、手前側への誘引も可能になり、茎を対象者のいるほうに誘引することで収穫や管理作業ができるようになります（図3-24）。図3-25のトマト栽培では、トマトを支柱に固定せずに誘引ひもで簡単に留めているだけです。作業位置が自由に動かせるので、わずかな介助があれば車いすでも作業が可能です。

図3-24 トマトの斜め誘引によって車いすでの作業も可能

図3-25 ヒモによるトマトの誘引

(2) セル成型苗システム

セルトレイ：セルとは小部屋のことで、セルトレイとは小さく仕切られた小部屋が並ぶ育苗用の容器をいいます。セルトレイでは苗が一つひとつ独立して育つため、ふつうの育苗のように掘り上げや苗を分ける必要がなく、移植作業が簡単になります。

セルトレイで育苗した苗をセル成型苗といいます。セル成型苗システムでは、種まきから定植までの期間の作業を自動化・規格化しています。今から20年ほど前に日本に導入されました。このシステムのよいところは、①機械で細かな種子をまける、②まいた後の間引き作業や、鉢上げ時の苗のより分けが必要なくなる、③狭いところでもとても多くの苗を育てることができる、などです。

セルトレイのサイズは30×60cm程度が一般的で、もっとも大きなセルは1枚当たり50穴程度です。小さなものでは1枚当たり800穴のものまであります。セルが細かくなるほど小さな面積でたくさんの苗が育てられますが、種まきも育苗も難しくなります。何にでも使える汎用性が高い大きさは、縦10列×横20段の200穴（セル1つが24mm角程度）か、その前後の規格です。96ページ図3-26はセルトレイと、その中での育苗の状態（苗はパンジー）です。

セルトレイは機械で種子をまくようにつくられていますが、機械を

72穴のセルトレイ	406穴のセルトレイ	パンジー苗の発芽の様子
1つのセルは35mmの大きさ	1つのセルは18mmの大きさ	406穴セルトレイ

図 3-26 セルトレイのサイズと育苗の状態

表 3-2 種子の大きさとセルトレイの組み合わせ

種子の大きさ	植物名	セルトレイの種類
大きな種子	エダマメ（大豆），ヒマワリなど	50～200穴
中程度の種子	ホウレンソウ，キュウリ，コスモスなど	128～406穴
やや細かい種子	ダイコン，コマツナ，パンジーなど	128～512穴
非常に細かい種子	ケイトウ，トルコキキョウ，ベゴニアなど （とくにトルコキキョウやベゴニアはとてもまきにくいので，種子の表面をコーティングして大きくして販売されている）	200～512穴

購入するためには多くのお金がかかります。このため，規模の小さな取り組みでは，人がていねいに一つひとつのセルの中に種子をピンセットなどで挟んでまくことが多いようです。

セルトレイのサイズがいろいろあるように，種子にも大きさの違いがあります。個々人の能力にあうように種子とトレイを組み合わせて利用します（表3-2）。

種まきには，種まき専用土を使います。水分保持能力が高く，雑草の種子が入っていないので管理が楽です。

5 利用しやすい道具も多い

ガーデニングブームのおかげで，園芸用品は格段に入手しやすくなりました。ホームセンターには，プロ仕様の剪定バサミやクワから，軽量なプラスチック製の土入れやジョロまでが揃っています。また，アルミ製やステンレス製の軽量で強度のある道具が増えています。100円ショップでも園芸用品の取扱量は多く，移植ゴテやペットボトルを利用したかん水装置パーツ（図3-27）が販売されています。100円ショップの商品は軽量で小振りなものが多く，小さな移植ゴテ（図3-28）やジョロは活動に利用しやすい道具です。

車いす利用者が地面の作業をするためには，柄を長くした道具が役立ちます（図3-29）。剪定バサミのメーカーからは軽量化した高枝切りバサミや，柄の長さが60cm程度の福祉利用を目的とした枝切りバサミが販売されています。枝や茎をつかむことができるので，収穫にも利用できます。長い三角ホーを切って，車いす用に改造するという

▶図 3-28 樹脂製の軽くて丈夫な移植ゴテ
　これも 100 円ショップの商品。土をすくう部分が小さく，細くとがっているので，少しずつ小さな力で掘りやすい

▲図 3-27 かん水の道具
　左上の丸い形の道具は軽く押さえると水が出るジョウロ。ペットボトルの先には 100 円ショップで入手した水やり用の口がついている

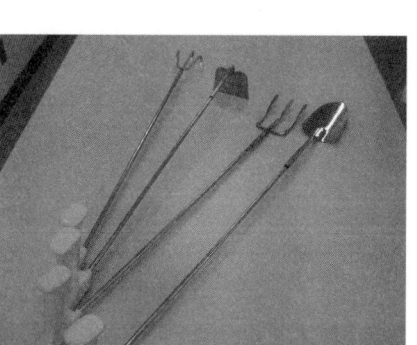

▶図 3-29 柄の長い移植ゴテなど
　柄が長いので，車いすで地面の植物に手を加えることが可能

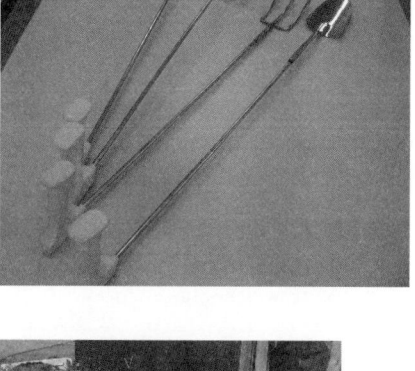

▲図 3-30 握りやすい移植ゴテ
　カラフルな色が塗ってあり，コントラストもはっきりしている

◀図 3-31 手押し式種まき機
　この道具は，畝に種を直まきする軟弱野菜などで利用する。種を中央の容器に入れてコロコロと畝の上を歩いていくと，等間隔で種がまけ，腰をかがめなくてもいいので楽しく作業できる

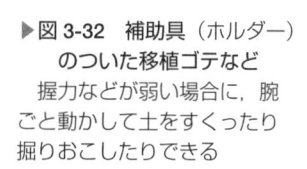

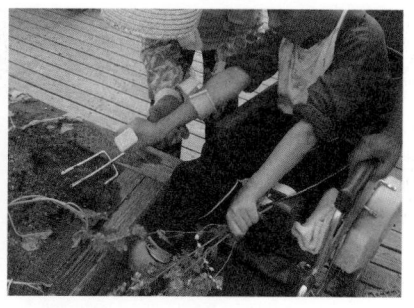

▶図 3-32 補助具（ホルダー）のついた移植ゴテなど
　握力などが弱い場合に，腕ごと動かして土をすくったり掘りおこしたりできる

第 3 章　無理せずできる農園芸活動の展開　97

方法もあります。

　そのほか，握りやすい移植ゴテ（図3-30）や，腰をかがめなくても楽しく作業できる手押し式種まき機（図3-31）などがあります。

　握力の弱い人や手で握ることが困難な人は，福祉用具である補助具（ホルダー）を使います（図3-32）。補助具（ホルダー）に大きめのスプーンを取りつけ，移植ゴテ代わりに使うこともできます。

　既製の道具を使う場合，移植ゴテや小型の三角ホーは握りの部分に布やゴムを巻きつけ，小さな力で持ちやすく滑りにくい工夫をします。

　アメリカやイギリスでは園芸療法が広がり，海外にはさまざまな福祉用具としての園芸道具ができています。日本でも福祉機器を取り扱ったカタログや雑誌で輸入品を購入することができます。

●福祉用具になる園芸道具は下記などで扱っています。

アビリティーズ・ケアネット㈱
　　握りやすいグリップのコテやフォーク，ショベルなど
　〒151-0053　東京都渋谷区代々木4-31-6 西新宿松屋ビル 4F
　TEL：03-5388-7200
　URL：http://www.abilities.jp/acigoods/

アルスコーポレーション㈱
　　高所用の長柄剪定バサミなど
　〒599-8267　大阪府堺市中区八田寺町476-3
　お客様サービス係　TEL：0120-833202
　URL：http://www.ars-edge.co.jp/

第4章
農園芸活動の実際

これまでの章では，活動に取り組むためのテクニックについて，植物と人の側からさまざまなアプローチを紹介してきました。この章では，農園芸活動に実際に取り組むうえで理解が必要な活動の流れを具体的に紹介します。

1 事前の準備

1　対象者の事前評価

(1) 活動の目的を設定する

　農園芸活動を始める前に，活動の目的（ゴール）を定める必要があります。何のために活動に取り組むのか，活動の対象者および支援者の共通理解を得るために，とても重要なプロセスです。
　たとえば，障害のあるAさんが「生きがいの創造と，生活の質の向上」を目的とするなどです。グループ活動の場合も同様に，ヒヤリングやアンケート調査などを通して，参加者の意向に沿う目的を設定してください。

＜活動の目的例＞
　地域住民グループBの「健康の維持増進と住民間の交流促進」
　精神障害者Cさんの「地域住民とのコミュニケーションの促進」
　高齢者Dさんの「ひきこもり防止と，積極的な社会生活の実現」
　知的障害者Eさんの「地域就労と経済的自立」，など

　上記のような目的に向かって歩み始めるとき，その一歩一歩に目標が設定されます。目標は，目的に近づくための小さな歩みの一歩です。それらの歩みは，年間，月間，週間のプログラムとして計画することができます。

(2) 四季を通した年間の栽培計画

　人が植物を育てるとき，種まき，育苗，定植，収穫などの作業を体験します。これらの作業は春夏秋冬の季節の移ろいと深く連動しています。このことから，農園芸活動は人が自然の営みによりそう活動なのだと理解できます。このため，春夏秋冬の年間を通した栽培計画をあらかじめ作成しておくと，一つひとつの作業を季節に応じたかたちで円滑に進めることができます。
　一方，福祉的な農園芸活動の主役は人です。このため，活動において栽培する品目は農園芸活動に親しむ対象者の活動目的を達成する視点に立って選択し，対象者の活動ペースに沿わせることのできる栽培計画を立てる必要があります。このとき，可能なかぎり対象者のニーズを引き出して取り入れることを大切にします。

(3) 農園芸活動における援助プロセス

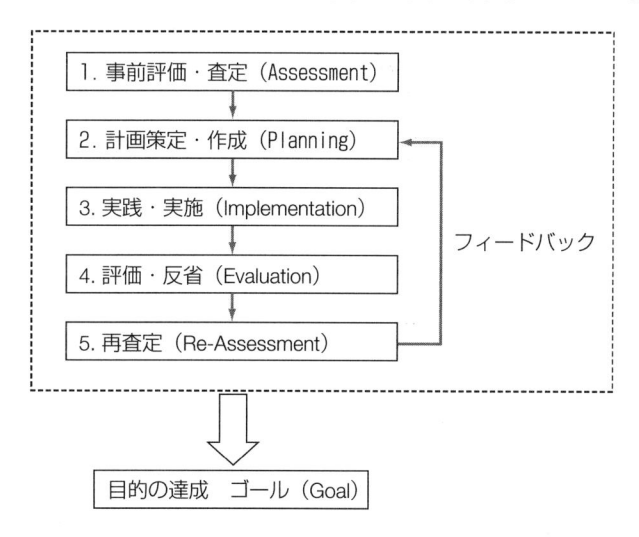

```
1. 事前評価・査定 (Assessment)
        ↓
2. 計画策定・作成 (Planning) ←┐
        ↓                    │
3. 実践・実施 (Implementation) │ フィードバック
        ↓                    │
4. 評価・反省 (Evaluation)     │
        ↓                    │
5. 再査定 (Re-Assessment) ────┘
        ↓
目的の達成　ゴール (Goal)
```

図4-1　援助プロセスの手順

対象者に提供すべき必要事項の把握は、事前評価（アセスメント）によって進めます。植物の栽培に取り組むことで、さまざまな作業への取り組みが想定できます。たとえば、除草や施肥、間引き、花がら摘み、支柱立て、誘引、水やり、収穫、さらに二次加工、販売など、じつに多様な作業を展開することができます。事前評価では対象者の生活歴や、心身の状態によって、どのような作業に取り組むことが望ましいのかを検討します。

自立した生活者には不要なプロセスになるかもしれませんが、日常生活に支援が必要な人については、個々人の適性や嗜好を把握することで、活動全体のなかの作業分担が可能になります。

事前評価を行なって取り組みを開始すれば、次のステップとして、図4-1の1から5までの手順で繰り返して援助プロセスを組み立てます。このプロセスを経ることにより、一人ひとりに適切な活動内容をより鮮明に打ち出すことができます。

以下に、一般的な事前評価の項目について記しておきます。

＜一般的な事前評価の項目＞

氏名、性別、生年月日、年齢、生活歴、疾病・障害の程度、ADL（日常生活動作）、まひ、情緒、人間交流、集団活動、個人活動、その他の情報

これらに加えて、これまでの農園芸経験、農園芸作業への関心、育ててみたい植物などの項目を加えて一人ひとりのアセスメントシートを作成します。

(宮上)

2　活動開始前の確認事項

(1) 情報の共有と守秘義務

社会福祉の援助技術のなかには、基本的な人権を尊重するさまざまなルールがあります。活動を始めるにあたり、支援者など多くの活動参加者は対象者の生活歴や病歴などの個人情報を知ることになります。活動を通して知りえた対象者の情報は、守秘義務により、活動以外の場では使用してはいけません。

(2) 支援体制の確立，安全の確保

　農園芸活動を始めるにあたって目的の設定や事前評価を行なえば，その段階で，主役である対象者がどのような特徴をもった集団，あるいは個人であるのかが把握できます。たとえば，地域住民が対象となる活動であれば，目的に到達するためには住民の積極的な参加が不可欠であり，住民のだれもが活動に親しみ，参加できることが大切です。このため，小さな子どもたちや，障害のある人，介助が必要な高齢者が容易に活動に参加できる環境整備が求められます。

　地域住民という多様な人が存在する集団も含め，活動に取り組むさいに支援が必要な参加者がいる場合は，活動を計画する段階で人的支援体制を確保します。支援できる人材を確保できないまま活動を開始，継続すると，対象者に必要な支援が行き届かず，活動へのかかわりが十分にもてなかったり，あるいは危険な目にあったりすることになります。万一の事故をおこさないためにも，積極的に人材の確保に努めましょう。

　活動の趣旨に公益性があり，適正なものであれば，ボランティアの人材登録を募り，活動の参加者を幅広くよびかけることも重要です。人的資源の確保は，多くの場合，活動を支える柱の一つとなります。

　ボランティアによる支援を導入するさいには，ボランティアリーダー，あるいはボランティアコーディネーターとよばれる人の存在が鍵になります。リーダーやコーディネーターは活動の全体を把握して，各自の得意分野や持ち味を活かして活躍できるように配慮します。リーダーやコーディネーターの存在は，情報の一本化にもつながり，活動の目的がより明確になり，意見のまとめ役としても大切な役割を果たします。
　　　　　　　　　　　　　　　　　　　　　　　　　　　　（宮上）

(3) ボランティアとの連携

●農園芸はそんなに儲からない

　農園芸を福祉的な目的をもって取り組むとき必ず問題となるのは，対象者だけではまかないきれない日常管理をだれがするのかということです。福祉施設などで担当の職員に日常管理の時間が保証されているか，専従のスタッフを雇用できるのであれば大きな問題はないでしょう。

　しかし，じつは産業としての農業というのは，効率的で高品質あるいは希少価値の高い農産物をつくらないかぎり，労働量の割に儲かる仕事ではありません。お金に換算しての生産性が高くないにもかかわらず，賃金を払って人を雇い，農園を運営していくのは並たいていのことではありません。このような現実のなかで多くのケースでは，対象者の介助に加えて畑のプランニング，栽培の下準備から収穫した農産物の利用・販売に至るまで，煩雑な業務が同時進行で担当者の肩にかかっています。

● **それでも取り組みを進めるために**

しかし,儲からないからといって農園芸は必要ないものとなるでしょうか。これまでにも述べたとおり,農園芸にはお金には代えられない多くの価値があり,この価値を正当に評価して取り組みを進めるべきです。しかし,これまでの多くの取り組み事例をみても資金や人材が確保された活動はごくわずかです。わずかな資金のなかで「できるだけよい活動を」と無理をすれば,担当者への負担が大きくなるばかりで活動は行き詰まります。だからこそ,農園芸の福祉的な取り組みを実現性のあるもの,よりよいものにするためにはボランティアとの連携が不可欠です。

● **必要な人材を募集**

農園芸活動をすすめるうえでどの程度の作業があるのかは,活動を始めるとすぐにある程度予測がつくようになります。取り組みのなかで,対象者と職員だけでは充足できない作業がみえてくれば,その作業に合わせて次のようなボランティアを募りましょう。

○日常管理:農業・園芸ボランティア,特定の技術や知識がない人でもさまざまな作業に参加できる

○対象者のサポート:対人援助ボランティア,対人援助技術を学習した人

○畑を耕うん機で耕すような作業:機械を操作することのできる農業技術者,近隣の生産者など

○農園芸の専門技術指導:近隣の生産者,都道府県の農業改良普及員や農業協同組合(JA)の営農指導員とそれらのOBなど

それぞれの技術をもった人を中心に人材を探しますが,もちろん特別な技術がなくても分担できる作業はたくさんあります。園芸療法を専門に学んだ人や園芸福祉士の資格を有する人は,基本的に園芸と対人援助双方について技術を学んでいるので,より多くの場面での活躍が期待できます。

● **ミッションを明確に**

ところで,ボランティアは無償でお手伝いをしてくれる人というイメージをもっている人は少なくありません。しかし,本当にそうでしょうか。ボランティアは活動の目的や目標(ミッション)を達成するために,お金という価値観に関係なく「共に働いてくれる人」です。つまり,活動の主体者がそのミッションを明確にもっていなかったり,ボランティアに伝えることができなければ,ボランティアとの協働は成り立ちません。このような場合は,たとえ募集によってボランティアが集まっても,時間の経過とともにボランティアが離れていくか,またはボランティア独自の活動に変化していきます。

「畑をボランティアさんに手伝ってもらっていたら,いつの間にかボランティアさんの家庭菜園になってしまった」という話をよく聞きます。おそらく担当の職員はミッションを伝えずにボランティアに作業を任せて,収穫や植え付けのイベントにだけ対象者を連れてやってく

るというパターンになっていたのではないでしょうか。本来のミッションがみえない状況では活動が変化しても仕方のないことです。

　もし，活動を開始するにあたって明確なミッションが示せないのなら，ボランティアとともに話し合いましょう。新たなミッションをみつけ出して共に歩むことができます。

●コーディネーターの必要性

　ボランティア活動をする人とはどんな人でしょうか。少なくとも「自分たちのはたらきを役に立てる」ために積極的に動くことのできる人です。それだけにしっかりとした意志をもった人が多く，「よくしたい」という思いから，活動の主体者と，あるいはボランティアどうしで考え方の違いによるトラブルに発展することもあります。活動の主体者は十分にそのことを踏まえ，ボランティアの意志を確認するとともに，人材としての適正な配置と一人ひとりの意見を受け止めることのできるコーディネーターを配置する必要があります。もちろん，また人件費が問題だと考えられるかもしれません。しかし，コーディネート機能がうまくはたらけば，想像をこえるはたらきを得ることができます。

●ボランティアの募集の方法

　ボランティア募集はどこにすればいいのか，と迷われることも多いと思います。ボランティア募集について積極的に情報を広告する方法には，

　①公民館などの掲示板を活用して募集広告を出す，
　②社会福祉協議会やボランティア協会に依頼する，
　③市町村の広報などでボランティア募集広告を出す，
　④対象者の家族や地域の人にも積極的に声をかけて人材を紹介してもらう，

　などの方法があります。募集の際には活動の目的・目標と，交通費支給の有無などの条件を提示しましょう。

　とくに日常管理にボランティアが必要であれば，頻繁に通うことのできる条件として，できるだけ地域の人にかかわってもらうことが大切です。

●成果を伝えることが大切

　ボランティアがその役割を果たしているのかどうかをちゃんと伝えましょう。日常管理のみで対象者とのかかわりが少ないボランティアには，なかなかその成果が見えません。どのような取り組みをして，どのような成果があったのかをちゃんと報告しましょう。とくに対象者からのメッセージは本当にうれしいものです。そして活動の成果を共有できるよう，できれば収穫祭などのイベントを開いてお互いの労をねぎらうことがとても大切です。

（豊原）

3　活動場所の確保

　だれもが身近な生活のなかに植物を育てる場所をもつことができます。小さなペットボトルの中でさえ植物は育つのです。一方，少し規模の大きな土地があれば，野菜や果樹，草花の栽培を中心にすえた農園芸に積極的に取り組むことができます。対象者が暮らす地域社会のなかで農園芸活動に取り組むために，どのような場所を確保することができるのかを考えてみましょう。

●**農地において営農活動に従事**
　地主の耕作を手伝うことで賃金や収穫物を労働対価とするケースです。障害者の就労につながります。

●**農地の借り入れ**
　農地を借りて自主的な活動を行なうケースです。管理責任が生じるので，事業主が農園芸に積極的に取り組む方針をもっていることが必要です。

●**市民農園などを利用**
　区画ごとに年単位で契約します。区画ごとの責任が高齢者の生きがいにつながります。

●**施設の敷地を活用して一部に耕作地をつくる**
大きな面積確保は難しいものの，身近で継続的な活動に取り組めます。

●**建築物の屋上などを利用する**
耕すことができる土地のないところでも，ベランダや屋上の空間を活用してプランターなどを使った本格的な園芸が可能です。

4　環境の整備

　福祉的な目的をもった農園芸活動に適した環境には，植物の栽培に適していることと，人が活動しやすいという条件を兼ね備えることが大切です。このように活動に必要な条件を整えることを環境整備といいます。安全であり，安心できる場をつくることができれば，人が集まり活動の継続も楽になります。逆に，環境整備を怠ると，活動に行き詰まりを感じ継続困難になることもあります。

　快適な屋外空間をつくる早道は，そこにかかわる人の心身の状態を把握して，そこにおいて行なわれる作業内容に必要なものを適宜揃えていくことです。植物栽培と人の快適性の両面からみた環境整備には，どのような条件が揃えばよいのかを考えてみましょう。

(1) 植物栽培の視点から
●**日照の条件**
　栽培品目に必要な，最低限の日照条件を確保する。

●**土壌の条件**
　栽培品目により土壌を改良する。
　団粒構造で，通気性，排水性，保水性，保肥性がよいこと。
　病気などで汚染されていないこと。
●**かん水方法の整備**
　雨水，井戸水，上水道の利用など。
●**落ち葉，引き抜いた草，野菜くずなどの処分場所の確保**
　コンポストなどの設置，畑に穴を掘るなど。
●**病害虫対策**
　栽培品目に応じて病気や害虫の発生を防除する。

(2) 人の快適性の視点から
　①安全性の確保
　②段差の解消，動線の確保
　③トイレ，手洗い場の確保
　④日よけ，雨よけ，風よけ
　⑤休憩所の確保
　⑥交通手段，駐車場の確保
　⑦道具入れの設置
　⑧水分補給の準備，お茶の携帯
　⑨緊急時の対応，救急箱の携帯　　　　　　　　　　　　　　（宮上）

5　道具と活動資金の準備

(1) 道具や材料の確保
　農園芸を始めるさいに，最低限揃えておきたい道具を考えてみましょう。
　①耕す道具，掘る道具：クワ，ショベル（スコップ）など
　②切る道具，刈る道具：ハサミ，鎌，草刈機など
　③植える道具：土すくい，移植ゴテなど
　④運ぶ道具：一輪車，台車，トレーなど
　⑤植える用土：堆肥，培養土など
　⑥植える容器：種まき用のセルトレイやバット，ビニールポット，植木鉢，プランター，コンテナ，ハンギングバスケットなど
　⑦水やりの道具：ホース，ジョロ，バケツなど
　⑧肥料・農薬類
　⑨道具入れ，道具小屋
　⑩苗，種子
　⑪作業着，手袋，帽子，タオル，長靴など
　⑫休憩用具：湯飲み，いす，テーブルなど
　障害のある対象者が農園芸活動を安全に楽しむには，体力に応じて，

道具の工夫・改良
⇨ p.97 図 3-27 〜 32

また各自の身体機能を最大限に活かせるように，障害にあった用具を選択・工夫します。さまざまな道具を工夫し，必要に応じて改良しましょう。

(2) 資金の確保

　道具を揃えたり，土地を確保したり，農園芸資材を購入したりするには，資金が必要です。福祉的な活動における資金の確保は，助成金や寄付によるものが多く，毎年同額の資金を調達できる保障はありません。できれば事業の主体が計画にそって年間予算を計上し，その資金に応じた規模で土地を確保し，活動を継続することが望ましいと考えます。

　収穫物はさまざまなかたちで利用できるので，販売を推進して次年度の必要経費に充てることも考えましょう。農産物の販売については，地域住民にも広く協力を仰ぎ，住民参加型の活動になることを目指します。アメリカの知的障害者の就労支援プロジェクトの先進的な事例では，積極的に企業や行政のイベントなどに参加して，花苗や鉢花を販売したり，自主企画の販売ルートをつくったりするなど，たくましい営業努力をみることができます。

　ボランティアによる活動の運営は，小額でも年会費や参加費を徴収し，資金内でできることを心がけます。万が一の事故にそなえて，ボランティア保険は毎年加入更新してください。　　　　　　　　　（宮上）

2 プログラム作成の実際

1 目標の設定

　対象者の事前評価を経て，計画の策定・作成（Planning）の段階で，1回の活動ごとに目標を設定します。このときの目標は，目的（ゴール）に向けて具体的な内容を設定します。たとえば，「あいさつを交わす」「会話を楽しむ」など，日常生活のなかの実現可能な具体的な目標を設けます。就労を目的としているならば，栽培技術の習得が目標になります。たとえば，「花がら摘みができる」「一人で水やりができる」などです。

2 栽培計画と活動プログラム

　年間を通した栽培計画（図4-2）は確実に栽培することと，これに応じたプログラムを準備するために，活動プログラム（表4-1）は事業計画，予算の確保，人的資源の確保のために必要なものです。事業の内容と目的を明確に打ち出せば，その必要性に応じて予算化する根拠となります。
　一方，実際にこの計画に従った活動は可能でしょうか。これは，これまでに多くの取り組み事例でよく問われた課題でもあります。いざ，実践を始めてみると「対象者のニーズが計画と違っていたり，活動内容が計画と違うプログラムになったりすることが多いのですが，それでもよいのでしょうか」という問いです。
　活動の目的が変わらない範囲なら，月間や週間で行なわれるプログラムでは基本となる作業を準備しながら，参加している対象者のニーズを最大限に尊重できる活動を実施しましょう。活動の状況に応じて，年間プログラムにはないものや新たなプログラムも徐々に取り入れます。何年か継続してプログラムを運営すると，計画に縛られるのではなく，「ゴールデンウィークは野菜の苗の植え付け時期だ」とか，「10月中旬にはサツマイモの収穫ができるな」という季節と作業の連動感覚がはっきりとわかるようになり，季節のめぐりと対象者の心身の状態が，ほどよく調和したプログラムの運営が実施できるようになります。

①野菜

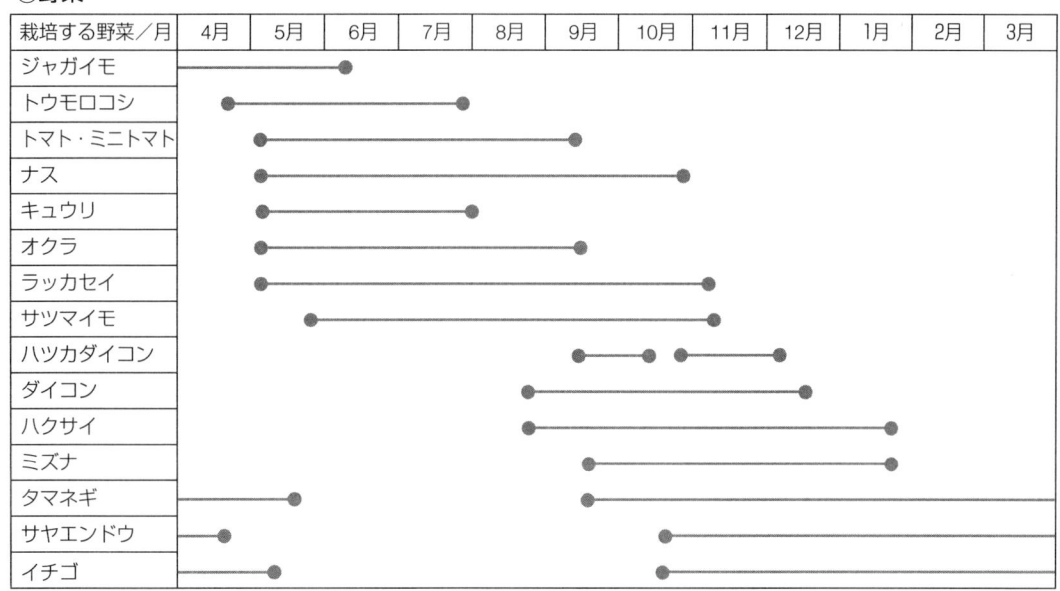

栽培する野菜／月	4月	5月	6月	7月	8月	9月	10月	11月	12月	1月	2月	3月
ジャガイモ	●――――――●											
トウモロコシ		●――――――――――●										
トマト・ミニトマト		●――――――――――――――●										
ナス		●――――――――――――――――――●										
キュウリ		●―――――――――●										
オクラ		●――――――――――――●										
ラッカセイ		●―――――――――――――――――●										
サツマイモ			●――――――――――――――●									
ハツカダイコン					●―――――● ●―――●							
ダイコン					●―――――――――――●							
ハクサイ					●―――――――――――――●							
ミズナ						●―――――――――●					
タマネギ	●―――――――●					●―――――――――――――――――――――						―――
サヤエンドウ	●――●						●―――――――――――――――――――					―――
イチゴ	●――――――●						●―――――――――――――――――					―――

②草花

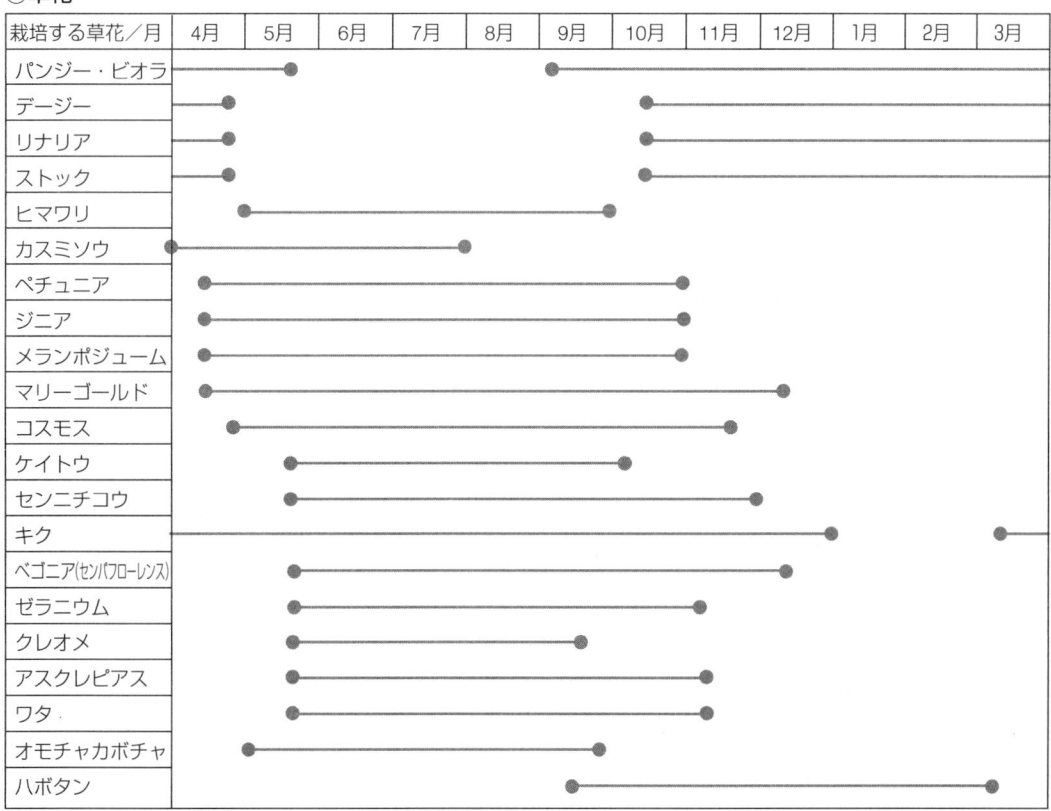

栽培する草花／月	4月	5月	6月	7月	8月	9月	10月	11月	12月	1月	2月	3月
パンジー・ビオラ	●―――●					●――――――――――――――――――――――――						―――
デージー	●●						●――――――――――――――――――――					―――
リナリア	●●						●――――――――――――――――――――					―――
ストック	●●						●――――――――――――――――――――					―――
ヒマワリ		●――――――――――――――●										
カスミソウ	●―――――――――●											
ペチュニア	●―――――――――――――――――●											
ジニア	●―――――――――――――――――●											
メランポジューム	●―――――――――――――――――●											
マリーゴールド	●――――――――――――――――――――●											
コスモス		●――――――――――――――――――●										
ケイトウ		●―――――――――――――●										
センニチコウ		●―――――――――――――――●										
キク	――――――――――――――――――――――――――――――● ●―											
ベゴニア(センパフローレンス)		●――――――――――――――――●										
ゼラニウム		●―――――――――――――――――●										
クレオメ		●――――――――――――――●										
アスクレピアス		●―――――――――――――――●										
ワタ		●―――――――――――――――●										
オモチャカボチャ	●――――――――――――●											
ハボタン						●―――――――――――――――――――●						

図 4-2　年間栽培計画表事例

表 4-1　年間プログラム計画表事例

	プログラム			
	行事 イベント	農産園芸 ガーデニング※	創作 クラフト	料理 クッキング
4月	お花見	夏野菜定植 トウモロコシほか 草花苗の定植 除草		
5月		夏野菜定植 トマト・キュウリ ナス・オクラほか タマネギ収穫 除草	春咲き草花のアレンジメント	
6月		挿し芽 ジャガイモ収穫 除草		フレッシュハーブティー カレーパーティー
7月	七夕まつり	トウモロコシ収穫 夏野菜収穫 除草	短冊づくり	茹でトウモロコシ サラダパーティー
8月		冬野菜種まき 除草		
9月		秋まき草花種まき 除草		
10月		サツマイモ収穫 カキ収穫 育苗 除草	センニチコウのドライフラワー	カキのおやつ
11月	収穫祭	秋野菜収穫 草花苗の定植		焼きイモ会
12月	忘年会	堆肥づくり 落葉樹剪定 エンドウ定植 冬野菜収穫	リースづくり ハボタン寄植え	野菜鍋会
1月		年間計画 土づくり 燻炭づくり バラ剪定誘引 寒肥	押し花のタペストリー	
2月	節分 豆まき	ジャガイモ定植 芝の目土入れ 道づくり 種子発注	お花炭	
3月	雛まつり	夏野菜播種 草花播種 育苗 株分け	菜の花かご	

●毎週水・金曜日が定例活動日（雨天中止，作業内容は順延）
※かん水，施肥，農薬散布などは，必要に応じて行なう

3 活動プログラムの作成の実際

プログラムは,活動予定表として事前に作成します。1か月単位で作成すると事前の準備などに余裕ができるでしょう。大筋は年間計画にそってプログラムを進めながら,その年の気象条件などと照らし合わせてプログラムの見直しを行ない,季節ごとに他の花壇や畑で行なわれている作業を観察して,その時期に必要な作業を優先して行なうことを勧めます。臨機応変に柔軟なプログラム運営ができることも,自然とゆったりとつきあう農園芸活動の魅力です。

雨天の活動内容も,プログラム作成のさいに考慮に入れてください。屋内活動に変更するのか,中止にするか,どちらかの方針をあらかじめ決めておくとよいでしょう。

活動予定表は対象者やボランティアとの連携,活動の流れが1枚の用紙で簡潔にわかる書式にします(112ページ表4-2)。対象者やボランティアの区別なく参加するスタイルの活動もありますので,書式は活動状況に応じて作成してください。予定表は事前ミーティングの資料として配布します。

4 活動記録

事前に作成した予定表と,活動中の記録表を事後に残すことで,活動の評価(振り返り)をします。個別な支援が必要な人には,目標が達成できたか,プログラム運営上に困難はなかったか,対象者自身の感想の記録などから,プログラムの適正さについて評価をします。評価については,評価指針や評価尺度,評価マニュアルなどが準備されていることが望まれます(113ページ表4-3)。活動記録表を作成し,活動中気づいた点を記録し,次回のプログラム運営に役立てます。

5 フィードバック

記録を通して,対象者の能力や興味に応じた活動だったか,目標は達成できたか,ボランティアの適正な役割分担ができたか,スケジュール管理,予算管理などを客観的に評価することができます。これらのプログラム運営に関する評価は,必要に応じて事前評価(アセスメント)や計画策定(プランニング)のプロセスへ情報をフィードバックさせることで,活動全体をよりよい方向にステップアップします。

(宮上)

表 4-2　活動予定表記載事例

年 月 日	2007年 5月 1日（火）	活動場所：中庭，福祉農園
対 象 者	氏名（順不同） 　Nさん，Oさん，Kさん，Yさん，Tさん　5名	プログラム： 　ミニトマトの定植
ボランティア	氏名（順不同） 　Sさん　　　　　　　　　　　　　　　　1名	目　標： 　グループ行動に慣れる

時　間	プログラム	準　備
9：30 10：00 10：10 10：40 10：50 11：00	事前打ち合わせ ・野菜苗の解説 ・手順の説明 ・コンテナに鉢底石を3〜4cm敷く。 ・培養土を練り箱で，堆肥などとよく混ぜる。 ・ポット苗を置く高さを控えて，土を入れる。 ・元肥を混ぜる（根を張るところに混ぜるとよい） ・苗を定植する（※深植え，浅植えしないように） 　ミニトマト：6本 ・支柱をする ・ラベルを書いてさす 　（日付，品種名，グループ名，氏名など） ・バケツとヒシャクで水やり 　（ホース，ジョロでもよい） ・完成 　休憩　お茶の時間 後片付け 終了	準備 □苗（ミニトマト　6本） □野菜用コンテナ　3個 □鉢底石（日向石大粒） □培養土　14ℓ　6袋 □堆肥　20ℓ □元肥（緩効性化成肥料） □土すくい，移植ゴテ □練り箱　1個 □ラベル人数分，鉛筆　6本 □バケツ，ヒシャク □支柱，ヒモ □掃除用具，ごみ袋 □手袋，タオル，帽子

当日の持ちもの
とくにありません。

活動時の留意点
一人きりになる人がないよう，注意を払って声をかけましょう。季節の変わりめで体調を崩している人が多いようです。当日の対象者の体調に合わせて，必要に応じて休憩をとってもらってください。

連絡事項
・タイムスケジュールを把握して参加してください。 ・対象者が6名になると2名ずつ3グループで活動できるので，あと1名の参加をよびかけてください。 　5名の場合は，ボランティアのSさんにグループ活動に入っていただきます。

（宮上）

表 4-3　評価項目の例

事前評価の項目	詳細な項目
基本的な情報	氏名，年齢，性別，家族構成，生活歴，職歴など
身体の状況	病歴，心身の状態，とくに注意の必要な点
ふだんの生活での興味，趣味	ファッション，写真撮影，折り紙，習字など
園芸活動導入の経緯	本人の希望，医師の判断，家族の希望，知人の紹介など
園芸の経験	農業経験がある，園芸が趣味である，経験の程度など
園芸への関心	栽培に対する興味の有無，生け花など利用への興味の有無
苦手なもの	汚れ，虫，におい，感触そのほか
再評価の項目	
活動への関心	農園芸，集団行動，人とのかかわりなどに関心をもっているかどうか
活動への参加	参加しているかどうか
活動の取り組みの状況	
①作業	
作業内容の理解	作業内容が理解できているかどうか
持続性	作業が持続できるかどうか（身体面・精神面）
作業の自立度	作業が対象者一人でどれだけできるのか
作業の速度	時間内に設定された作業がどの程度できるのか
作業に対する興味	作業に対して興味をもっているのかどうか
作業の正確さ，ていねいさ	作業の速さではなく，確実に行なわれているかどうか
②集団活動	
集団への参加	集団活動に参加できているのかどうか
協調性	集団の中で協調することができるのかどうか
③日常生活への影響	
活動に対する期待	次回の活動を楽しみにしているかどうか
	活動に関連する話題がふだんの生活の中であるのかどうか
関心の変化	活動に対する関心が変化しているかどうか
生活動作の変化	動作がしやすくなった，活動量が増えたなど
精神的な変化	ふだんの笑顔が増えた，会話が増えたなど

　評価は対象者から直接ヒアリングを行なうとともに，必要に応じて家族や施設では担当の支援員などから，医療機関なら医療スタッフから情報を集めます。ただし，対象者によっては情報として必要ない，あるいは話したくない場合がありますので，治療を意図した活動や安全確保に必要な情報を除いて無理にすべてを聞き出す必要はありません。

　再評価は対象者一人ひとりが達成すべき目標が異なるため，それぞれに合わせて項目を設定します。すべての評価を毎回実施するのではなく，ふだんは簡単なメモにとどめ，必要に応じて1か月ごとなど定期的に実施すればよいでしょう。

　評価は5段階で設定すると変化が見やすくなります。5：大筋で達成している，4：時々助言などの支援があるとよい，3：定期的な支援があるとよい，2：ある程度の支援が必要，1：全面的な支援が必要，を基本的な考え方としてそれぞれに合わせて設定しましょう。

（豊原）

3 栽培・利用工程をプログラムにするためのプロセス――ダイコン栽培を例に

　栽培や利用の方法に関する情報や技術があっても，さまざまな対象者とともにプログラムとして取り組むと，一つひとつの作業は思ったとおりには進みません。その場で解決できることならよいのですが，準備不足から対象者が作業できないような状況に陥るのはよいことではありません。このような事態にならないよう，事前に一つひとつの工程を十分に検証しておけば，的確な作業を提供することができるようになります。できるだけスムーズに栽培や利用の工程をプログラムとして取り組んでいくために，ダイコンの栽培・利用におけるプログラミングを例にして，その組み立て方について考えてみましょう。

1　ダイコンを栽培する理由づけ

　まずはじめに，なぜダイコンを栽培するプログラムに取り組むのか，その理由を考えて明らかにしておきましょう。
　①栽培しやすいなど：プログラムを提供する側の理由
　②身体を使う作業が多いなど：対象者に設定された目的の達成
　③対象者が栽培を理解しやすいなど：対象者が主体的に取り組むための条件
　④冬至にふろふきダイコンにゆず味噌をのせて食べようなど：共有できる動機

2　作業工程の把握

　ダイコンの栽培・利用における作業は，次のようにおおまかに6回の工程に分けることができます。
　1回目：土づくり，畝立て
　2回目：種まき作業
　3回目：間引き・土寄せ作業
　4回目：追肥，雑草管理，病害虫管理作業
　5回目：収穫
　6回目：加工，調理
　プログラムの日程は，時期が決まっているダイコンの種まきを中心に，前後の日程を設定していきます。活動のペースによって，1回目と2回目，3回目と4回目，5回目と6回目の作業はそれぞれ1回の活動で実施することもできます。また，プログラムの回数を減らして中間の作業工程を支援者が代替することもあるでしょう。

3 プログラムとして栽培に取り組むための条件

　対象者が車いすを利用していて畑での作業が難しい場合や，取り組みによってははじめから畑がない（あるいは空きスペースがない）場合もあります。どのような場所でプログラムを実施することができるのかをまず検討します。また，栽培に参加する対象者，支援者双方の活動のペースと，人数や栽培したダイコンの利用量を考えて栽培の規模を考えます。
　①栽培する場所：畑，プランター，レイズドベッド，袋など
　②活動のペース：プログラムの頻度（月1回，週1回など），支援者による栽培管理（週1回，月2回など）
　③収穫物の利用方法：自宅に持ち帰る，参加者が調理して一緒に食べる，切り干しダイコンなどに加工して貯蔵するなど
　いくつかの条件を勘案しながら栽培の方法と栽培量，利用方法を検討します。

4 作業工程の細分化と分析
　　──1回目「土づくり，畝立て」について

(1)「土づくり，畝立て」プログラムの目的・理由
　まず，プログラムを計画する人は，プログラムを進めるうえで作業の目的や理由についてしっかりとした答えをもってください。
　よいダイコンをつくるために土づくりが必要（栽培の面から），筋肉に負荷のかかる運動を取り入れる（対象者の取り組み理由），助け合って作業を完成させる（活動全体の目標），などの答えがあれば，参加する人すべてが共通の認識をもつことができ，同じ方向に向かってプログラムを進めやすくなります。

(2)「土づくり，畝立て」の細分化と分析
　「土づくり，畝立て」の工程をさらに細分化してみると，
　1) 事前作業──前作物や雑草の始末
　2) 耕す作業
　3) 堆肥や肥料を混ぜ込む作業
　4) 畝の成形作業
に分けることができます。この4つの工程はさらに細分化できますが，今回の例ではこの4つの工程を分析し，1回のプログラムで取り組む個々の作業工程とその理由，必要な道具，作業の方法や支援のあり方について具体化していきましょう。
　また，対象者の状況や施設環境によっては，プランターやレイズドベッドでの取り組みである場合もあります。

1) 事前作業——前作物や雑草の始末
　①畝に残ったままになっている作物や雑草の回収，処分は，対象者にできる作業かどうかを判断する。
　　○対象者の体力や身体の状況，心理面に配慮する
　　○プログラムのなかで割り当てられる作業時間を考慮する
　②作業の進め方を考える。
　　○作業の理由づけ：前作の植物カスや雑草が残っているとどうなるのか→耕しにくい，病気が出やすいなど
　　○一人ひとりにあった作業を考える：対象者が草取り作業の方法について理解するための方法，作業範囲の設定，時間配分，作業量の調整など
　③対象者が取り組む場合に必要な道具や回収の方法を考える。
　　○草を削るための小型の三角ホーやねじり鎌，移植ゴテ，引き抜いたものを回収するかごや一輪車，手が汚れるので軍手の用意が必要など
　④留意点
　　○前作の収穫後の整備状況によって作業量が異なる

2) 耕す作業
　①重労働であるために，対象者ができる作業か，支援者が事前にどこまで段取りをする必要がある作業かを判断する。
　　○土がかたすぎるので作業は支援者が行なう，プログラム前にあらかじめ支援者が耕して土が少しやわらかくなったところから対象者に交代する，対象者自身が土がかたいところから耕す作業を完成させるなど
　②作業の進め方を考える。
　　○作業の理由づけ：土がかたいとダイコンがどうなるのか→きれいなダイコンができない，生長しにくいなど
　　○一人ひとりにあった作業を考える：身体能力に応じた作業の方法，作業範囲の設定，時間配分，作業量の調整など
　③対象者が取り組む場合に必要な道具や土を耕す方法を考える。
　　○使えるショベルやクワの大きさや形状，軍手が必要かどうか，耕しやすい空間づくり（耕す場所を小さくして作業通路の割合を大きくするなど）など
　④留意点
　　○土のかたさが作業に与える影響が大きいため，土の条件によって作業の進め方を変える

3) 堆肥や肥料を混ぜ込む作業
　①対象者ができる作業か，支援者がどの工程を分担する必要があるのかを判断する。
　　○対象者がどれだけ深くまで土を掘り返すことができるのかを考え，支援者との作業の分け方を考える
　　○堆肥や肥料を散布する作業は立ったままでも車いすでもできる

作業であるため，できるだけたくさんの人に取り組んでもらうなど

②作業の進め方を考える。
　○作業の理由づけ：堆肥や肥料の役割→おいしいダイコンを栽培する，堆肥や肥料を深いところに混ぜ込む→ダイコンの根の生育がじゃまされないように
　○一人ひとりにあった作業を考える：座った姿勢，立った姿勢など作業姿勢の工夫，かき混ぜる回数の設定，時間配分，作業量の調整など

③対象者が取り組む場合に必要な道具や均質な堆肥，肥料の散布方法を考える。
　○肥料は重いので小分けにしてバケツで持ち歩く
　○計量カップや小さめのバケツを使って計量し，1mごとなど少しの区画ずつ散布する
　※区画ごとの施肥は肥料を均等にまくための方法にもなる

④留意点
　○ダイコンの根の生長を阻害しないように，あらかじめ入れる堆肥や肥料は深い位置に混ぜ込まなければいけないため，重労働となりやすい

4）畝の成形作業

①対象者ができる作業か，支援者がどの工程を分担する必要があるのかを判断する。
　○掘り返した土の量が多い場合には，支援者が様子を見ながらサポートする必要がある
　○畝の成形は比較的少ない力で動きのある作業なので対象者を中心に進めるが，成形がうまくできない場合は部分的にサポートする必要がある

②作業の進め方を考える。
　○作業の理由づけ：畝を成形する→種子をまく準備が整う，畑が整然とする
　○一人ひとりにあった作業を考える：座った姿勢，立った姿勢など作業姿勢の工夫と道具の使い分け，時間配分，作業量の調整など

③対象者が取り組む場合に必要な道具や畝の成形方法を考える。
　○クワやレーキ，三角ホーなどを使って作業するのが一般的
　○大型の道具の取り扱いが難しいことがある
　○面積が小さければ移植ゴテなどでも成形作業ができる

④留意点
　○少し高い畝に成形すれば，作業位置が高くなって間引きなどの作業が楽にできる。また，畝間の通路を広くとれば，身体を動かしやすく，作業しやすくなる

5 プログラミング

　4つの工程についての分析結果を踏まえ，内容を整理して「土づくり，畝立て」を1回のプログラムとして組み立ててみましょう。

　対象者はケアハウスを利用するわずかな介助があれば自立した生活ができる高齢者，活動の目標は健康維持と仲間づくり，活動の頻度は週1回を前提条件として考えていきましょう。

9月第1週目プログラム（予定）　　　　　　　　　平成18年9月5日実施

タイトル	「ダイコンを育てるための土づくり，畝立て」
対　象　者	Nさん，Kさん，Yさん，Tさん，Sさん
ボランティア	Iさん，Hさん
職　　　員	Tさん，M（リーダー）
目　　　標	健康維持と仲間づくり 　－冬至にふろふきダイコンにゆず味噌をつけてみんなで食べましょう－
目　　　的	○適度に負担のある作業を取り入れて筋力を保持する ○利用者どうしが作業を分担して協力できる関係をつくる ○9月2週目にダイコンの種まきができるよう土づくり，畝立て作業を終える
作業の場所	農園の西から2本目の畝（5m）

タイムスケジュール

10:00	ボランティア，職員が農園に集合　道具の準備，打ち合わせ ボランティアは雑草が抜きやすいように軽く畝の表面を耕うん
10:30	対象者が農園に集合　今日の作業についての説明
10:40	作業開始 雑草の始末（5分） 畑を耕す（15分）
11:00	休憩
11:10	作業再開 堆肥，肥料の計量・散布（5分） 混ぜ込み（10分） 畝立て（10分）
11:35	作業終了　後片付け
11:40	次回の予定について説明，解散

作業の流れ

1）雑草の始末
　①表面に生えた雑草を抜いて残さ置き場に集める。土が少しかたいので，ボランティアは事前に表面をクワで軽くおこして雑草が抜けやすい状態にする。
　②大きな雑草が抜ければよいので雑草抜きは長時間実施しない。
　③KさんとYさんはひざをついて作業すると痛みがあるので，集まった雑草をかごに入れて残さ置き場まで運ぶ作業に取り組んでもらう。

2）畑を耕す
　①雑草を抜いた場所からボランティアと職員でショベルで深めに畑の土をおこす。
　②粗く土を耕したらクワを使うことのできるNさん，Sさん，Tさんに作業

に加わってもらい，職員は対象者の作業の見守りを行なう。
　　③土がやわらかくなれば，ボランティアが土を深く掘りおこし，堆肥を入れる溝をつくる
　3）堆肥や肥料を混ぜ込む
　　①対象者自身で堆肥と肥料をバケツに入れて混ぜ合わせ，1人1mずつ施肥する。その後，周囲の土と堆肥，肥料を混ぜる。
　　②混ぜ終わればボランティアが上に掘り返した土をかけて軽く混ぜ合わせる。
　4）畝を成形する
　　①Nさん，Sさん，Tさんが中心になって畝の形を整える。KさんとYさんはレーキを使って土の表面を均す。

必要な道具と資材

ショベル（大）	3本	牛ふん堆肥	10 kg
平グワ	3本	綿実油かす	1 kg
レーキ	2本		
小さめのバケツ	5個		
軍手	5組		
計量カップ	2つ		
お茶用のコップ	10個		
お茶（冷たいもの）	2 ℓ		
おしぼり	10個		
メジャー（5m）	1個		

プログラムを進めるうえでの注意事項
　○はじめに今回の作業について取り組みの理由をわかりやすく説明する。
　○気温の高い時期なので無理をしないでと声をかけておく。
　○休憩を必ずとって冷たいお茶を飲むように促す。気分がわるくなっている人がいないかどうか，つねに注意する。
　○帽子を着用してもらう。
　○身体をできるだけ動かしてもらえるよう，積極的に声をかけて作業を促す。
　○対象者の身体への負担が大きくならないように，作業が長時間に及びそうになれば作業をサポートするか休憩を促す。
　○KさんとYさんは，はじめてレーキを使うので，ボランティアのIさんに使い方の説明やサポートをお願いする。
　○最後に次回は種まき作業を実施することを説明する。

　このように，一つひとつの作業工程を十分に検証していけば，対象者にはどのような作業が提供できるのか，どのような支援が必要であるのか，必要な道具は何であるのかなど，プログラムを進めるうえで必要な条件が把握できます。プログラムの組み立てができれば，ボランティアや職員などの支援者や，場合によっては対象者にも，必要事項を記入したプログラム予定表を作成して事前に配布しましょう。

プログラム予定表
　⇨ p.112 表4-2

　なお，プログラムそのものは計画的に組み立てますが，栽培は計画的に進まないこともあるため，計画を基本として臨機応変に対応することが必要な場合があることも理解しておきましょう。　　　　　（豊原）

4 植物の栽培・利用の流れとプログラムへの展開

　第2章では植物栽培を活用するための基本的な知識を，第3章では福祉的な活動を進めるうえでの農園芸の展開方法について解説しました。ここでは，実際に農園芸活動をプログラムとして展開するために，プログラムの素材となる品目一つひとつについて栽培と収穫物の利用方法と，対象者とのプログラムとして進めるための留意点や支援者との仕事の分け方などを解説します。

1　効果的なプログラムを進めるために

(1) 季節にあった栽培計画を立てる
　栽培・利用プログラムを使って無理のない活動を進めるために，まずはじめに季節にあった植物を育てるための計画を立てましょう。

●二十四節気・雑節とそのころの農園芸活動

　一年の季節変化と植物の栽培・利用を結びつけるために，二十四節気とそのころの寒冷地を除く一般地の活動について簡単に紹介します。二十四節気はそれぞれの節が農園芸にも深く結びついていて，作物の栽培を理解するうえでも重要です。またあわせて農事に密着した雑節についても一部紹介しています。

　二十四節気を基本として，2週間ごとの季節変化を意識すると，毎回の活動テーマがみつけやすく，年間活動計画やプログラムの進行に役に立ちます。

1　月

　小寒（しょうかん）：1月6日ころ。寒の入り。これから節分までの期間が「寒」。
　大寒（だいかん）：1月20日ころ。一年でいちばん寒さのきびしいころ。
　　このころは気温が低く，種まきや植え付け作業はほとんどありません。秋に植えたキャベツやハクサイなどの冬野菜を収穫し，空いた場所には堆肥を入れて土づくりをするとよい時期です。また，落ち葉や枯れ草を集め，堆肥づくりを行なう時期でもあります。気温が低いので屋外活動は控えめにして，蓄えておいた押し花やドライフラワーを使って室内でクラフトを楽しみましょう。

2　月

　節分（雑節）：2月3日ころ。季節を分けることから節分。豆まきをする風習。
　立春：2月4日ころ。この日から立夏の前日までが春。
　雨水（うすい）：2月19日ころ。空から降るものが雪から雨に替わるころ。
　　節分を過ぎたころから少しずつ気温が上がり始めます。温暖な地

方ではジャガイモの植え付けが始まりますが，寒い地方では4月ころに植え付けます。また，トンネルや温室で保温できるなら，そろそろ春に収穫するためのホウレンソウなどの野菜の種子をまいてもよいでしょう。まだまだ底冷えするので防寒に配慮し，長時間の屋外作業は避けます。必ず暖をとれる場所の準備をしましょう。

3 月

啓蟄（けいちつ）：3月6日ころ。冬眠をしていた虫が穴から出てくるころ。

春彼岸（雑節）：3月18日ころ。墓参りの習慣。ぼた餅をつくる習慣。

春分：3月21日ころ。昼夜の長さがだいたい同じ。この日を中心に7日間が彼岸。

日が長くなって，ぽかぽかとした暖かい日が増えてきて，そろそろ露地栽培で野菜づくりが始まります。ニンジンやコマツナ，チンゲンサイ，ホウレンソウなどの種子をまくことができます。日中の暖かい時間を見計らって畝立てや種まきなどの作業を進めましょう。温室があれば，このころから夏の花や野菜の種まきを始めると，早い時期から楽しめます。

4 月

清明（せいめい）：4月5日ころ。動物も植物もすべてが出てきて空が澄み渡る清浄明潔な時期。

穀雨（こくう）：4月20日ころ。田んぼや畑の準備が整い，やわらかな春の雨が降るころ。

気候も少しずつよくなり，屋外に出ることがとても楽しみに感じられる時期です。朝夕は寒いので屋外活動は昼前後に行なうとよいでしょう。

霜が降りなくなったら夏の花のヒマワリ，ケイトウ，サルビアなど，夏の野菜のトマト，ナス，キュウリ，トウモロコシなどの種まきができます。早いところでは4月下旬から水田の準備と苗代でのイネの苗づくりを始めます。

5 月

八十八夜（雑節）：5月2日ころ。立春から88日目。一番茶摘みのころ。

立夏：5月6日ころ。この日から立秋の前日までが夏。

小満：5月21日ころ。陽気がよくなり，草木など生物が生長して生い茂る。

気温が上昇し，たくさんの花が咲き始め，野菜は春の実りを迎えます。花摘みのほか，イチゴやニンジン，ジャガイモ，タマネギと盛りだくさんな収穫が楽しめます。お茶の葉も摘み取りの時期を迎えます。

このころから夏野菜の苗販売が盛んになるので，種子から育てていない場合はこの時期に苗を購入して定植します。コマツナなどの軟弱野菜は生長が活発で，おおよそ1か月で収穫できるので，収穫

後の空いた場所に種子をまくと，途切れなくプログラムを組むことができます。サツマイモの苗がそろそろ定植できます。また，水田の本格的な作業が始まります。イネのバケツ栽培に取り組む場合は，道具・材料を揃え，モミを発芽させて苗をつくりましょう。

　季節の変わりめで体調を崩す人が増えるので注意しましょう。

6 月
芒種(ぼうしゅ)：6月6日ころ。穀物の種まきをするころ。今はもう少し早い。
入梅（雑節）：6月11日ころ。梅雨入りの時期
夏至：6月22日ころ。一年中でいちばん昼が長い時期。

　一般的な田植えの季節です。気温が高くなって土壌水分も多いことから，雑草が急激に生長します。小さなうちに除草しましょう。梅雨の合間には田植えやサツマイモの植え付けが盛んに行なわれます。プログラムでも実施しましょう。ヒマワリやケイトウ，ヒャクニチソウ，センニチコウといった花の種子をこのころにまけば，お盆のころに墓花や仏花を準備できます。

7 月
半夏生(はんげしょう)（雑節）：7月2日ころ。梅雨の末期，長く降り続く雨によって毒気が満ちて毒草が生えるとされた。
小暑(しょうしょ)：7月7日ころ。梅雨明けが近く，本格的な暑さが始まるころ。七夕もこのころ。
大暑(たいしょ)：7月23日ころ。最も暑いころ。

　気温が高くなり，植物の生長はますます盛んになります。このころは日中の気温が高く日射しも強いため，熱中症の発生を心配します。昼前後は日陰または屋内で過ごし，屋外作業はできるだけ朝または夕方に実施しましょう。トマトやキュウリ，エダマメなど夏野菜の収穫が本格的に始まります。また，キャベツやブロッコリーなどの秋野菜の苗を準備する時期でもあります。

8 月
立秋：8月8日ころ。この日から立冬の前日までが秋。実際にはこのころがいちばん暑い。
処暑(しょしょ)：8月23日ころ。暑さがやむという意味。夜が少し涼しくなるころ。

　8月上旬は雑草取りに追われますが，雑草の多くは処暑を過ぎたころから生育が衰え始めます。暑さによる疲労が蓄積している時期ですので，ゆっくりとしたテンポでプログラムを進めましょう。引き続き秋・冬野菜の苗づくりと，月の後半にはパンジーなど秋から冬に咲く花の種まきが始まります。

9 月
二百十日（雑節）：9月1日ころ。立春から210日目。嵐の襲来する時期。
白露(はくろ)：9月8日ころ。秋の趣がひとしお感じられるころ。
秋彼岸（雑節）：9月20日ころ。墓参りの習慣。おはぎをつくる習

慣。

秋分：9月23日ころ。昼と夜の長さがほぼ同じ。秋の彼岸はこの日を中心に7日間。

　稲刈りが順次始まります。シュンギク，カブ，ゴボウ，ミズナ，ナバナなどの種まきの適期です。多くは冬前に収穫します。タマネギの種まきはおもに9月後半に行ないます。残暑がきびしい場合でも日射しがやわらかくなり，この時期に種まきを1日遅らせると，収穫時期が10日遅れるといわれます。コスモスは9月上旬に少しずつずらしてまくと，10月中旬から11月下旬まで長い間楽しむことができます。

　9月はブドウやイチジクなどの果物やサツマイモなどの収穫のピークでもあります。

10　月

寒露（かんろ）：10月9日ころ。冷たい露の結ぶころ。稲刈りもそろそろ終わる時期。

霜降（そうこう）：10月24日ころ。寒冷地では霜が降りて朝には草木が白く化粧をするころ。

　季節の変わり目でもあり，体調を崩す人がいます。エンドウやタマネギなど10月以降に種子をまいたり，苗を植え付けたりする品目の多くは，翌年の春に収穫時期を迎えます。また，チューリップやスイセンなど，春咲きの球根を定植する時期です。このころにはパンジーが咲き始めるので，春が楽しみな花壇をつくるために，植え込みや寄せ植え作業を行ないましょう。

11　月

立冬：11月8日ころ。この日から立春の前日までが冬。

小雪：11月23日ころ。日差しが弱まり，冷え込みがきびしくなるころ。

　そろそろ寒い時期です。対象者が風邪を引かないように防寒に努めましょう。

　タマネギ苗は11月いっぱいまで定植できます。また，冬の雑草が次第に目立ち始めますので，暖かい日には参加者を募って雑草取りをしましょう。秋野菜の収穫ピークです。

12　月

大雪：12月7日ころ。朝夕には氷がみられ，霜柱を踏むころ。

冬至：12月22日ころ。一年中で最も夜の長い日。冬至南瓜，ゆず湯の習慣。

　一般地でも霜が降りはじめます。引き続き秋野菜の収穫が楽しめます。イチゴの苗があればこのころに植えましょう。この時期は作業が少ないので，たくさんとれたダイコンを加工したり，秋に収穫したサツマイモを使って調理プログラムを進めることもいいでしょう。屋内外の気温差が激しくなります。血圧のチェックなど対象者の健康管理を十分に行ないましょう。

●野菜の栽培開始時期

　寒冷地を除く一般地での野菜の栽培開始時期を表4-4にまとめています。年間の計画の参考にするとともに，栽培に失敗した場合の代替を探すときや，栽培スペースが確保できて今なら何を育てられるのだろうと考えるときの参考にしてください。ただし，それぞれの地域の気候や品種によって栽培開始時期は異なりますので，寒い地域などでは地域の慣行に従って栽培してください。

　野菜と草花それぞれの品目の栽培期間は，119ページ図4-2に示しています。年間の畑の利用計画に活用しましょう。

(2) 活動に応じた栽培品目の選択

　これまでもところどころで触れましたが，栽培する品目は活動のペースや栽培技術の水準あるいは確保できる労力によって選択していく必要があります。

　たとえば週1回の活動ペースでキュウリを育てれば，巨大なキュウリばかり収穫することになり，株も弱ってしまいます。一方，毎日活動を実施するのにサツマイモばかり植えてしまっては，対象者に取り組んでもらう作業がなくなってしまいます。また，支援者全員が栽培初心者なのに，トマトやナスの栽培をプログラムとして対象者が取り組んでしまうと，病害虫への対応や樹形管理の方法がわからず，活動がうまく進まないことが考えられるからです。活動を進めるうえでの人員や知識，活動ペースを十分に考えてから品目を選択しましょう。

表4-4　品目ごとの種まき，植え付け時期（月別，寒冷地を除く）

	種 ま き	苗，種イモなどの植え付け
1月	ホウレンソウ，サラダナ（トンネル）	
2月	ダイコン，ニンジン（下旬からトンネル）	ジャガイモ（中下旬）
3月	ダイコン，ニンジン，ホウレンソウ，コマツナ，チンゲンサイ，シソ（霜が降りる間はトンネル）	ジャガイモ
4月	トマト，ピーマン，エダマメ，ナス，トウモロコシ，オクラ，キュウリ，カボチャ，ニガウリ（6月まで可） ニラ，ゴボウ，シソ（4月まで可） ネギ（10月まで可）	サトイモ コマツナ，チンゲンサイ，シソ
5月	モロヘイヤ，葉菜類（コマツナ，シロナ，チンゲンサイ，シュンギクなど），落花生，トウガン	トマト，ピーマン，エダマメ，ナス，トウモロコシ，オクラ，キュウリ，カボチャ，スイカ（霜が降りなくなれば4月でも可）
6月	パセリ	ネギ，サツマイモ（4月末〜6月末まで可）
7月	ニンジン，キャベツ，カリフラワー，ブロッコリー（8月ころまで可）	ニラ
8月	ハクサイ，レタス（9月上旬まで可） ダイコン，ホウレンソウ（10月まで可）	キャベツ，カリフラワー，ブロッコリー（品種により10月下旬まで可），ネギ
9月	シュンギク，カブ，ゴボウ，ミズナ，ナバナ，タマネギ	ジャガイモ（秋収穫用），ゴボウ
10月	タマネギ，ソラマメ，エンドウ，キャベツ（春収穫），チンゲンサイ，コマツナ（後半はトンネル）	ミズナ
11月	パセリ	ソラマメ，エンドウ，タマネギ，イチゴ
12月		イチゴ

この後に紹介する各品目ごとの栽培・利用プログラムでは，栽培する植物を選択するめやすとして，栽培の難易度を簡単なほうから「とてもつくりやすい：易」「つくりやすい：やや易」「ややつくりやすい：普通」「少しつくりにくい：やや難」「とてもつくりにくい：難」の5段階で表示しています。また，手間のかかり具合や病害虫の対策についても同様に簡単なほうから5段階で表示しています。ただし，それぞれの栽培技術や利用技術については，おおまかな紹介に留まっていますので，栽培に関する知識をさらに深めたい場合には，写真入りのわかりやすい書籍や専門書を入手することをおすすめします。（豊原）

2 野菜の栽培・利用プログラム

野菜はプログラムのメインとなる作物です。特別な施設がなくても寒冷地を除く一般地の露地やトンネルでつくることのできる作物の種まきや苗の植え付け時期は，表4-4を参考にしてください。肥料管理については32ページで紹介したとおり，元肥については1㎡当たり苦土石灰100g，普通化成100g，堆肥2kg，有機質肥料を使う場合は普通化成に置きかえて200gを基本量として考えます。追肥も33ページに従います。なお，種子の必要量については，種子の絵袋に従いますが，うまくまけないことがあることを考え，多めに準備しましょう。

(1) 根を収穫する野菜──根菜類

収穫が楽しい根菜類は，対象者の興味ややりがいにつながりやすく，栽培もどちらかといえば容易です。栽培のコツは，共通して深く耕すこと，障害となる石や小枝を取り除くこと，堆肥は前作のうちに入れることです。

ダイコン

一般的になじみのあるダイコンは，高齢者にとっても非常に親しみがあり，深くなじんでいる野菜です。高齢者施設でも人気が高く，ダイコンはよく選ばれます。土の中から一気に引き抜く収穫の喜びも人気の秘密です。深い土を必要とするので，レイズドベッドでの栽培に

難　易　度	やや易	虫のつきやすいアブラナ科の植物のなかではつくりやすい	
手　　　間	やや易	栽培所要期間	2～3か月
病　害　虫	易	アオムシ，ヨトウムシ類，アブラムシ，硫黄病，軟腐病	
品　種，系　統		青首系，白首系，聖護院などの丸ダイコンなど。葉ダイコンや短めの品種，丸ダイコンなら深めのプランターや袋でも栽培できる	
種　ま　き		春は3月下旬～4月中旬，秋は8月下旬～9月。直まき（すじまき，点まき）	
肥料	元肥	基本量よりもやや多め，土に深く混ぜ込む	
	追肥	2回目の間引き以降に，普通化成肥料（または有機質肥料）を数回に分けて合計で元肥と同じ量を与える	
作業のポイント		種まき，間引き，土寄せ，収穫	

も向いています。

●栽培の流れとポイント

①準備する材料・道具：ダイコンの種子，元肥，追肥，ショベル，クワ，移植ゴテ

②畑の準備：ダイコンは姿のとおり，地中深くまで根をまっすぐ伸ばします。このため，他の作物よりも深めに耕す必要があります。深く耕うんできない場合には，畝を高めにつくりましょう。石や堆肥，肥料に根があたると股根や曲がりの原因となります。

③肥料：基準より少し多めに元肥をして，土に深く混ぜ込みます。追肥ははじめは株元に与え，葉の広がる範囲（＝根の範囲）に合わせて少しずつ遠くに施します。

④種まき：栽培地域によって異なりますが，種子の絵袋に大まかな時期が書いてあります。種まきの時期が早かったり遅かったりすると，病害虫の被害が大きかったり，すが入ったり，トウが立ったり（花が咲く茎が伸び始めること）します。種子はすじまきにするか30cm間隔で5粒程度ずつ点まきにするとよいでしょう。覆土は厚くなりすぎないよう注意しましょう。種まき後に水を勢いよく与えると種子が流れてしまいます。種子をまく前にも土に水を与えておくと水分が安定します。白い寒冷紗をかけると，雨のあたりを弱め，乾燥を防ぐことができます。

すじまき，点まき⇒p.74

⑤間引き：本葉がみえ始めたころに1回目の間引きをします。間引きは極端に生育のよいものやわるいもの，虫に喰われているもの，葉色のわるいものを取り除きます。葉が5，6枚になったころに2回目の間引きをし，すじまきでは15cm程度の株間となるようにします。点まきでは生育のよい1本を残して他を取り除きます。

⑥中耕・土寄せ：間引きや追肥のときにクワで土の表面を軽く耕し，通気性を高め，雑草を削ります。あわせて畝表面や横の土を軽く削り，株が安定するよう土を株元に寄せます。

⑦収穫：太ったものから順次引き抜きます。春まきはトウが立ちやすいので，その前に収穫を終えましょう。

●プログラムを進めるうえで気をつけること

①土づくり：暑い時期の作業となるうえに，ダイコンを植えるためには深く耕すことが必要なので，作業の負担が大きいのが問題です（図4-3）。支援者のサポートが必要です。

②種まき：まく人の手先の器用さや，均等にまくことができるかどうか様子をみて，点まきかすじまきかを選択します。

③間引き：やり方を知らない方には間引きの要領をしっかりと伝えます。間引き菜は捨てずに食べましょう。

図4-3　土づくりは重労働

④**収穫**：収穫は最大の楽しみです（図4-4）。ダイコンのように地下部から顔を出す作物の収穫は，さまざまな対象者に理解を得やすく，楽しみが高まる作業です。できるだけ自分の手でやっていただきましょう。重さを計ったり，大きさを比べたりすると盛り上がります。

⑤**漬物などに加工**：一気にたくさんとれるので，すぐに使わない分は漬物などに加工します。

●**活動時に盛り込むべき工夫，面白くするための試み**

①間引き菜を食べるのは，育てている者だけの特権です。食べ方の工夫をしてしっかりと楽しみましょう。間引き菜を食べることを考えるなら，農薬の使用はできるだけ避けましょう。

②葉は利用できるので，捨てないで置いておきます。葉や間引き菜の使い方は高齢者の得意分野。昔の知恵を聞き出すチャンスです。

●**対象者ができること，達成するための環境整備，支援者がしたほうがいいこと**

①環境整備の一環として，手入れや収穫を楽にするために前作より前に土に堆肥を多投する方法もあります。土がやわらかくなり，引き抜きの際の負担が軽減されます。

②ダイコンの種まきをしてから収穫までは対象者ができることが多いですが，事前の土づくりは暑い時期でもありとくに重労働となるので，支援者の手伝いが必要です。

図4-4 ダイコンを引き抜く楽しみ

ダイコンを利用したプログラムの展開

大きなダイコンがたくさんとれてしまうと引き取り手がなくなることもよくあります。こんなときはダイコンを加工して保存食をつくりましょう。高齢者施設では，対象者がたくあんや切り干しダイコン，巻き干しダイコンのつくり方をよく知っていることがしばしばあります。加工作業は室内での取り組みが可能です。

巻き干しダイコンづくり

活動時期	冬（ダイコン収穫時期）
準備する材料・道具	包丁，スライスする器械，ダイコン適量，ショウガ適量，ユズの皮適量，針，糸，酢，砂糖，スライスしたダイコンを干す大きなざる

冬場にたくさんとれるダイコンの加工方法の一つです。おいしいのですが，とても手間と時間がかかるため，なかなか家で一人ではできません。たくさんの人と一緒に作業をするので，なんとか「じゃあ，やってみようか」という気になります。

●**作業手順**

①ダイコンを2mm幅に輪切りにし，大きなざるに重ならないよう

第4章　農園芸活動の実際

に並べて2～3日干します。

②ショウガとユズの皮を千切りにし，適量を干したダイコンで巻きます。

③ダイコンで巻いた筒状のもの一つひとつに糸をつけた針を通し，つなげます。

④串状につながったものを約1週間干します。

⑤干しあがったものを甘酢に漬け込みます。2～3日すると食べられます。

●活動時に盛り込むべき工夫，面白くするための試み

細かい作業なので，「ここまでやらなければいけない」というふうにあまり詰めすぎずに，余裕をもってみんなで楽しむことに主眼を置いて取り組むのがよいでしょう。

●対象者ができること，達成するための環境整備，支援者がしたほうがいいこと

このプログラムのような細かい手間のかかる作業は一人でやっていると苦痛になってくるので，何人かで一緒にできる環境をつくるか，支援者ができるだけ一緒にやるようにしましょう。　　　　　（石神）

タマネギ

定植・収穫適期が長く，保存のきくタマネギは，プログラム日程の融通がききやすく，授産品としても最適です。

●栽培の流れとポイント

①準備する材料・道具：タマネギの種子，苗から植える場合はタマネギ苗（定植期に販売されています），元肥，追肥，クワ，移植ゴテ，ピートモスかバーミキュライトかわら，寒冷紗

②畑の準備：育苗用，定植用の畑とも基本量の苦土石灰と堆肥を施してから粗く土をおこし，次に化成肥料か有機質肥料を施してからていねいに耕うんして畝を立てます。育苗用の畑は発芽しやすいように，土が細かくなるまでできるだけていねいに耕します。

③プランター栽培：やや深めの容器で栽培します。一つのタマネギが直径10cm程度のスペースが必要になると考えて，容器に合わせて

難易度	易	病気が発生しなければ，あまり失敗しない	
手間	易	栽培所要期間	7～8か月
病害虫	易	苗立枯れ病，軟腐病，べと病など	
品種，系統		早生，中生，晩生，赤タマネギなど。プランターでも同じ品種で栽培できる	
種まき		9月中旬～10月上旬。品種により異なるが，種をまく時期はとても重要。畝や箱にまいて育苗後に11月ころ植え付け	
肥料	元肥	基本量よりもやや少なめ。リン酸の高い肥料を使う	
	追肥	12月と3月に化成肥料なら1㎡あたり40g程度	
作業のポイント		種まき，植え付け，収穫，貯蔵のための吊し作業	

植え付けます。

　④**種まき**：品種と栽培地域により9月中旬～10月上旬まで。早く種子をまいたものは大きくなりすぎて寒さに敏感になり，収穫時期に花を咲かせてタマネギが膨らみません。種まきの時期は絶対に守りましょう。小さな苗でも立派に育ちます。種子はばらまきでまきます。密植になっても大丈夫です。

　⑤**育苗**：種まき後は表面をたたいて種子を落ち着かせ，保水性の高いピートモスやバーミキュライト，わらなどでしっかりと覆土し，さらに寒冷紗などで覆って発芽まで乾燥させないようにします。育苗中は雑草が混じって生えてくるので取り除きましょう。

　⑥**植え付け**：苗をやさしく掘り上げて，定植用の畑やプランターに植え付けます。タマネギの生長した大きさを考えて10～15cm間隔で植え付けます。白い部分がすべて土に埋まるほど深植えしてはいけません。

　⑦**中耕・土寄せ**：追肥を与える時にあわせて土の表面を軽くおこし，土寄せを行ないます。

　⑧**収穫**：地上部の茎が倒れたら収穫時です。少し早めに収穫すれば，青ネギの部分も食べることができます。

　⑨**注意する病害虫**：苗づくりで苗立枯れ病が発生することがあります。

　⑩**貯蔵**：数個ずつヒモで組んで，風通しのよい軒などに吊して貯蔵します。冷蔵庫では貯蔵しません。

●**プログラムを進めるうえで気をつけること**

　①**作付け計画**：タマネギは作業が容易で栽培管理も簡単ですが，畑の占有時間が長いため，狭い畑でたくさん栽培すると他の植物が植えられなくなって，活動がつまらなくなります。

　②**収穫**：タマネギは収穫時期の見当がつきやすく，弱い力でも収穫できます。地上部が長いので車いすからの収穫も可能です。収穫時期は気候もよいころなので，できるかぎり対象者に参加してもらいましょう。収穫したタマネギは集めて持つと重くなるので，対象者に運んでもらう場合，一度に運ぶ量に注意しましょう。

　③**収穫・調製**：タマネギは地上部を少し残して切り取って，ヒモで縛って軒に吊すことができるようにします。たくさんのタマネギをしっかりと縛る作業は手間がかかりますが，すぐに腐る作物ではないので，急がずにゆっくりと進めてもらいましょう。

　④**土の汚れ対策**：調製作業を屋内でする場合，タマネギについた土で，服や床が汚れます。エプロンを利用し，作業後の掃除に気を配りましょう。

●**活動時に盛り込むべき工夫，面白くするための試み**

　①早めに収穫して地上部の葉ネギの部分を食べることができるのは，育てている者だけの特権です。すき焼きなどにして楽しみましょう。

　②品種には早生，中生，晩生があり，収穫時期・味や保存期間が違

うので，多くの品種を植えると何度も収穫でき，違った味が長く楽しめます。

●**対象者ができること，達成するための環境整備，支援者がしたほうがいいこと**

①タマネギの栽培は，種まきから定植，収穫，調製まで，対象者だけでほとんどの作業を進めることができます。

②収穫は簡単で成果のみえやすい作業です。精神障害などで精神的な疲労から作業が長く継続できない人にも，大きな疲労感がなく気分よく取り組むことができます。タマネギは保存できるので，他の品目のようにあわてて消費する必要はなく，安定して供給できる商品として販売にも向いています。収穫したものが収益につながることで，農園芸の楽しさとやりがいを感じることができます。

(豊原)

ジャガイモ（馬鈴薯）

冬野菜の収穫が終わり寂しくなった畑に，シーズン最初に春を期待しながら植え付ける野菜です。比較的短期間で収穫できるうえに，掘りあげるときの楽しみが大きいジャガイモはとても人気があります。

●**栽培の流れとポイント**

①**準備する材料・道具**：種イモ，元肥，追肥，クワ，移植ゴテ，包丁

②**畑の準備**：完熟した堆肥を入れ，ふかふかした土づくりを心がけましょう。土壌酸度が中性やアルカリ性になるとそうか病の発生が多くなりますので，石灰肥料は少なめに入れましょう。ジャガイモで大切なのは，トマトやナスなどのナス科植物に続けて植えないことです。連作すると収量，品質ともに極端に低下しますので，一度栽培した場所では3〜4年以上あけて栽培します。

③**プランター栽培**：プランター栽培には大きな容器が必要です。ふく枝（子どものジャガイモと親株をつなぐヒモのような部分）の短いダンシャクなどがおすすめ。

④**種イモの植え付け**：芽になる部分（へこみ部分）が入るように切ります。卵ぐらいの大きさなら2つに，大きなイモなら4つに切ります。イモを切ったら，腐りにくくするために表面が乾くまで待ちます。表面に灰をつける地域もあります。ジャガイモの植え付け時期は，出

難易度		易	連作を避けて栽培すれば，つくりやすい
手間		易	栽培所要期間　3か月
病害虫		易	疫病，そうか病，アブラムシ，ニジュウヤホシテントウ
品種，系統			メークイン，ダンシャク，キタアカリ，デジマなど。プランター栽培なら，ふく枝の短いダンシャクなどがよい
植え付け			2〜3月（春収穫），または8月下旬（秋収穫）。深めに植え付ける
肥料	元肥		基本の量（苦土石灰は少なめに）
	追肥		芽がぐんぐん伸び始めたころに化成肥料なら1m²あたり30g程度
作業のポイント			種イモの植え付け，芽かき，土寄せ，収穫

図4-5 ジャガイモの収穫

芽時にできるだけ霜に当たらないようにするため，地方ごとに異なります。暖地では2月，北海道なら4月下旬となります。

⑤**肥料**：あらかじめ基本量の元肥を施し，芽が伸びて生育が旺盛になったころに追肥を与えましょう。

⑥**マルチ栽培**：省力的な栽培方法として，黒のポリマルチを使って栽培することもできます。マルチ栽培では雑草の管理作業が少なく，生育も少し早まります。追肥がしにくいため，元肥に緩効性の肥料を入れ，深めに植え付けます。

⑦**芽かき・土寄せ**：たくさん芽が出た場合に，大きな芽を一つ残してそのほかの芽をかき取る必要があります。また，品種によっては高い位置でイモができて地上にあらわれ，緑色になってしまいます。光に当たると有害なソラニンが増えます。イモが出ないように土を多めに株元に寄せましょう。

⑧**収穫**：収穫は地上部が枯れ始めてから行ないます。ふく枝の長い品種は株元から離れた場所にイモをつけているため，掘るたびにイモを傷つけてしまいやすいので注意が必要です。土は遠くから広めに掘りおこしましょう。

⑨**貯蔵**：光の当たらないところで貯蔵しましょう。

●**プログラムを進めるうえで気をつけること**

①**土づくり**：ジャガイモは最初にしっかりと堆肥を土中に入れておくことが大事なので，支援者がサポートして十分に耕し，堆肥を土の中に埋めておきましょう。

②**種イモ植え付け**：種イモは切った後乾かして植え付けますが，草木灰を切り口につけて植えることもできます。その場合，火をおこして雑草やわらなどを燃やして灰をつくる作業も一つのプログラムとなります。

③**芽かき**：イモごと引っ張り上げないように芽かきをするのは意外と難しいものです。支援者によるサポート，指導が必要です。

④**収穫**（図4-5）：茎についてくるイモ以外にも，土の中に残されたものがたくさんあります。対象者は次へ次へと抜いていってしまう場合があるので，抜いた後をしっかりと掘りおこして確認する必要があります。

●**活動時に盛り込むべき工夫，面白くするための試み**

①収穫時に，新ジャガをすぐにふかして食べる活動は人気があります。

②たくさんとれたジャガイモで，カレーパーティーやコロッケパーティーを企画するのも楽しみです。

③収穫を「早め」「中ごろ」「遅め」と分けると，楽しみの機会が多

くなります。

④どさっとたくさん収穫して仲間や家族と分かち合える喜びがあるのも，ジャガイモの特徴です。

● 対象者ができること，達成するための環境整備，支援者がしたほうがいいこと

①春先の「早く何か植えたい～」という気持ちと，畑が空いている状況から，ここにもあそこにもと植えてしまいたくなりますが，そこが落とし穴です。ジャガイモはナス科でトマトやナスにも関連して連作障害があるので，栽培するときには事前に計画が必要です。農業経験のない高齢者や障害者の方に連作障害について理解をしていただくことは難しいので，支援者がしっかりと計画を把握して，畑を振り分ける必要があります。狭いレイズドベッドではとくに問題があるので，注意を要します。

②生育に広い面積を必要とするので，レイズドベッドなどの花壇状の場所はジャガイモだけに占有されてしまいがちです。事前に計画を立てましょう。

(石神)

ゴボウ(牛蒡)

高齢者でもゴボウを自分で栽培したことのある人は比較的少ないので，収穫できたときには新鮮な喜びがあります。長い品種をつくるときには塩化ビニールの水道管などを地中に埋めて栽培する方法（塩ビパイプ栽培）もあります。

● 栽培の流れとポイント

①**準備する材料・道具**：ゴボウの種子，元肥，追肥，クワ，ショベル

②**畑の準備**：できるだけ深くまで耕しましょう。栽培には砂地が向いています。必ず苦土石灰など石灰質の肥料を散布し，元肥を施してから耕すようにします。連作はできないので，一度つくった場所では4～5年栽培しません。

③**プランター栽培**：ゴボウの長さに合わせた深いプランターが必要です。肥料の袋などを使って袋栽培ができます。

④**肥料**：元肥は野菜の基本量です。追肥は化成肥料なら50gくらい

難 易 度	やや難	とても深く根が伸びるので，深くまで掘り返さないといけない。連作ができない	
手　　間	やや易	栽培所要期間	6～7か月
病 害 虫	やや易	うどんこ病，黒斑病，根ぐされ病，アブラムシ類，センチュウ	
品 種，系 統		長根の普通種，短根系，葉ごぼうなどがある。短根系はプランターでも栽培できるが，袋栽培だと収穫しやすい	
種 ま き		4月ごろ（春まき）と9月下旬ごろ（秋まき）。10cm間隔の点まき，好光性種子なので覆土は少なめに	
肥料	元 肥	基本の肥料でよい	
	追 肥	栽培中に2回程度，化成肥料なら1㎡あたり1回50g程度	
作業のポイント		種まき，間引き，土寄せ，掘り起こし	

を，中耕・土寄せを兼ねて2回与えます。

⑤**種まき**：まき溝を掘って10cm間隔に5粒ずつ点まきします。ゴボウは発芽に光が必要なので，覆土をしすぎると芽が出ません。種子が隠れる程度がベストです。

⑥**間引き**：発芽後すぐに間引く必要はなく，本葉が3～4枚になったら1本に間引きます。間引いた株は葉ゴボウとして食べることができます。

⑦**中耕・土寄せ**：間引いた直後と草丈が30cm程度に大きくなったころに中耕し，株元に土を寄せましょう。

⑧**収穫**：土を途中まで掘り返し，引き抜いて収穫します。ヤマイモやゴボウを掘るための柄が長く掘る部分が細い専用の道具が販売されています。

⑨**注意する病害虫**：異物やセンチュウの多い土では，ゴボウの根がバラバラに分かれてしまいます。連作をしないことと，これまでに他の根菜類を植えて成績のわるいところには植えないことです。

●**プログラムを進めるうえで気をつけること**

①**作付け計画**：ゴボウは畑の占有期間が長く，深耕するなどの準備も大変です。あまり大規模に栽培しないほうがよいでしょう。

②**収穫**：根の長い品種は掘りおこしが大変です。過度の疲労や転倒などの事故を避けるために，支援者が様子をみながら一緒に作業しましょう。

●**活動時に盛り込むべき工夫，面白くするための試み**

塩ビパイプ栽培や袋栽培なら，収穫作業が簡単なうえ，袋栽培では根が伸びている様子をみることができるので楽しみが増します。

●**対象者ができること，達成するための環境整備，支援者がしたほうがいいこと**

簡単に枠を外すことのできるレイズドベッドで栽培すると，収穫時には枠を取って土を崩しながら収穫できます。また，太めの筒を畝の上に何本か立てて土を入れ，地面からできるだけ高い位置に土を持ち上げて種まきをすると，収穫時にはまわりの土を崩して筒とともに掘り上げ，筒から引き抜いて収穫できます。この方法ならダイコンやナガイモの栽培にも応用できるとともに，深く掘らなくてもすむうえ，収穫位置が高くなるので，車いすでの作業が可能になります。（豊原）

サツマイモ（甘藷）

栽培のしやすさと管理の手間がかからないことから，支援者が管理しきれない場所に植えておくと，簡単な割に利用価値の高い，たくさんのプログラムにつながる野菜として活躍してくれます。高齢者の場合，サツマイモと戦中・戦後の苦労の記憶が連動しているので，話題提供のよい材料にもなります。

●**栽培の流れとポイント**

①**準備する材料・道具**：サツマイモの苗，元肥，追肥，クワ，ショ

難易度	易	とてもつくりやすい。管理が楽で，収穫が長く楽しめる	
手間	易	栽培所要期間	3～4か月
病害虫	易	コガネムシの幼虫，黒斑病	
品種，系統		ナルトキントキ，ベニアズマなど。プランター栽培は難しい	
植え付け		霜が降りなくなったころから6月下旬まで植え付けできる	
肥料	元肥	基本量の半分	
	追肥	カリ成分の多い肥料を少しだけ	
作業のポイント		植え付け，ツル返し，収穫	

　　ベル，移植ゴテ

　②**畑の準備**：途中で土のかたさが変わったり，水がたまったりする条件ではイモの形がわるくなります。冬の間に多めに堆肥をすき込み，植え付け前には深めにしっかりと耕しましょう。畝は高めにつくります。

　③**肥料**：窒素肥料を多く与えると盛んに葉を増やすため，イモに炭水化物が蓄えられません。元肥はふつうの作物の半分程度を施せば，追肥の必要はありません。7月中旬に，カリを多く含む肥料を追肥として与えてもよいでしょう。

　④**苗の準備**：園芸店やホームセンターで，寒冷地を除く一般地なら4月下旬ころから6月末ころまでサツマイモのツルが販売されます。すこし手間はかかりますが，サツマイモから苗を自家採取できます。

　⑤**植え付け**：6月末ころまでに苗を植え付けます。ツルの先が地面から出るように茎の部分を土の中に埋めます。このとき，地面に水平に植え付ければイモの数が多くつき，斜めに植え付ければ数は少ないが大きなイモがつきます。決してツルをまっすぐ下に向けて突きさしません。植え付け後はツルの先端がしっかりしてくるまでときどき水を与え，根づいたらその後は水を与えません。

　⑥**ツルを返す**：ツルは伸びた先ですぐに根を下ろします。イモを太らせるために，植え付けた場所以外に根を下ろしているツルを持ち上げて返し，不要な根を切ります。

　⑦**収穫**：8月下旬ころから少しずつ収穫ができます。土の中を探ってみて，大きめのイモがあれば収穫してもよいでしょう。収穫は10月のうちに終えましょう。収穫が遅くなるほど，虫による食害が多くなり，味も落ちます。

　⑧**注意する病害虫**：コガネムシや野ネズミによる食害があります。最近はイノシシの被害もよく聞かれます。例年虫の食害が多い畑では，早めに収穫することで被害を少なくすることができます。

イノシシ対策⇒p.40

　⑨**貯蔵**：収穫したてのサツマイモはあまりおいしくありません。1週間ほど貯蔵してから食べると味がよくなります。低温を嫌うので，室内で保管するとよいでしょう。

●**プログラムを進めるうえで気をつけること**

　収穫時は，茎についてくるイモ以外にも土の中に残されたものがた

くさんありますので，支援者は抜いたあとをしっかりと掘りおこして確認する必要があります。

●**活動時に盛り込むべき工夫，面白くするための試み**

①サツマイモは，まずツルが伸びた段階で，若いツルを収穫して佃煮やキンピラなどにして楽しめます。ツルで食べるところは太い茎から分かれて出ている葉がついた軸（葉柄）で，早い時期にはそのまま料理できます。その後イモの収穫まではツル料理が楽しめます。時期が遅くなれば薄皮をむいて調理します。サツマイモのツルを茎から切り離し（図4-6），葉を取る作業は手間のかかる作業なので，作業台などを使って数人で一緒に行なえば夏の日陰でのプログラムとして楽しめます。

②お盆を過ぎたころに様子をみながら探り掘りをし，早めの収穫をして新モノのサツマイモを試食して楽しみます。

③本格的な収穫の時期には，イモ掘りをイベントにして仲間と一緒に楽しみましょう。同時に焼きイモを実施し，枯れ葉集めや薪集め，火おこしなどの役割分担をして，プログラムとして楽しむことができます。

④ツルはリースの材料としても活用できます。イモ掘りをするときはツルを捨てずにその場か，もしくは作業しやすい場所でリース状に束ねて乾かし，クリスマスの飾りなどに使うリースの土台として十分に活用できます。

⑤サツマイモは生で売るよりも，収穫祭など施設のイベントで焼きイモにして販売すると人気があり，大きな収入源になります。

●**対象者ができること，達成するための環境整備，支援者がしたほうがいいこと**

①生育に広い面積を必要とするので，レイズドベッドなどの花壇状の場所は，サツマイモだけに占有されてしまいがちです。事前に計画しましょう。

②サツマイモは管理の手間がかからない分，生育中はプログラムとしての作業はほとんどありません。活動の中心となる場所に近いところではなく，離れた管理のしにくい場所を活用したほうがよいでしょう。

③イベント向きで，毎年欠かさず植えておきたい野菜です。（石神）

図4-6 サツマイモのツル処理
太い茎から葉柄を切り離す

ニンジン

ニンジンは1m²当たり50本ほど栽培することができ，ダイコンと比べて狭い面積で栽培できます。掘りおこしたときのきれいな赤色がとても印象的で，喜びの大きい作物です。

難易度	やや易	発芽しにくいが案外つくりやすい		
手間	やや易	栽培所要期間	3～4か月	
病害虫	やや易	アゲハチョウの幼虫，苗立枯れ病，菌核病，うどんこ病		
品種,系統	大きく分けて西洋ニンジンと金時ニンジンがある。気候とつくる時期に合わせて品種を選ぶ。ミニや短い品種は深めのプランターで栽培できる			
種まき	一般地で3月，7月中旬～8月			
肥料	元肥	基本量を施すが，できれば緩効性の肥料を用いる。苦土石灰は1㎡当たり120gとやや多めに		
	追肥	元肥の半分量を間引き後に（2回程度）		
作業のポイント	発芽管理，間引き，土寄せ，収穫			

●栽培の流れとポイント

①準備する材料・道具：ニンジンの種子，元肥，追肥，クワ，ショベル，発芽用の敷きわらか不織布

②畑の準備：深めに耕します。酸性を嫌うので，苦土石灰はやや多め（1㎡当たり120g程度）に施します。堆肥や石はダイコンと同じように股根の原因となりますので，堆肥は前作のうちに施し，石などの異物は取り除きましょう。プランターの場合は用土をあらかじめふるっておきましょう。

③肥料：栽培期間が長いため，ゆっくり効くタイプの肥料を元肥に入れましょう。追肥は条間にすじまきで1㎡当たり50g程度を2回与えます。

④種まき：発芽しにくい種子なので，水分が十分に保持できるよう前日にしっかりとかん水し，畑に水分を含ませておきます。種まきはすじまきか，10cm間隔で4～5粒の点まきとします。種まきの後は覆土を厚め（5mmくらい）にし，さらに乾きにくいように敷きわらや不織布で覆います。水は発芽するまで毎日与えましょう。

⑤間引き：2回程度行ない，最終的に10cm間隔に1本ずつとなるように間引きますが，生育初期は苗がとてもゆっくりと育つため，間引きも本葉が4～5枚になってからで大丈夫です。混み合っていれば早めに実施します。

⑥中耕・土寄せ：ダイコンなどと同じように，中耕をしたときに土寄せを行ないます。

⑦収穫：品種によって収穫時期が異なりますが，径が大きくなってきたら収穫しましょう。遅くなるとニンジンが土の中で割れてしまいます。

⑧注意する病害虫：アゲハチョウの幼虫が好んで食害します。みつけたら捕殺します。

●プログラムを進めるうえで気をつけること

①種まき：ニンジンの種子は細かいので，指先の感覚が鈍いとまきにくいことがあります。種子を数倍の量の砂と混ぜてすじまきにすると，種子の重なりが少なく均等にまくことができます。

②種まき後の覆土：ニンジンは覆土が厚いと発芽しにくくなります。

活動初心者の対象者はうまく覆土できないことが多いので，作業が困難な場合は支援者が実施しましょう。

●**活動時に盛り込むべき工夫，面白くするための試み**

①ニンジンの間引き菜も食べることができます。湯がいておひたしなどにします。

②収穫は少し掘って太いものを選びます。ダイコンやニンジンは，はっきりと太さの違いがわかるため，基準を示して，「収穫物を選ぶ」ことを学習するのによい品目です。

●**利用バリエーション**

ニンジンはダイコンのように切り干しにしたり，ジャムに加工したりすることができます。

（豊原）

(2) 実を収穫する野菜——果菜類

果菜類は花が咲いて実がなるという行程を楽しむことができます。多くの品目で背が高くなり横にも広がるため，栽培では枝を選んで切ることで果実の成りをよくしたり株の姿を整えたりする「整枝」の作業や，光を当てたり作業をしやすくしたりするために枝やツルの方向を導いてやる「誘引」の作業が加わります。

ナ　ス

夏の代表的な野菜。利用方法が多く，昔から親しまれている高齢者に人気の野菜です。

●**栽培の流れとポイント**

①**準備する材料・道具**：ナスの苗，元肥，追肥，クワ，ショベル，移植ゴテ，ポリフィルム，支柱，誘引ヒモ，結束ヒモ，針金，剪定バサミ

②**苗の準備**：ナスの育苗は時間がかかるため，一般的な栽培では苗を購入することが多くなります。苗は4月ごろから園芸店やホームセンターに並びます。苗には接ぎ木苗とそうではないものがありますが，ナス科植物の連作になるなら接ぎ木苗がよいでしょう。苗は子葉が残っていて，健全なものを選びます。

③**畑の準備**：ナスは有機質の好きな植物ですので，耕す前にたっぷ

難易度		普通	整枝，誘引に技術が必要。作業が多い。虫がつきやすいので防除が大切。連作は避ける
手間		やや難	栽培所要期間　4～6か月
病害虫		普通	ミカンキイロアザミウマのほか，多くの病害虫がある
品種，系統		\multicolumn{2}{	}{千両ナス，米ナス，長ナス，水ナスなど。プランターなら乾かさないように大きめのプランターで栽培する}
苗の植え付け		\multicolumn{2}{	}{霜が降りなくなれば植え付けできる}
肥料	元肥	\multicolumn{2}{	}{基本量の1.5倍。マルチ栽培なら緩効性の肥料を用い，追肥の回数を減らす}
	追肥	\multicolumn{2}{	}{元肥の3分の1量を2週間ごとに}
作業のポイント		\multicolumn{2}{	}{植え付け，支柱立て，整枝，誘引，収穫}

りと堆肥を施します。植物が大きくなるので，幅120cmの畝を立てます。栽培期間が長いのでポリフィルムマルチをすると，雑草を抑えるうえ，保温・保湿効果もあり，栽培管理が楽になります。プランター栽培の場合は，とくに十分に発酵した堆肥を用土に通常より多めに混合して用います。用土が20ℓ以上はいる大きめの鉢で1株ずつ栽培してもよいでしょう。

④支柱立て：株が大きくなるうえ，長く栽培するので支柱が必要です。株それぞれに太めの支柱を1本ずつ立てるか，ビニールハウスに使うような鉄パイプを切って頑丈な支柱をところどころに立てて針金を横に渡し，ヒモを使って誘引してもよいでしょう。

⑤肥料・水やり：ナスは肥料と水の好きな植物です。元肥を多めに施して，以降は2週間おきに追肥します。追肥は毎回少しずつ苗から離して与えていきます。マルチング栽培なら緩効性の肥料で育てます。水やりは畝栽培でも乾けば積極的に水を与えます。プランター栽培では，しおれさせないように頻繁に水を与える必要があります。

⑥植え付け：畝に1条植えで植え付けます。植え付ける苗は第1花が咲きかけたものがよく，これよりも苗が若いと栄養生長が盛んになり，株が大型化して実のつきがわるくなります。

⑦整枝・誘引：2～3本仕立てによる栽培が一般的で，共に主軸と第1花のすぐ下の芽を1～2本残して仕立てます。それより下の芽はすべて取り除きます。倒れないように支柱に結束ヒモなどを使って直接枝をくくりつけるか，支柱に渡した針金に枝を巻き込んだ誘引ヒモを結びつけて誘引します。

⑧収穫：ナスは花が咲いてから20日前後で収穫できます。やや未熟なうちに収穫するほうが味がよく，株も長持ちします。

⑨秋の収穫に向けた切り戻し：7月下旬に太い枝を半分くらいまで強く切り戻して肥料を施すと，新しい芽が伸びて秋の収穫ができます。時期が遅くなれば弱く切り戻します。

⑩注意が必要な病害虫：ナスには多くの害虫や病気があります。こまめに防除するか，防除しない場合には栽培期間を短くします。

●プログラムを進めるうえで気をつけること

①仕立て方：たとえば3本仕立てなら，どの3本を残すのかということを理解することは案外難しいことです。支援者があらかじめしっかりと理解して助言するか直接手伝います。

②収穫：新鮮なナスはヘタのところに鋭いトゲがあるため，収穫やより分ける作業のときに指に刺さって痛い思いをします。声かけをして注意する，手袋をする，などして刺さらないように配慮しましょう。

③追肥：定期的な追肥はよいプログラムになります。

●活動時に盛り込むべき工夫，面白くするための試み

①秋ナス収穫の時期に，「秋ナスは嫁に食わすな」ということわざの意味を参加者で話し合うのは面白く，盛り上がります。

②少し調理すれば，すぐに食べられる野菜なので，さまざまな調理

栄養生長：葉や茎などの栄養器官だけが茂る生長のこと。これに対し，花や子房は生殖器官と呼ばれ，これらが生長・発達することを生殖生長といいます。

誘引⇒p.95

方法で楽しめます。

●対象者ができること，達成するための環境整備，支援者がしたほうがいいこと

①生育に広い面積を必要とするので，レイズドベッドなど狭いところには向きません。

②収穫が続いていると秋ナス収穫のための切り戻しをなかなか思いきってできない人が多いので，支援者による切り戻しの時期と方法の指導が必要です。

③同じナス科のトマトやピーマン，ジャガイモとの連作障害があります。支援者が事前に計画をしておく必要があります。接ぎ木苗を活用すれば，連作障害が軽減できます。 　　　　　　　　　　（石神）

ピーマン・シシトウの仲間

ナスよりもコンパクトに育つため，畑がなくてもプランターやレイズドベッドを使って取り組むことができます。

●栽培の流れとポイント

①準備する材料・道具：苗，元肥，追肥，クワ，ショベル，移植ゴテ，支柱，結束ヒモ，わらかポリフィルム

②苗の準備：遅霜がなくなるころに苗を購入するなどして準備しましょう。細くてひょろひょろした苗はよくありません。

③畑の準備：植え付ける2週間前までに，苦土石灰を全面に散布して深く耕しておきます。1週間前に1㎡当たり堆肥を2kgと，化成肥料を100gほど施します。畝幅は120cm程度で，大きく生長するパプリカなどの品目は植え幅を大きく，株の小さなシシトウは小さく植えます。プランターなら土5～10lに対し1株植えます。

④植え付け：秋まで長く収穫できるので，露地なら霜の心配がなくなってから植え付け
ましょう。株間は40～50cmで植え付けます。深植えにならないように植えます。折れやすいため，風の強くない暖かい日を選んで植えます。ピーマンはとくに根張りが浅くて倒れやすいので，植え終えたら早めに50～60cmの支柱を立てて誘引します。

難 易 度	普通	整枝，誘引に技術が必要。作業が多い。虫がつきやすいので防除が大切。連作はしない	
手　　　間	普通	栽培所要期間	4～6か月
病 害 虫	普通	アブラムシ，ヨトウムシ，タバコガ，疫病	
品 種，系 統		ピーマン，パプリカ，伏見甘長，万願寺とうがらし，シシトウなど。ピーマンはトウガラシの仲間で，辛味成分をもたないもののことを指す	
苗の植え付け		霜が降りなくなれば植え付けできる	
肥料	元 肥	基本量を施す。マルチ栽培なら緩効性の肥料が管理しやすい	
	追 肥	普通栽培なら元肥の4分の1量を2週間ごとに	
作業のポイント		植え付け，整枝，収穫	

⑤栽培管理のコツ：肥料はちょっとずつ，水は切らさないことがコツです。シシトウは乾燥したり高温になったりするとうまく種子がつくれず，辛い実になることがあります。はじめの実は早めに収穫して株に栄養を残して生長させましょう。

　⑥中耕・土寄せ：必要ありませんが，根が浅く温度の影響を受けやすいので，夏になり気温が上がってきたら高温と乾燥から守るため，わらやポリマルチをします。

　⑦追肥：苗が活着して花が盛んに咲き始めたら，第1回の追肥を施します。以降は生育状態をみながら，2週間ごとに化成肥料なら25g程度を追肥しましょう。

　⑧整枝：自然に2つか3つに枝が分かれます。分かれめより下のわき芽は取りましょう。収穫1番成りや，多く実がついたときは早めに取ります。そうすると，株が弱らず長く収穫できます。

　⑨注意する病害虫：アブラムシ，ヨトウムシ，タバコガなどに注意し，早期に発見して駆除します。ウイルス病を防ぐためにはアブラムシを駆除します。疫病は排水対策と殺菌剤を散布します。

●プログラムを進めるうえで気をつけること

　シシトウやトウガラシはナスやトマトよりも病害虫の被害が少なく栽培管理も容易です。また，株もコンパクトに仕上がるので，畑に入ることができない人にも長期間栽培に取り組んでもらうことができます。ただし，前にも記したとおり，管理を失敗するととても辛い実がつくので，水やりなどには十分配慮しましょう。

●活動時に盛り込むべき工夫，面白くするための試み

　収穫したシシトウが辛かったか辛くなかったかを確かめて，今年は栽培管理がよかった，あのときの水やりを忘れたのが……といったように，これまでの作業を振り返る機会を設けましょう。

●対象者ができること，達成するための環境整備，支援者がしたほうがいいこと

　ピーマンやシシトウは水やり，追肥などの作業頻度が他の作物よりも高いので，長期間にわたって定期的なプログラムを設定します。プランター栽培の場合はしおれさせないよう支援者が日常的にチェックしましょう。

トマト

　夏の畑を賑わす代表的な野菜。赤くて見ために美しいことと，その場でそのまま食べられるのが魅力です。

●栽培の流れとポイント

　①準備する材料・道具：トマトの種子か苗，元肥，追肥，クワ，ショベル，移植ゴテ，ポリフィルム，支柱，誘引ヒモ，結束ヒモ

　②苗の準備：4月はじめに種子をまいて保温すれば，5月には植え付けできます。それよりも早く植えるなら苗を購入します。

　③畑の準備：畑は，水はけと陽当たりがよく，トマトを続けて栽培

難　易　度	普通	整枝，誘引に技術が必要。作業が多い。虫がつきやすいので防除が大切。連作はしない	
手　　　間	やや難	栽培所要期間	4～6か月
病　害　虫	普通	疫病，尻腐れ症，コナジラミ，アブラムシ，モザイク病	
品　種，系　統	小玉系，中玉系，大玉系		
苗の植え付け	霜が降りなくなれば植え付けできる		
肥料	元　肥	基本量の1.5倍。マルチ栽培なら緩効性の肥料を用いる	
	追　肥	普通栽培なら元肥の2分の1量を3週間ごとに	
作業のポイント	植え付け，支柱立て，芽かき，葉かき，誘引，収穫		

していないところを選びます。植え付け2週間前に苦土石灰を全体にまいて耕します。さらに植え付け1週間前に，堆肥と肥料をよく混ぜて耕うんし，120 cm幅で畝をつくります。プランター用土はナスと同じですが，乾燥に強いためナスより鉢がひとまわり小さくても（10ℓ程度）無理なく育てることができます。

　④**植え付け**：50 cm間隔で植え付けます。若い苗を植え付けると株ばかり大きくなって花が落ちやすく，病気も出やすくなります。ポット苗なら，はじめの花を咲かせて少し老化させてから植え付けます。

　⑤**支柱立て・誘引**：苗が根づいたころに支柱を立てます。トマトは栽培し続けると草丈が何メートルにもなりますので，しっかりした支柱が必要です。支柱に結束ヒモで8の字にゆるく苗をしばり，その上も生育をみて結んでいきます。誘引ヒモでを巻きつけて斜めに誘引していく方法もあります。

斜め誘引⇨p.95

　⑥**芽かき・葉かき**：わき芽は小さいうちに指で取り除き，一本立ちで育てます。取ったわき芽は挿し芽すると簡単に根づくので，増やしたいときには苗に使えます。通常，5～6段目の花がついたら，その上の葉を2枚程度残して芯を摘み，茎の生長を止めます。必要のない下葉は取り除いて風通しをよくします。

　⑦**追肥**：はじめの実がついて大きくなってきたら，畝の肩に追肥を施します。その後3週間おきに繰り返し追肥します。

　⑧**収穫**：完熟するまで収穫を待つと，味のよいトマトを食べることができます。

　⑨**注意する病害虫**：大玉では尻腐れ症がよくみられます。高温期に発生しやすく，カルシウム欠乏が原因です。窒素肥料が多いと多発するため，高温期の追肥は窒素肥料を控えます。

　葉が縮れて生長が遅れるウイルス感染（モザイク病）はアブラムシに媒介され広がりますので，症状のある株はすみやかに抜きます。そのほかにもコナジラミやハダニ，アザミウマなどさまざまな害虫が発生します。防除を徹底するか，収穫段数を決めて長期間栽培しないことで被害を抑えます。

●**プログラムを進めるうえで気をつけること**

　①**芽かき**：トマトは生育中芽かきが必要です。芽かきの方法につい

ては，わき芽と葉を間違える，主軸の芽を取ってしまう，など利用者が理解しにくいポイントが多いので，しっかりと支援者が方法を伝える必要があります。

②支柱立て：支柱をしっかりした構造にして台風や大雨にも耐えられるように組むのは，高齢者にとって難しいことです。畑の両側に木や鉄パイプの杭を打って柱を立て，その間にヒモを渡して，そのヒモから下に枝のようにまたヒモを結び，そこにトマトを誘引すると，頑丈なうえにその後の管理も容易です。杭を打つのが高齢者にとっては難しいので，支援者側で作業を行ないましょう。

● 活動時に盛り込むべき工夫，面白くするための試み

①トマトは大玉タイプよりもミニトマトのほうが育てやすく，高齢者には向いています。ミニトマトは長期間継続的に収穫ができるし，その場ですぐ食べられるので人気です

②レイズドベッドで栽培する際には，高くなりすぎないように斜めに誘引していきます。

● 対象者ができること，達成するための環境整備，支援者がしたほうがいいこと

支柱の立て方や手入れの説明をしっかりサポートすることで，一人で作業をできる範囲を増やすことができます。 （石神）

トマトを利用したプログラムの展開

収穫期には大量にとれるトマトですが，一度に食べきれず残ったり，完熟させるために収穫を待っていると実が割れ，生食には向かないものが多くでます。完熟したトマトを使うとさまざまな加工品が非常においしくつくれます。製品化を図ることも可能です。

トマトケチャップ

活動時期	夏（トマトの収穫時期）
必要な材料	トマトに対し，塩 0.5～1％，砂糖 2～3％，タマネギ 2～3％，ニンニク 0.2～0.4％，酢 2％の材料を準備します。このほか，ショウガやローリエ，赤トウガラシ，こしょう，シナモン，セージなどの香辛料を加え，この分量で独自の味をつくる

● 作業の手順

①収穫したトマトのうち完熟したものを水で洗って，ヘタと青いところを切り出し，乱切りにします。

②トマトを鍋に入れて強火で10分煮ます（水は加えない）。

③トマト果汁を裏ごしして，皮や種子を取り除きます。

④裏ごしした果汁を半分になるまで煮詰めます。

⑤ニンニク，タマネギをすり下ろし，煮詰めた果汁に加えます。塩，砂糖，トウガラシ，こしょうなどの香辛料も加えて3分の2になるまで煮詰めます。

⑥最後に酢を加え，火にかけて一煮立ちさせればできあがりです。

トマトジャム

活動時期	夏（トマトの収穫時期）
必要な材料	トマトに対し，砂糖を20％，レモン汁を適量

　手づくり加工品としてもっともポピュラーなジャムは，果物だけでなく，トマトやニンジンなどの野菜でもつくることができます。

●**作業の手順**
　①トマトは適当に切って，中火で20〜30分煮詰めます。
　②いったん火から下ろし，裏ごしして皮と種子を取り除きます。
　③裏ごしした果汁を水分の大半がなくなるまで煮込みます。
　④砂糖とレモン汁を加え，5分前後煮たら完成です。

保存して長く楽しむためのビン詰めの方法

　加工品の保存に重要なポイントは，いかに腐らせないかということです。ビン詰めは，ビンの殺菌と中身の脱気（空気を抜くこと）によって，製品を腐りにくくします。

●**作業の手順**
　①鍋にビンとふたを入れ，十分な水を加えて加熱し，沸騰してから15分以上の殺菌をします。
　②ビンが熱いうちに熱い中身（ケチャップやジャム）を入れます。内容物の温度とビンの温度は同じくらいで作業します。
　③脱気は，密封する前に容器の中に残っている空気を抜き取る作業のことで，ビンのふたをゆるく閉め，蒸し器に入れて8〜10分程度加熱し，熱いうちに密封します。
　④密封後横倒しにして冷まします。

●**対象者ができること，達成するための環境整備，支援者がしたほうがいいこと**

　火を使う作業や，野菜を切る作業が難しい場合にはIH調理器や電子レンジ，フードプロセッサーを使うと比較的安全に作業できます。ビンの消毒など，やけどしやすい作業は支援者が中心に実施しましょう。

（豊原）

オクラ

　独特の粘りが人気のオクラは，花が咲いて数日で食べることができます。

●**栽培の流れとポイント**
　①**準備する材料・道具**：オクラの種子，元肥，追肥，クワ，ショベル，移植ゴテ，わらかポリフィルム
　②**畑の準備**：種まき，または植え付けの2週間前までに苦土石灰を全面に散布して深く耕しておきます。1週間前に残りの元肥を施します。畝は幅100cmくらいにして立てます。プランターなら土10lに対

難易度		やや易	低温を嫌う。生育初期の管理に気をつける	
手間		やや易	栽培所要期間	6か月
病害虫		易	アブラムシ，ヨトウムシ，タバコガなど	
品種，系統		さやが5角形の品種と，丸い品種がある。さやが丸い品種は収穫が遅れてもすじが入りにくいのが特徴。プランター栽培も可		
種まき		霜が降りなくなってから種をまく		
苗の植え付け		6月以降		
肥料	元肥	基本量よりやや少なめに		
	追肥	元肥の4分の1量を2週間ごとに		
作業のポイント		種まき，植え付け，葉かき，収穫		

し1株の割合で植えます。

③**種まき**：直まきするならば，株間40cmで4〜5粒ずつの点まきにして間引き1本立ちにします。ポット栽培なら2〜3粒ずつ種子をまいて育苗します。苗も販売されています。

④**植え付け**：露地なら霜の心配がなくなってから植え付けましょう。株間は40〜50cmで植え付けます。深植えにならないようていねいに植えます。

⑤**栽培管理のコツ**：根が浅く温度の影響を受けやすいので，夏になり気温が上がってきたら，高温と乾燥から守るため，わらやバーク，ポリフィルムでマルチングします。収穫する実の下の葉は取り除きます。

⑥**追肥**：栽培期間が長いので，追肥中心で管理します。生育状態をみながら2週間ごとに化成肥料や液肥を施します。

⑦**収穫**：花が咲いてから4〜5日で収穫できます。忘れると大きくなりすぎてすじっぽくなり，食べられません。

⑧**注意の必要な病害虫**：害虫はアブラムシ，ヨトウムシ，タバコガなどに注意し，早期に発見して駆除します。

●**プログラムを進めるうえで気をつけること**

実には細かな毛があり，品種によっては指に刺さってちくちくします。皮膚のデリケートな人が収穫するときには手袋を準備しましょう。

(豊原)

トウモロコシ(玉蜀黍)

収穫したてがいちばんおいしいトウモロコシは，品種を変えて育てれば，7〜9月ころまで順次楽しむことができます。

●**栽培の流れとポイント**

①**準備する材料・道具**：トウモロコシの種子，元肥，追肥，クワ，ショベル

②**畑の準備**：種まき2週間前までに多めの堆肥を苦土石灰とともに施し，しっかり深く耕しておきます。1週間前に基本より少し多めの化成肥料または有機質肥料を施し，しっかり土に混ぜ込みます。畝幅120cmの平畝を立てます。

難　易　度	やや易	果実はアワノメイガの被害を受けやすい	
手　　　間	やや易	栽培所要期間	3か月
病　害　虫	普通	アワノメイガ，アワヨトウ	
品　種，系　統	カクテル，キャンベラなど		
種　ま　き	4月ころから順次。ポット，直まきとも3粒ずつまく		
肥料	元肥	基本量より少し多め	
	追肥	元肥の3分の1量を1か月ごとに	
作業のポイント	種まき，植え付け，受粉，穂の選抜，収穫		

③種まき：霜が降りないようになれば直まきで栽培できます。条間45cmの2条植え，株間30cmで種子をまきます。温室などを使って苗をつくるならば，9cmのポットに3粒ずつ種まきし，2～3週間で植え付けます。

④追肥：種子をまいた日から1か月後と2か月後に与えます。

⑤間引き：トウモロコシは他の芽と競合すると大きくなりやすいので複粒まきしますが，本葉が3枚をこえたら，よい苗を残して根が傷まないように残りの苗を株元から切ります。

⑥中耕・土寄せ：トウモロコシの苗は倒れやすいので，追肥の後に株元に土を寄せて倒れないようにします。株元からのわき芽があれば，支えとなって株が倒れにくくなりますので残しておきます。

⑦かん水：絹糸（トウモロコシの実についているひげのようなもの）がみえたら，実を大きくするために十分にかん水します。

⑧穂の選抜：トウモロコシはいちばん上の穂がいちばん大きくなります。2番目までは残して，あとは早めにかき取ります。かき取った穂はヤングコーンとして食べることができます。

⑨収穫：トウモロコシは，品種によって種まきから何日目に収穫できるか決まっています。おおかたの収穫日をあらかじめ計画しておきましょう。また，真夏は極端に受粉しにくくなり，実の入りがわるくなるので，真夏に受粉の時期がくるのを避けるように栽培を計画します。絹糸が黒褐色に変わったころが収穫の目印です。実の入りを確かめてから手でもぎ取って収穫します。トウモロコシは収穫してすぐがいちばん甘くおいしいので，できるだけ早めに食べましょう。

⑩注意が必要な病害虫：トウモロコシのいちばんの害虫はアワノメイガの幼虫です。早めに適した殺虫剤で駆除することをおすすめします。また，栽培面積が小さいなら，全体に防虫ネットを掛けて，アワノメイガや鳥の進入を防ぎましょう。

●プログラムを進めるうえで気をつけること

皮を取ってトウモロコシの実を取り出す際，幼虫が入ってしまった実は，対象者をがっかりさせたり，いやな気分にさせたりすることがあります。一方，「虫なんか取ったら大丈夫」と平気な人もいます。一人ひとりの虫に対する嫌悪感をみて，とくにいやがる人には，あらかじめ大丈夫そうな実で作業してもらうなど気遣いを忘れないようにし

ましょう。

●利用のバリエーション

スイートコーンなら，すぐに湯がいて食べるのがいちばん贅沢な利用法ですが，皮のかたい爆裂（ポップ）種を栽培すれば，ポップコーンをつくることができます。完熟した実を収穫し，乾燥させてから指で種子を外して利用します。指で種子を外す作業は楽しい活動になりますので，種子を外さずに保存して，ときどき思い出したように取り組めば，冬場のプログラムの少ない時期にも楽しむことができます。ポップ種の花粉がスイートコーンに受粉すると皮のかたいスイートコーンになり，品質が低下します。栽培の時期をずらして，お互いに受粉しないよう注意しましょう。ポップ種の種子が販売されています。

(豊原)

キュウリ

夏の代表的な野菜です。生長をはっきり認識でき，生でも食べられるので人気です。

●栽培の流れとポイント

①準備する材料・道具：キュウリの種子，種子まき用ポット，種まき用培養土，元肥，追肥，クワ，ショベル，移植ゴテ，支柱，キュウリネット，ヒモ，ポリフィルムかわら

②苗の準備：種子をまく場合の適温は25℃前後です。ウリ科の種子は高いので，大きめのセルトレイかポットに1粒ずつまきましょう。種子を2週間ずつずらしてまくと長い期間収穫できます。苗は4月下旬から5月末ごろまで園芸店やホームセンターで購入できます。10株程度なら苗を買ったほうが安いでしょう。

③畑の準備：キュウリは中性の土壌を好みます。このため，苦土石灰や堆肥を多めに施し，土壌の酸度を中性にします。残りの元肥を均等にばらまいたあと幅100cmの畝を立てます。

④植え付け：霜が降りなくなってから植え付けます。株間50cmの1条植えとします。

⑤追肥：定植後つるが旺盛に伸び始めれば1回目の追肥を施し，以後は2週間ごとに与えます。

難　易　度	やや難	乾燥にも多湿にも弱い。連作はできない	
手　　　間	普通	栽培所要期間	3か月
病　害　虫	普通	うどんこ病，ウリハムシなど	
品　種，系　統	短形白イボ，四葉系など。カボチャ台木によるブルームレスキュウリが増えている		
種　ま　き	4月ころから種をまいて保温する		
苗の植え付け	霜が降りなくなってから植え付ける		
肥料	元　肥	基本量の1.5倍	
	追　肥	元肥の3分の1量を2週間ごとに与える	
作業のポイント	種まき，植え付け，支柱立て，ネット張り，芽かき，収穫		

図4-7 夏野菜の収穫
キュウリがびっくりするほど大きくなる

⑥支柱立て・ネット張り：キュウリはひげが伸びて自然にネットに絡みます。ナスやトマトのように枝が太くならないので，キュウリネットは細く軽量なものが一般的です。ネットは端を支柱にしっかりとくくりつけ，たるまないように張っていきます。

⑦整枝・誘引：キュウリの整枝は品種によって異なりますが，多くは主枝を伸ばして管理する方法で育てるので，5〜6節目までの側芽は早めにしっかりと取り除きます。6節以降に発生する芽は側枝として伸ばしてもよいでしょう。

⑧マルチング：キュウリは雨に当たって病気になりやすいため，泥の返りがないよう，ポリフィルムや敷きわらなどでマルチングをするとよいでしょう。

⑨収穫：収穫は大きさで決めます。とくに太さが大切で，いちばん太いところが3cm前後のときに収穫しましょう。あまり大きくすると株が弱るため，樹勢を維持するためにもできるだけ早めに収穫します。果実が成りすぎたり，栄養が不足したりするとキュウリが曲がります。

●プログラムを進めるうえで気をつけること

①支柱立て：支柱をしっかりした構造にして台風や大雨にも耐えられるように棚を組むのは，高齢者にとって難しいことです。トマトと同じように畑の両側に木や鉄パイプの杭を打って柱を立て，その間にネットを張って，そこに誘引するとうまくいきます。

②収穫：キュウリは手でも簡単に収穫できますが，力を加減せずに引っ張ってしまうと葉や茎が折れてしまい，株ごとダメにしてしまう可能性があります。支援者は力の加減に留意して，対象者に応じた収穫の方法を指導しましょう。

●活動時に盛り込むべき工夫，面白くするための試み

①キュウリは他の夏野菜に比べると種子から育てることが容易なので，種まきから始めるとプログラムの内容が充実します。

②生育・収穫期間が比較的短いので，時期をずらして種まきをすると畑全体で長期間楽しめます。

③キュウリは一気にたくさんとれるので，食べきれない場合があります。漬物にできる用意があれば，無駄なく違った味を楽しむことができ，高齢者の知恵も生かせます。

●対象者ができること，達成するための環境整備，支援者がしたほうがいいこと

①高さがあるので，レイズドベッドでの栽培には向きませんが，トマトと同じように支柱を工夫して斜めに伸びるようにすれば，レイズドベッドでの栽培も可能です。

②連作障害があるため，ニガウリなどのウリ科の野菜との連作は避けましょう。接ぎ木苗を使う対策も有効です。

③活動頻度が低い（1週間1回以下）場合，キュウリが大きくなり

第4章 農園芸活動の実際　147

すぎてどうしようもなくなります(147ページ図4-7)。その場合は向きません。　　　　　　　　　　　　　　　　　　　　　　　　　　(石神)

インゲンマメ・エダマメ

　インゲンマメは管理が容易で害虫にも強く，調理法もいろいろあって人気があります。トマトやナスと並ぶ夏の畑の常連です。エダマメは夏場の楽しみなおやつとなります。

●栽培の流れとポイント

　①**準備する材料・道具**：種子，種まき用ポット，種まき用培養土，元肥，クワ，ショベル，移植ゴテ(ツルありインゲンの場合は支柱，ネット，ヒモ)

　②**畑の準備**：乾燥を嫌うので，堆肥など有機質を多めに入れましょう。幅120cmで畝を立てます。プランター栽培の場合，夏場で土が乾きやすいことを考慮して，20*l*のプランターに2本を植え付けましょう。

　③**種まき・苗の準備**：4～6月に種子をまき，苗を準備します。直まきの場合は，株間20cm，条間30cmの2条植えにし，1か所に3粒まきます。移植栽培で苗をつくる場合は，9cmポットに3粒ずつまきます。ビニールハウスや温床マットなど保温できる場所があれば，4月ころから種子をまき，早めに栽培できます。

　④**肥料**：窒素肥料が多いと葉が多くなりすぎて実が入りません。栽培後半には肥料があまり効かないように，元肥だけにして追肥は与えなくてもよいでしょう。プランターの場合は元肥の基本量を2～3週間ごとに数回に分けて与えますが，後半は窒素成分の低い肥料を用いるとよいでしょう。

　⑤**植え付け**：移植栽培の場合，本葉が展開してきたらポット内で根が混み合わないうちに分けずにそのまま，直まきと同じ株間，条間で植え付けます。

　⑥**間引き**：本葉が1枚展開したら，直まき，移植栽培ともに1本を間引いて2本にします。

　⑦**中耕・土寄せ**：除草をかねて中耕しますが，同時に株が倒れないよう株元に土を寄せます。

難易度		やや易	比較的栽培しやすい。連作も可能
手間		やや易	ツルありなら支柱が必要
病害虫		普通	シロイチモジマダラメイガ，カメムシなど
品種，系統			インゲンマメ：ツルありとツルなしがある。プランターやレイズドベッドでの栽培ならツルなしのほうが育てやすい エダマメ：黒大豆，茶豆，従来品種など。プランター栽培も可
種まき			4月以降に種をまく。気温が低ければ保温する
苗の植え付け			5月以降に植え付ける
肥料	元肥		基本量
	追肥		なし，またはリン酸，カリ主体の肥料を少し
作業のポイント			種まき，植え付け，収穫，枝からさやを外す

⑧**収穫**：インゲンマメはしっかりと実が入った段階でさやを順次収穫します。エダマメの場合は豆が十分に膨らんできたころに，株元から一斉に収穫します。品種によって収穫までの期間は異なります。

⑨**注意が必要な病害虫**：エダマメはとくにさやに害虫がつきやすいので，開花期から着さや期にかけて防除します。

●**プログラムを進めるうえで気をつけること**

ツルありのインゲンでは支柱をしっかりした構造にして台風や大雨にも耐えられるように組むのは，力の弱い高齢者や障害者にとって難しいことです。トマトと同じように畑の両側に木や鉄パイプの杭を打って柱を立て，その間に針金を渡して，そのヒモから下に枝のようにまたヒモを結び，そこに誘引するとうまくいきます。

図 4-8　三尺ササゲ
インゲンマメの一種であるササゲは見た目にも面白い

●**活動時に盛り込むべき工夫，面白くするための試み**

①インゲンマメは種子から容易に育てられるので，種まきからスタートするとプログラムが充実します。

②コンスタントに長期間収穫が楽しめるので，葉やツルをかき分けてさやを探す収穫そのものが毎回のよいプログラムとなります。

③ツルなしインゲンより，ツルあり品種を植えたほうが作業量が多く，より多くのプログラムに発展します。

④三尺ササゲなどさやが長い品種のものなどを植えると，見た目にも面白く，収穫時の話題提供の材料にもなります（図4-8）。

⑤エダマメはもともと大豆品種を若どりしたものです。収穫適期を過ぎてしまったら，大豆として収穫し，味噌づくりのプログラムに利用してもよいでしょう。

●**対象者ができること，達成するための環境整備，支援者がしたほうがいいこと**

①ツルありのインゲンは高さがあるので，レイズドベッドでの栽培には向きませんが，支柱を工夫して斜めに伸びるように誘引すれば，レイズドベッドでの栽培も可能です。

②連作障害があるため，同じ場所には植えないように計画の段階で対象者にアドバイスします。　　　　　　　　　　　　　　（石神）

エンドウ・ソラマメ

エンドウやソラマメも収穫直後がいちばんおいしいので，栽培している人の特権を楽しみましょう。一度にとれすぎたら冷凍してグリーンピースとして使いましょう。

●**栽培の流れとポイント**

①**準備する材料・道具**：種子，元肥，追肥，クワ，ショベル，支柱，わら

②**畑の準備**：元肥を施してよく耕し，エンドウは150 cm，ソラマメは120 cmの畝幅で畝を立てます。また，低温対策が容易に行なえるよう，あらかじめ誘引のための支柱を立てておき，わらなどを掛けて霜よけをします。

③**種まき**：一般的には数粒ずつ畑に直まきします。エンドウは株間

難易度			やや易	栽培しやすい。連作はできない	
手間			やや易	栽培所要期間	7か月
病害虫			普通	うどんこ病，ナモグリバエなど	
品種，系統			エンドウ：サヤエンドウ，実エンドウ，スナップなど。プランター栽培も可		
			ソラマメ：一寸など		
種まき			エンドウ：10～11月　ソラマメ：10月中旬まで		
肥料	元肥		基本量より少なめ		
	追肥		元肥よりやや少ない量を月に1回ずつ		
作業のポイント			種まき，植え付け，支柱立て，防寒のわらかけ，収穫		

20cm，ソラマメは株間50cmでそれぞれ1条植えとします。苗をつくる場合には9cmポットに数粒種まきします。苗は本葉が3～4枚のころにもっとも寒さに強くなります。あまり早まきすると大きくなりすぎて寒さで枯れてしまいます。

④**植え付けのポイント**：ポット苗もできるだけ早く定植します。数本生えた苗は間引かずにそのまま，直まきと同じ株間で植え付けます。

⑤**肥料**：夏のマメに対し，秋にまくマメは栽培，収穫の期間が長いので，元肥はあまり多くせず，追肥を月1回ずつ施して肥料切れを防ぎます。

⑥**収穫**：エンドウはさやがしっかりと太れば収穫します。どんどん収穫すれば長く収穫できますが，とり忘れるとあっという間に味が落ち，株も弱ります。ソラマメはさやが下向きになり，色が濃くなるのが収穫の目印です。

⑦**注意が必要な病害虫**：エンドウはナモグリバエやうどんこ病の被害にあうことが多く，株も弱ります。早めに農薬を散布するか，目の細かな防虫ネットを使って虫の進入を防ぎます。

●**プログラムを進めるうえで気をつけること**

エンドウは十分に実が膨らんだものと膨らんでいないものの見分けや，葉と実の色の見分けが少し難しく，取り残しや若どりが多く出ます。支援者がチェックしてアドバイスしましょう。

手でちぎって収穫することが多い品目ですが，乱暴に引っぱって，株ごとだめにしてしまうことがあります。ていねいに取り方をアドバイスしましょう。

●**活動時に盛り込むべき工夫，面白くするための試み**

さやをむいて実を取り出す作業はやりがいのある手仕事になり，屋内やテーブルに座ってできる作業です。対象者が自宅などにおみやげにする場合には便利なので，とても喜ばれます。

●**対象者ができること，達成するための環境整備，支援者がしたほうがいいこと**

支柱立ては支援者を中心に行ないますが，霜よけのわらかけは対象者が中心になって実施しましょう。

(豊原)

(3) 葉っぱや花を収穫する野菜——葉菜類

> ハクサイ,キャベツ・ブロッコリー・カリフラワー,菜の花など

「育ててみたい」と希望の出る野菜の代表ですが,無農薬有機栽培で栽培するのは非常に難しい品目です。病虫害対策を万全にして育てましょう。

●栽培の流れとポイント

①**準備する材料・道具**:種子,種まき用箱かセルトレイ,種まき用培養土,寒冷紗,元肥,追肥,クワ,ショベル,移植ゴテ

②**苗の準備**:効率のよい栽培をするためには,直まきせず,箱やセルトレイに種子をまいて1か月程度育苗します。高温期の種まき・育苗は,寒冷紗などで少し遮光して涼しく保ちます。また,水を与えすぎると立枯れが発生することがあるので,育苗中は地面から浮かせて通気よく管理しましょう。

③**畑の準備**:あらかじめ苦土石灰と堆肥をまいておき,よく耕します。苗を植え付ける1週間ほど前に,化成肥料か有機質肥料を入れて,よく耕してから幅120cmに畝を立てます。

④**植え付け**:苗キャベツ,ブロッコリー,カリフラワーなら条間50cm,株間40cmの2条植えで植え付けます。ハクサイはもう少し広げます。

⑤**追肥**:植え付け後1か月,2か月目に,株元に施します。

⑥**収穫**:キャベツなら結球部分に艶があり,押してもかたいものを選びます。ハクサイも同様に,結球部分がしっかりしまっていると収穫時期です。早どりのキャベツは,ほうっておくと割れてしまいます。ブロッコリー,カリフラワーは頂花の花らい(まだ花が咲いていないつぼみの状態)が大きくなれば適宜収穫しますが,収穫が遅れると品質が低下します。

⑦**病害虫**:気温が高い時期にはアオムシやガの幼虫が多くつきます。

難易度	やや易	秋は栽培しやすい。連作もできる	
手間	やや易	栽培所要期間	4〜5か月
病害虫	普通	アオムシ,ヨトウムシ,コナガ,軟腐病,根こぶ病など	
品種,系統		ハクサイ:結球型に加え,漬物用の非結球型や1kg以下の小型品種も キャベツ:気象条件や収穫時期に合わせ,多くの品種から選択する ブロッコリー:大きな頂花を収穫する品種と,分枝させて小さめの茎を収穫する品種がある カリフラワー:白のほか,オレンジや紫色の品種もある	
種まき		ハクサイ:8月中旬〜9月中旬まきでは,10月下旬から年明け収穫 キャベツ・ブロッコリー・カリフラワー:盛夏の種まきで,収穫は品種によって11〜2月ころまで	
植え付け		種まきから1か月後	
肥料	元肥	基本量よりやや多め	
	追肥	元肥の半分量を植え付け1か月後,2か月後に施肥	
作業のポイント		種まき,植え付け,虫取り,収穫	

10月ころまではしっかり防除しましょう。また，防虫ネットを掛けて栽培すると，虫が防げると同時に保温効果もあるので，栽培が少し遅れ気味なときには最適です。

● プログラムを進めるうえで気をつけること

ハクサイやキャベツの仲間は虫がつきやすく，ほうっておくとすぐにボロボロにされてしまい，栽培する意欲がそがれます。アオムシやヨトウムシの小さな食害をみつけたらすぐに探してとってしまいましょう。毎日観察を続け，ヨトウムシなら卵塊のうちにみつけてとってしまいます。虫をさわることが平気な人なら，とてもよいプログラムになります。

● 活動時に盛り込むべき工夫，面白くするための試み

害虫や鳥との闘いの末に，大きなものが収穫できたときの喜びは大きいものです。ハクサイは鍋，キャベツはお好み焼きなど，多くの人と喜びを分かち合える工夫をして楽しみましょう。

● 対象者ができること，達成するための環境整備，支援者がしたほうがいいこと

害虫対策が重要です。虫の観察や防虫ネットをきっちりと設置するサポートを行なう必要があります。　　　　　　　　　　　　　　（石神）

葉菜類を利用したプログラムの展開

虫さがし

観察時期	随時
必要な道具	虫メガネ，はし，虫を入れる容器，病害虫図鑑など

病害虫を観察するプログラムを組めば，いやな病害虫による被害も楽しい活動の場となります。生育のわるい植物や穴の開いた葉があれば，虫や病気が近くに潜んでいます。ときどき葉の裏や新芽のあたりで虫を探し，虫メガネで害虫のチェックをするプログラムを組み入れましょう。

● 作業の進め方

①色が抜けたりカビが生えたりした葉や，新しい食害のある葉をみつけます。

②葉の裏を中心に虫や病斑を探します。

③虫や病斑の形を確認し，虫メガネで観察します。

④病害虫図鑑などと照らし合わせて，その虫が何であるのかを調べます。

⑤大きな虫は，手やはしを使って捕獲します。

⑥周辺の虫探しもしましょう。天敵や親がみかけられます。

⑦アブラムシやハダニがついていた場合は，少なければティッシュペーパーで拭き取るなどして処置

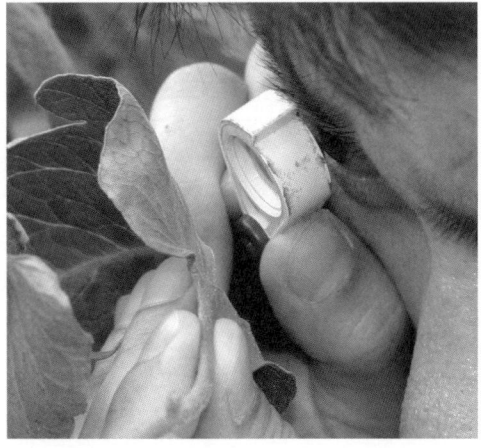

図4-9　虫メガネで観察　　　（田中寛氏提供）
小さな虫の観察は子どもたちにとって，とてもよいプログラムになる。虫メガネを目に接触するほど近づけるのがコツ。

しましょう。多い場合には農薬の散布を検討します。

● **虫メガネの正しい使い方**

虫メガネの正しい使い方は、眼にくっつくほど近づけることです（図4-9、目から離して使うやり方は間違いです）。そのほうが視野も広がり、細かいところもよくみえます（うどんこ病なら、カビの菌糸もみえます）。図4-9は専門家用のルーペですが、ふつうは8～10倍の倍率で、レンズ径が3cmくらいのものが使いやすいでしょう。虫やカビも私たち生きものの仲間です。彼らのサイズは私たちの1/100～1/10,000なので、虫メガネは彼らと仲よくなるための必需品です。

● **プログラムを進めるうえで気をつけること**

①虫の処分は踏みつぶせばすむことですが、人によっては残酷であると感じる場合もあります。対象者の反応に気遣いながら処分の方法を考えましょう。

②農業経験のある人や子どもたちは比較的積極的に取り組むことのできるプログラムですが、虫が嫌いな人には難しい内容です。強制せずに進めましょう。またドクガやムカデ、ハチなどさわってはいけない虫についてあらかじめ指導しましょう。

（豊原）

軟弱野菜

● **コマツナ・チンゲンサイ（青梗菜）・ミズナなど**

難易度		やや易	栽培しやすい。連作もできる	
手間		やや易	栽培所要期間	1～2か月
病害虫		普通	アオムシ、ヨトウムシ、コナガ、根こぶ病、白さび病	
品種、系統			株張りや、種まき時期の違いにより品種が分かれる	
種まき			厳寒期を除き、トンネルがあれば周年栽培が可能で、コマツナ、チンゲンサイとも、セルトレイ育苗での移植栽培および直まき栽培のどちらでも栽培できる	
肥料	元肥	基本量		
	追肥	栽培期間が長くなれば元肥の3分の1量ずつ、種まき1か月後、2か月後に施肥		
作業のポイント		種まき、植え付け、間引き、収穫		

● **ホウレンソウ・シュンギク・レタスなど**

難易度		やや易	コマツナなどよりはやや栽培しにくいが、害虫は少なめ	
手間		やや易	栽培所要期間	2～3か月
病害虫		普通	ヨトウムシ、アザミウマ、アブラムシ、苗立枯れ病など	
品種、系統			品種数は多く、秋まき、冬まき、春まきに適した品種がある	
種まき			秋まきは9～10月、春まきは3月ころ	
肥料	元肥	基本量		
	追肥	元肥の4分の1量を種まき3週間後に施肥		
作業のポイント		種まき、植え付け、間引き、収穫		

味噌汁の具や、ちょっと一品など、ちょこちょこと使い道があるこれらの軟弱野菜は、つねにつくっておくと利用価値が高く、とくに冬

場の収穫できるものが少ないときには貴重な野菜となります。
●栽培の流れとポイント
　①準備する材料・道具：種子，元肥，追肥，クワ，ショベル，移植ゴテ
　②畑の準備：直まきする場合，発芽率を高めるためにできるだけ細かく土を砕きます。元肥は基本量を施しますが，堆肥を少し多め（2～3kg）に施し，幅90cmで畝を立てます。
　③種まき：直まきの場合は条間30cmで2～3条のすじまきにするか，株間5～10cmで2～3条の点まきにします。また，栽培面積が小さいなら，ばらまきにして，順次間引き収穫してもよいでしょう。セルトレイにまく場合，苗の数が多く必要なため，400穴くらいの小さめのものを使うと効率的です。ホウレンソウやシュンギクは発芽しにくいことがあるため，種子を水につけるなどして発芽を促します。
　④植え付け：育苗してから植え付ける場合，収穫する株の大きさに合わせて株間を5～10cmにして2～3条植えとします。
　⑤追肥：元肥は30日ほど効果があるため，栽培期間が長い品目は種まきから3週間程度経過した後に追肥します。
　⑥間引き：直まきでは，最終的に株間5～10cmで1本立ちになるように間引きが必要です。間引き菜も食用に利用できます。
　⑦収穫：お店で売られているような大きさになったら収穫しますが，肥料や気候の加減で生育が遅れることがあります。長期栽培するとトウが立つことがありますので，それまでに収穫しましょう。
　⑧注意が必要な病害虫：アブラナ科の軟弱野菜はとくに食害の多い品目で，生育初期から適切な防除が必要です。防虫ネットや寒冷紗で覆うか，薬剤で適切に防除します。
●プログラムを進めるうえで気をつけること
　農薬の利用を控えたい場合には，虫が発生したら早めに収穫を終えてしまいます。残しておくと虫が成長して食害が広がり，いやな思いをすることがあります。
●活動時に盛り込むべき工夫，面白くするための試み
　生長が早く，比較的短期間で収穫まで到達するこれらの野菜は，新たに活動を始める対象者と最初に育てるのに向いています。はじめに，これらのつくりやすく早くできる野菜で自分でつくる楽しみや収穫の楽しみを体験していただいてから，次のステップへ進むとスムーズです。
●対象者ができること，達成するための環境整備，支援者がしたほうがいいこと
　①害虫対策が重要となるので，寒冷紗をきっちりと設置する支援を行なう必要があります
　②直まきでは，種子をまきすぎる傾向があるので，支援者がしっかりとまき方を伝える必要があります。
　③間引き菜は，とてもおいしく高齢者にとっては懐かしいものなの

で，ていねいにとって料理に使うとよいでしょう。

④年間スケジュールで畑が少し空いてしまうときなどに，これらの野菜を植えると効率よく畑を活用することができます。

⑤土を落とさないうちに収穫物を重ねてしまうと，葉の中に土が入り込んで洗う手間が何倍にもなり大変です。土はできるだけ収穫時に落とし，根の向きを揃えて葉に土がかからないようにアドバイスしましょう。高齢者との活動ではあまりないことですが，農業経験者の少ない若い対象者と支援者との取り組みでよくみられます。　　（石神）

軟弱野菜を利用したプログラムの展開

結束・袋詰め

活動時期	真冬，真夏を避けて随時
必要な道具	ハサミ，ナイフ，結束ヒモ，包装用の袋

収穫したものをより分けたり，傷んだ葉を取り除いたりして調製し，販売されているようにていねいに結束する作業は，高齢者にやりがいのある手仕事として取り組んでもらえます。収穫物が多い場合に，ていねいに結束して家族や近所の人におみやげにすれば喜ばれます。また，授産で取り組んでいる場合，きれいに整えられた束を袋に入れれば，見栄えがよく，対象者の満足感が得られるうえ，商品性が高まります。

●プログラムを進めるうえで気をつけること

調製作業中にはナイフやハサミを使うことがありますので，けがをしないように取り扱いに注意を促しましょう。ナイフやハサミでの作業が難しい人には手でのより分け作業を，複雑な作業が困難な人には野菜の結束，あるいは結束した野菜を袋に詰める作業をしてもらいましょう。

ミニ根菜類と軟弱野菜を使った収穫クイズ

活動時期	真冬，真夏を避けて随時
必要な道具	ハツカダイコン（赤），小カブ，ミニダイコン，コマツナ，ホウレンソウ，シュンギクなどの種子

さまざまな植物の違いを見分ける学習に，ゲーム感覚で取り組むことができます。植物の特徴を葉の色や形で見分け，地下部から出てくる根っこの違いで正解を出します。植物を見分ける能力がつけば，草取りや間引きなどさまざまな技術の取得にもつながります。

●作業の進め方

①種子の準備：上表の種子を準備します。

②種まき：種子をミックスしてすじまき，またはばらまきで，2～3cm間隔となるようにできるだけ均質にまいて育てます。

③収穫クイズ：収穫は種まきから約1～2か月後で，収穫時期がそ

れぞれ違います。それぞれの収穫時期に，収穫する株のサンプルをみせて，それぞれの地上部の姿をみて引き抜いて野菜の種類を当てていきます。

●クイズの進め方
　①地上部だけをみて，指定された植物と同じものを引けば正解です。
　②正解した数を競って，多い人から好きな収穫物を選ぶなど，ゲーム感覚で取り組みます。
　③一人ひとりの理解力に応じて，葉の形など特徴の違いを細かく説明しましょう。

●プログラムを進めるうえで気をつけること
　①乱雑にたくさんの種子をまいてしまうと，発芽後の苗の見分けがつきにくくなります。種まきはできるだけていねいに進めましょう。
　②根菜類の株元は地上部に顔を出しています。対象者の能力に応じて，土寄せをして株元を隠します。
　　　　　　　　　　　　　　　　　　　　　　　　　　　　　（豊原）

3　花の栽培・利用プログラム

　花は食べることができないのでつくっても仕方がないという人がいます。しかし，花があると季節の移り変わりが印象づけやすく，空間の美しさをつくり出すこともできます。また，花摘みは多くの人にとって気持ちを高める楽しい活動となります。

(1) 花の栽培

キク（輪ギク・小ギク・大ギク）

　昔から庭先で仏花として育てられた小ギクや，生け花に向く輪ギクづくり，秋に見事な花を咲かせる大ギクづくりなど，高齢者のなかにはキクづくりの経験をもっておられる方が結構多くいます。継続的に手間がかかる難しい品目ですが，その分きれいに咲いたときの喜びは大きい品目です。

●栽培の流れとポイント
　①準備する材料・道具：キクの苗，挿し芽の用土，元肥，追肥，ク

難易度		普通	切り花や鉢づくりにするためには摘心や花芽取りなどの技術が必要
手間		やや難	栽培所要期間　4～5か月
病害虫		普通	アブラムシ，ヨトウムシ，アザミウマなど
品種，系統			輪ギク，小ギク，スプレーギクなど。春から冬まで開花時期の違うさまざまな品種がある。温度変化と日の長さによって開花時期が決まるので，品種ごとに栽培時期は異なるが，作業はほとんど同じ
苗の準備			ふつうは親株からの挿し芽で繁殖
肥料	元肥		野菜の基本量と同じ（⇨p.33）。大ギクでは専用の肥料が販売されている
	追肥		元肥の半分量を植え付け1か月後，2か月後に施す
作業のポイント			苗の挿し芽，植え付け，フラワーネットの設置，摘心，花芽取り，花摘み（収穫）

図4-10 キクの挿し芽
キクの挿し芽は，手で簡単に折れるところを使い，バーミキュライトなど保水性と通気性を兼ねそなえた土に挿す

ワ，ショベル，移植ゴテ，植木鉢（5号，9号），鉢底石，ポリフィルム，キク用支柱，結束用針金，フラワーネット

②苗の準備：キクはおもに挿し芽繁殖で苗をつくり，畑や鉢に植え付けて育てます。販売されている苗や切り花の多くは，個人として栽培を楽しむ以外には勝手に増殖してはいけない決まりがあります。もし販売目的の生産ならば，生産者がもっている地域に昔からある苗のなかには自由に増やしてよいものがあるので，一度相談してみましょう。

③**挿し芽**（図4-10）：前年度に花を楽しんだ株から，冬の間に出てくる冬至芽を使って株分けします。株分けした苗は春先から盛んに生長を始めますが，このときに，先端の芽を摘んで分枝させ，さらに脇から出てきた芽の先端も摘んで，多くの芽を吹かせて挿し芽を確保します。芽が伸びてきたら，芽の先から5～7cmぐらいの，手で簡単に折れるところで折って採取します。親株がうまく育っていれば，1株から100芽ぐらい採集できます。

集めた芽はバーミキュライトや鹿沼土など，通気性がよく，保水性もあって雑菌の少ない土に2cmほど埋まるように挿します。葉が多すぎるとしおれますので，上の3～4枚を残してそれ以外の葉をとります。挿し芽は3cm間隔ぐらいでびっしりと挿します。はじめは日陰において1日数回水を与えますが，しおれが少なくなってきたら，乾く寸前まで水を少なくして発根を促します。

④**畑の準備**：畑に定植する場合は元肥を施し，耕うんします。キクは土の通気性がよいほうが生育がよく，病気などにも強くなりますので，深めに耕うんしましょう。幅100cmに畝を立てます。

⑤**植え付け**：発根した苗はできるだけ早く植え付けます。1本で仕立てる場合は株間5cm，条間30cmの2条植えで密に植え付けます。植え付け後に摘心して3本で仕立てる場合には，株間15cmで植え付けます。植え付け時にポリマルチをすると，雑草や泥はねによる病気が減少し，栽培管理が簡単です。夏までに咲くものや秋に植え付けるものは黒のマルチを使い，真夏に栽培する場合には白やシルバーのマルチを使うと，地温がコントロールできます。

鉢栽培の場合は，はじめは小さめの鉢に植え付けますが，順次鉢を大きくして鉢上げを繰り返し行ない，生長を促します。

⑥**追肥**：植え付け後1か月ごとに元肥の半量を施します。マルチングしていると追肥しにくくなるので，元肥に肥効調節型肥料を使って追肥の手間を除きます。

肥効調節型肥料⇒p.32

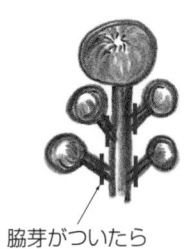

⑦摘心：1株から3本の花を切る場合や，大ギクづくりでは摘心を行ないます。苗が活着して本葉が展開し始めたら，先端の生長点とそのまわりの葉をできるだけ小さく摘みます。

⑧支柱，フラワーネット：芽が伸び始めたら，支柱やフラワーネットで株が倒れないように支えます。この作業が遅れると，茎が曲がって品質が低下してしまいます。また，開花時期の遅い品種を早くから植え付けると，伸びすぎて管理しにくくなります。

⑨花芽取り：輪ギク（大ギクを含む）のタイプは花を一つにするために，次々と下に出てくる花芽をこまめに摘む必要があります（図4-11）。

⑩栽培管理上の注意：近くに街灯があると秋に咲くキクは開花しなくなるため，栽培できないか，遮光する必要があります。

⑪収穫：つぼみが膨らみ，花色がみえたところで収穫します。小ギクの場合，一部の花が咲いたら収穫します。

⑫注意が必要な病害虫：アブラムシ，ヨトウムシ，アザミウマなど多くの害虫がつきます。高品質な切り花や鉢花には薬剤散布が欠かせませんが，薬剤散布をできるだけ控えたい条件では，やはり防虫ネットを利用するとよいでしょう。

（豊原）

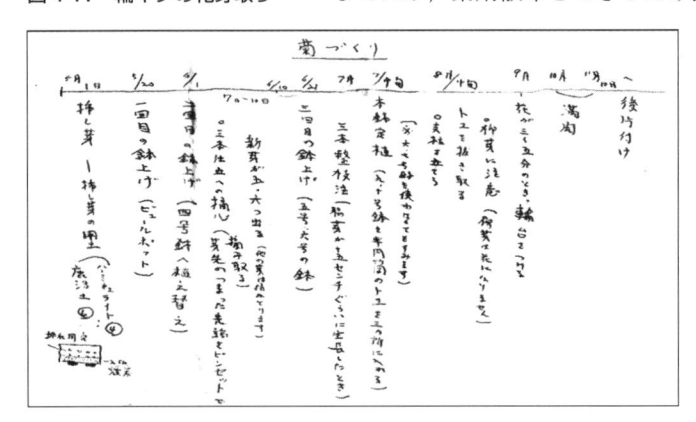

脇芽がついたら取り除く

↓

頂花一輪を大きく発達させる

図4-11　輪ギクの花芽取り

図4-12　対象者が思い出しながらつくった工程表

図4-13　大ギクの菊花展
　秋に咲き誇る大ギクは苦労したかいのある大作となる

●プログラムを進めるうえで気をつけること

　キクづくりはさまざまな細かい作業工程を踏んでいかなければなりません。たくさんの作業をともないますが，できるだけ自分でできる仕組をつくることが支援者の役割です。具体的には，工程表をつくってみえるところに貼っておく，道具や液肥などキクづくりに使用するものをわかりやすく自分でとれるところに置いておく，などです。できるだけ自分でやってもらうことで，花が咲いたときの達成の喜びが大きくなります（図4-12）。

●活動時に盛り込むべき工夫，面白くするための試み

　開花時期に合わせて菊花展を開きます。大げさにやる必要はありませんが，近所の住民によくみえるところに飾る，展示用の台を簡単な大工作業でつくってその上に飾る，菊花展のポスターをつくって近隣の住民をお誘いする，などキクを通したふれあいができる機会にします（図4-13）。

●対象者ができること，達成するための環境整備，支援者がしたほうがいいこと

①キクづくりでは，手入れをする回数は多いほどよいのですが，福祉現場では手をかけられないのが現実です。それでも，週1回でも手入れを続けていれば，キクはそれなりにきれいに咲きます。支援者としては，花の出来不出来にはこだわらないほうが活動はうまくいきます。

②必要なときには専門的なアドバイスを受けられる人とのネットワークをつくっておくことが大切です。本格的に取り組むときには，地域の菊花会などで活躍している人にアドバイスをお願いしてもよいでしょう。　　　　　　　　　　　　　　　　　　　　　　　　　（石神）

ヒマワリ・コスモス・菜の花

大規模な面積を花畑に変えることのできる景観形成品目ですが，少しの面積でも楽しめます。季節感があり，切り花に利用できます。

●栽培の流れとポイント

①準備する材料・道具：種子，セルトレイ，種まき用の土，元肥，追肥，クワ，ショベル，移植ゴテ

②苗の準備：直まきで栽培もできますが，多くの種子が必要となります。大きめのセルトレイを使って苗を育てると，種子の量は3分の1ほどですみます。3種とも20〜25℃前後の温度で発芽します。土は選びません。

③畑の準備：元肥を施し，土を耕します。種子を直にまく場合にはできるだけ細かく土を砕きます。幅90cmの畝をつくります。

④種まき：ヒマワリやコスモスは6〜7月にかけて種子をまくことが多いようですが，ヒマワリは4月中旬にまくと6月末ごろから開花します。このころのヒマワリは花色が鮮やかでとてもきれいです。また，コスモスは9月10日前後にまくと10月下旬以降に楽しむことができます。遅めにまいたコスモスは，下葉の枯れ上がりが少なく，低

難易度	易	栽培しやすい	
手間	易	栽培所要期間	2〜5か月
病害虫	やや易	アオムシ，ヨトウムシ，コナガ，軟腐病など	
品種，系統		ヒマワリ：ロシア，サンリッチなどの高性品種と，ビッグスマイルなどのわい性品種がある コスモス：代表的なセンセーションのほか，変わり花のシーシェル，黄花系，ソナタなどのわい性品種がある 菜の花：開花時期や用途の異なる品種がある	
種まき		ヒマワリ：霜が降りなくなってから8月下旬まで コスモス：霜が降りなくなってから9月中旬まで 菜の花：9月下旬	
肥料	元肥	野菜の基本量よりも少なめ	
	追肥	とくに必要ない。栽培期間が長いときには途中1回元肥の半量を施肥	
作業のポイント		種まき，植え付け，収穫	

く揃った状態で花を咲かせるので見事です。菜の花は開花時期が遅れると，生長できずに翌年に小さな株で開花します。

条間25cmの2条植えとし，コスモス，菜の花なら3cm間隔，ヒマワリなら10cm間隔で点まきにします。

⑤**肥料**：吸肥力が強いので，元肥は少なめにします。化成肥料なら1㎡当たり50g程度を施せばよいでしょう。追肥は必要ありません。

⑥**植え付け**：苗をつくった場合，条間25cmの2条植えで，ヒマワリは株間20cm，コスモス，菜の花は株間10cmで植え付けます。

⑦**栽培管理上の注意**：長らく雨が降らない場合には水を与えましょう。コスモスの場合，真夏の栽培では乾燥が原因で花がつかないことがあります。

⑧**収穫**：種子をつけると株が老化しますので，花が咲いたら順次切り花にして楽しみましょう。ヒマワリや菜の花は，食用油やバイオディーゼルを採取するためにも栽培されます。この場合は種子がしっかりと熟するよう，株全体が枯れるまで置いておきます。

⑨**注意が必要な病害虫**：いろいろな病気や害虫が発生しますが，比較的強く，全滅するような被害はあまりありません。コスモスはウドンコ病が発生すると，遠くから見ためには問題ありませんが，品質が低下して花摘みが実施できないことがあります。

●**プログラムを進めるうえで気をつけること**

①コスモスやヒマワリは観賞期間が短いので，1月ごとに場所を変えて種子をまけば長らく楽しむことができます。

②大きなヒマワリは見ために楽しいですが，対象者自身が切り花を楽しむのに向かないだけでなく，株の処分が大変です。一部を大きく育て，残りは切り花を楽しめるように密植するか肥料を与えずに育てましょう。

●**活動時に盛り込むべき工夫，面白くするための試み**

菜の花は食用にもできます。花茎が伸びてきたら，つぼみのうちに手で折って収穫して，天ぷらやおひたしにしていただきましょう。

●**対象者ができること，達成するための環境整備，支援者がしたほうがいいこと**

①比較的種子が大きく発芽しやすいので，できるだけ対象者にまいていただきましょう。

②条件のわるい土地でも比較的容易に花が咲きます。畑に限らず，空いたスペースに植えて楽しみましょう。草丈が高くなるので，レイズドベッドでの栽培には向きません。レイズドベッドでは小型品種を選んで利用しましょう。

（豊原）

花壇苗（パンジー・ペチュニアなど）

栽培方法が決まっていて屋内でもできる作業が多く，取り組みやすい品目です。花壇苗は授産品としてもたくさんの施設で取り組んでいます。また，更生施設や高齢者施設でも施設の交流イベントなどで販

売するとよく売れるので，コミュニケーションづくりや対象者のやりがいを高めるうえでも有用な素材です。

●栽培の流れとポイント

①**準備する材料・道具**：種子，セルトレイ，種まき専用土，元肥，追肥，9cmポット，人工培養土，移植ゴテ

②**種まき**：花壇苗は種まきから始めます。種子の大きさに合わせて128穴，200穴，406穴のセルトレイを選びます。土は種まき専用土を用います。種子をまいた後，表面に覆土を行ないますが，少ないと乾きやすく，多すぎると発芽しません。種子の大きさ（厚み）の2倍程度の厚さの覆土をします。覆土は軽いと夏場は根が浮いてしまうので，重めの土のほうがしっかりと根を下ろします。

③**育苗**：種子が小さいものが多いので，優しく細かなシャワーでかん水します。また，発芽が揃えば，週1回1,000倍にした液肥をかん水代わりに与えます。育苗期間はほとんどが1か月程度です。

④**植え付け**：ポットに植え付けるのが一般的です。9cm径のポリポットを準備します。土はそれぞれの地域で異なりますが，ここでは人工培養土を中心とした配合を紹介します。ピートモス4lに対し，まさ土や山砂など重さのある土3l，パーライト2l，バーミキュライト1l，苦土石灰15g（ピートモスが酸度調整ずみでない場合のみ）を混ぜ合わせます。9cmポット1つ当たりの土の量は250〜300mlです。

中央に1.5cm程度の穴を指で開け，そこに苗をそっと入れます。

⑤**肥料**：肥効調節型の肥料を土壌に混和して用います。肥料の効く長さは栽培期間に合わせて選び，追肥は残りの栽培期間によって液肥や同じ肥効調節型肥料などを使い分けます。

⑥**収穫**：第1花が咲いたら完成です。長く置くとポットの中で根がまいて，花壇に植え替え後の活着，生育がわるくなります。

⑦**利用**：花壇に植え付けたり，寄せ植えで使ったりします。植え付けのコツは，根がまいているときには少し根を崩して植える，苗と植え付け先の土表面の高さを合わせることです。

●花壇苗生産に用いる培養土の紹介

花壇苗用土は人工培養土を用いることも多いため，その特徴につい

難易度		やや易	栽培しやすいが，日常管理があるため手間はかかる
手間		やや難	栽培所要期間　3〜5か月
病害虫		やや易	アブラムシ，ハダニ，灰色かび病など
品種，系統			パンジー：ビオラなどの小輪系から5cmをこえる大輪系まで ペチュニア：2cm程度の小輪系から8cm程度の大輪系まで
種まき			セルトレイを使用。春作品目なら3月下旬に種子をまいて保温，秋作品目なら8月下旬に種子をまいて涼しく管理
肥料	元肥		100日タイプの肥効調節型肥料（⇨p.32）を使う。用土1lあたり2gが基本
	追肥		生長の様子をみながら液肥で追肥をするか，栽培期間が長ければ元肥の半量の肥効調節型肥料を2か月後に施す
作業のポイント			種まき，苗の植え付け，毎日の水やり，利用

第4章　農園芸活動の実際　161

て紹介します。パーライトはp.26で紹介しています。

ピートモス：コケが堆積して炭化し、繊維だけになったもの。軽量で保水性が高く、品質が安定していて比較的安価なため、花壇苗生産では中心的な資材として用いられている。酸性が強いため、「調整ずみ」と表示されていないピートモスを使うときには、苦土石灰などで調整しなければならない。アルカリ性の強い土壌では、反対に中性にするために用いることがある。

バーミキュライト：ヒル石を高温で層状化したもの。無菌。軽量で保水性が高く、種まき後の覆土に用いると発芽が揃う。挿し芽の発根培地にも用いる。

鹿沼土：軽石質の火山性砂礫(されき)が風化した黄色い土。通気性、保水性がよい。酸性が強いので、栽培用土として使う場合は苦土石灰などと混ぜる。また、挿し芽の用土として用いるほか、酸性土壌を好むサツキの鉢植えに用いる。

赤玉土：粘土質の火山灰土をふるい分けしたもの。通気性、保水性がよく、重みがあるので、基本用土として用いる。

このほか、地域によって異なりますが、まさ土（花崗岩(かこうがん)が風化したもの。関西では基盤土壌として用いられることが多い）や黒ボク土（関東で畑作の基盤的な土壌となっている）、山砂、川砂などを基本の土壌として用います。

花壇苗栽培でのプログラムの展開

移植作業

活動時期	随時
必要な道具	セル成型苗、ピンセット、9cmポット、栽培用土、土入れ、育苗トレイ(24穴)、肥効調節型肥料

このプログラムは、セル成型苗を利用し、ポットに苗を植え付けていく作業を中心に進めます。花壇苗の他、野菜苗や切り花苗、キクの苗栽培にも応用できます。栽培用の容器類や手順がシステム化されており、作業工程が明確なため、子どもから高齢者、さまざまな障害のある人が取り組むことができます。お店に並ぶ花壇苗と同じものがつくれるので、販売やプレゼントなど利用方法も広がります。

●作業の進め方

①育苗トレイにポットを詰めます。

②ポットに土を入れます。

③指で土に穴を開けます。　　　　　　④苗をピンセットで抜くか，手で引き抜きます。

⑤手で穴に苗を入れて植え付けます。　⑥植え替え終了

図4-14　花壇苗の完成品（パンジー）

⑦肥料が土に混和されていないときには，緩効性化成肥料100日タイプをひとつまみずつ各ポットに入れます。このとき，まだ小さな植物の苗に直接肥料が当たるように置くと枯れる原因になるので，植物から1cm以上離して置きましょう。

⑧1～2か月で花壇苗（図4-14）が完成します。

●**活動時に盛り込むべき工夫，面白くするための試み**

　一人でさまざまな工程に取り組む方法と，土を入れる，穴を開けるといった工程ごとに担当者を決める方法があります。高齢者の場合，作業の達成感を高めるためにもひととおり自分で取り組むほうがよいでしょう。一方，複雑に作業を変えるよりも，同じ作業をコツコツ繰り返すことでペースをつかむことのできる対象者が多い場合には，一人一工程の流れ作業に取り組みます。

●**対象者ができること，達成するための環境整備，支援者がしたほうがいいこと**

　ポットに入れる土の量を一定にすること，苗を深く植えないこと，肥料を均等に与えることなど，決まりのある条件については，対象者

第4章　農園芸活動の実際

に現物をみせながら説明するとわかりやすくなります。このプログラム紹介では，工程が視覚で理解できるよう写真を使った情報提供をしています。決まり事の多い作業は，このように写真や絵を用いて情報提供すると理解が得やすくなります。

(豊原)

球根類

栽培の失敗が少なく，簡単な管理で見事な花を咲かせます。

●栽培の流れとポイント

①**準備する材料・道具**：球根，元肥，追肥，クワ，ショベル，移植ゴテ

②**畑，プランターなどの準備**：カラーなど湿地性の品目を除いて，畝を高くして排水性を高めると球根の腐敗が少なくなります。プランターは深めのものがよいでしょう。

③**植え付け**：腐敗した球根や傷の多い球根は植え付け後に腐る可能性があるので，他の球根とは一緒に植えません。球根は球の大きさの2倍の深さに植え付けます。鉢植え栽培の場合は，できるだけ浅く植えて根の伸びるスペースを確保します（図4-15）が，ユリのように上根が出る植物は鉢でも深く植えます。

④**栽培管理**：秋植え球根は必ず低温に当てる必要があります。暖かいところで栽培すると，花茎（花のつく茎）が伸びなかったり，花が咲かなかったりします。低温期には芽よりも根が伸びます。このときに土を完全に乾かしてしまうと根の発達がわるくなります。

⑤**収穫**：切り花にするのであれば，寒い間ならある程度花弁が広がってから収穫しますが，気温が高いとあっという間に咲いてしまうので，花弁の色がみえたら収穫します。翌年にも球根を使う場合は，葉を数枚残して花を切り，光合成が終わるぎりぎりまで葉を茂らせておきます。

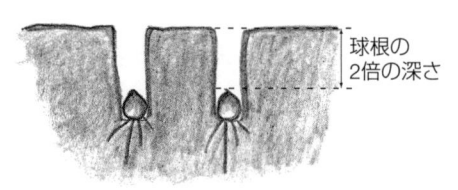

鉢植えなら浅く植える　　地植えなら深く植える（球根の2倍の深さ）

図4-15　球根の植え付け方

難易度	易	栽培しやすい	
手間	易	栽培所要期間	4～5か月
病害虫	やや易	ネダニ，青カビなどによる球根腐敗，アブラムシなど	
品目		春植え球根：グラジオラス，ダリア，カンナ，カラーなど 秋植え球根：チューリップ，フリージア，ユリ，スイセン，アリウム，ムスカリ，ヒヤシンス，リアトリス，ラナンキュラス，アネモネ，クロッカスなど	
植え付け		春：霜が降りなくなってから　秋：10月ころから植え付ける	
肥料	元肥	野菜の基本量と同じ。肥効調節型肥料（⇒p.32）のほうがよい	
	追肥	葉が盛んに伸長してきたら元肥の3分の1程度を施肥	
作業のポイント		球根の植え付け，収穫	

⑥球根保存の方法：多くの球根は日陰の雨のかからない風通しのよい場所に置きます。ユリのように乾燥させすぎると球根が枯れるものは，土の中やわずかに湿ったおがくずやバーミキュライトに入れて貯蔵します。

⑦きれいな花を咲かせるためには：きれいな花，大きな花は，球根の大きさと植え付け後の施肥管理，水管理に関係します。植え付け後に葉がしっかり生長すると，花も大きくなり，輪数も増えます。一方，肥料を与えなかったり，水を切らしたりすると，花が小さくなったり，花がつぼみのまま発達しなくなったりすることがあります。

⑧秋に植える理由・春に植える理由：春先から初夏にかけて咲く球根のほとんどは秋植え球根です。秋植え球根の特徴は，前年に花を咲かせた球根が花後に休眠に入り，高温によって休眠が破れ，低温によって花芽をつくるか芽を伸ばす準備を始め，適切な温度になって根を伸ばし，葉をのばし，花芽を発達させて花を咲かせます。一方，春植え球根の多くは，熱帯性で低温に弱いなどの理由で植えっぱなしにできない，あるいは開花に低温を必要としないことがおもな理由です。

●プログラムを進めるうえで気をつけること

球根は有毒なものが多いため，異食行為のある人が利用する施設では取り扱いに注意しましょう。

●活動時に盛り込むべき工夫，面白くするための試み

チューリップなどの秋植え球根は，冷蔵庫に入れてしばらく貯蔵（1～2か月間ほど）してから植え付ければ，早い時期から開花します。開花の条件を学習する教材となります。

●対象者ができること，達成するための環境整備，支援者がしたほうがいいこと

球根は種子と違って大きく，花も咲きやすいので，多くの人がはじめから最後まで自分で栽培することができる素材です。　　（豊原）

ドライフラワー

冬場の花の少ない時期にドライフラワーがあると重宝します。自分たちで育てた花でドライフラワーをつくると，育てる楽しみと利用する楽しみの相乗効果で，より楽しみが大きくなります（図4-16）。

図4-16　自前の材料でつくったドライフラワー飾り

●栽培の流れとポイント

①準備する材料・道具：花の種子，セルトレイ，種まき用土，ピンセット，底面給水用のトレイ，9cmポット，培養土，移植ゴテ

②種まき：セルトレイに種まき用土を詰め，セルトレイの穴1か所にピンセットで1粒ずつ種子をまいて軽く覆土し，水を貯められるトレイやトロ箱に入れて底面から給水します。種子によって覆土の量や，覆土をするかしないかが決まるので，事前に調べておくことが大切です。

難易度		やや易	発芽がうまくいけば後は栽培しやすい
手間		やや易	栽培所要期間　4～5か月
病害虫		やや易	ネダニ，青カビなどによる球根腐敗，アブラムシなど
品目			テイオウカイザイク，センニチコウ，ニゲラなど
種まき			春まき：霜が降りなくなってから　秋まき：霜が降りる前に
肥料	元肥		野菜の基本量の半量程度，肥効調節型肥料のほうがよい
	追肥		葉が盛んに伸長してきたら元肥の3分の1程度を施肥
作業のポイント			発芽，定植

花壇苗の移植工程⇨p.162

　③**鉢上げ**：本葉が出てきたら，苗を傷めないように注意を払いながら培養土を入れた9cmポットに鉢上げします（花壇苗の移植工程と同じ）。

　④**定植**：鉢上げした苗がある程度の大きさになったら花壇やプランターに定植します。花屋で売っている苗よりちょっと小さめのほうが生育がスムーズです。

　⑤**収穫**：センニチコウ，テイオウカイザイクは花の最盛期に，ニゲラは開花後に子房が膨らんでからハサミで収穫します。

●**プログラムを進めるうえで気をつけること**

　セルトレイは1枚そのままで使うと，大きすぎて（30cm×60cmくらい）扱いにくいうえに穴の数も多く，それを目の前にすると対象者はひるんでしまいます。市販のセルトレイを何分割かし，100円ショップで売っているような少し深めの受け皿になる容器にトレイを入れて種まき作業をすると，種子をまく量が明確になり，無理なく作業が行なえるうえに，土がこぼれない，水やりが容易，持ち運びが容易，などのメリットがあります。

●**活動時に盛り込むべき工夫，面白くするための試み**

　①ドライフラワー用の花を育てるには，まずできあがったドライフラワーを使ったプログラムをするところからスタートすることが望まれます。ドライフラワーをつくることで得られる楽しみをまず体験していただいてから種まきをすることで，種子から育てる意欲に自然とつながります。

　②種子をまいた後，一度家に持って帰ってもらって，発芽したころに持ってきていただくという「里子制度」は，利用者の責任感が増え，自分が育てているものに対する愛着も増えるので大いに活用しましょう。

●**対象者ができること，達成するための環境整備，支援者がしたほうがいいこと**

　種まきや鉢上げの作業は，屋内，屋外のどちらでもできるし，いろいろな態勢で実施することができます。ふだん屋外に出られない方々にも，ちょっとした工夫で一緒に楽しんでいただくことができるので，積極的に参加していただきましょう。

ドライフラワーを使ったプログラムの展開

ドライフラワーの乾燥

活動時期	随時
必要な道具	輪ゴム，結束用のヒモ，ワイヤー

ドライフラワーをつくっておけば，屋外での活動ができない日や，花の少ない時期にもフラワーアレンジなどさまざまな活動が楽しめます。ドライフラワーに向く花は，かすみ草やローダンセ，センニチコウなど水分の少ない花ですが，条件がよいところで乾燥したり，シリカゲルを使ったりすれば，他の多くの花もドライフラワーにすることができます。

●乾燥のしかた

自然乾燥：花の時期には，花を収穫して下処理をしてすぐに乾かします。軒先など日光の当たらない乾燥しているところに干します。テイオウカイザイクやセンニチコウなら，花の部分だけを切ってすぐにクラフト用の針金に刺し，それをコップのようなものに立てて乾かして使います。その他の花は，茎ごと切って束ねて乾かします（図4-17）。

図4-17　ドライフラワーの自然乾燥

家の中なら電化製品の上や，風通しのよい場所，エアコンをよく使う部屋などがよいでしょう。花は5〜10本に輪ゴムで束ねます。できるだけ高い位置に吊しましょう。季節によって乾き具合が異なりますが，おおよそ2週間程度で乾きます。

シリカゲル乾燥：密封できる容器に花を入れ，シリカゲルを流し込み乾燥させる方法です。あらかじめ花を短く切って乾燥させるので，後でアレンジしやすいようにフラワーアレンジ用の針金を差し込んでおくとよいでしょう。シリカゲル乾燥の場合，約1週間で花が完全に乾きます。シリカゲルは電子レンジで加熱すると繰り返し利用できます。大きい容器があれば，あらかじめアレンジした生花をそのまま乾燥させることもできます。

ドライフラワーアレンジメント

活動時期	随時，とくに寒い時期の屋内プログラムとして
必要な道具	ドライフラワー材料，クラフト用針金，サハラ（スポンジ状のドライフラワーを刺す土台），木工ボンド，ハサミ，容器（かご，植木鉢など）

冬場の花のない時期も含め，年中楽しめるドライフラワーアレンジメントは女性に人気です。手を加えると少しずつ華やかになる過程は，落ち込んだ気分の人に楽しい気持ちを引き出すことができる場合があります。室内や日陰でできるので，プログラムの幅も広がります。

図4-18 ドライフラワーの作業工程

●作業の進め方
　①容器を準備し，サハラを適当な大きさに切ってセットします。
　②ドライフラワーを用意し，アレンジしていきます（図4-18）。
●活動時に盛り込むべき工夫，面白くするための試み
　①生花やフラワーアレンジなどの専門家にときどき教えてもらえる仕組みがあると，対象者の学びたいという欲求の刺激になり，意欲をもっていただくうえで効果があります。
　②何人かで一緒に取り組む場合は，作品完成後，作品についてのコメントをみんなの前でひと言話してもらうと，お互いのことをより深く知る機会になり効果的です
　③ドライフラワーにする花をできるだけ自前で育てて使うようにすると，プログラムの幅が広がり，対象者の作品に対する愛着が増し，コスト削減にもつながります。
●対象者ができること，達成するための環境整備，支援者がしたほうがいいこと
　作品の出来ばえを評価するプログラムではありません。作品や植物はコミュニケーションを円滑にするツールのようなものです。とくに高齢者の場合は出来ばえを気にする方が多いので，お互いの作品の批評や批判が出ないようにする雰囲気づくりが大切です。　　　　（石神）

(2) 花を使ったクラフト

　クラフトは冬場の作業として，暖かい間にさまざまな材料を準備しておきましょう。材料は一般の園芸店や手芸店にないものも多く，取り寄せてもらうか，専門店を探す必要があります。揃いにくい材料は，インターネットを活用して入手できるルートを確保しましょう。

　　ポプリ

　ドライフラワーとは異なり，花の形ではなく香りを楽しむクラフトです。香りのよい花や葉を摘み取って乾燥させたものに，エッセンシャルオイルを加えて熟成させてつくります。よく使われる花は，バラ，

ラベンダー，ジャスミン，キンモクセイ，マロウや矢車草などです。また，ユーカリやローズマリーなどの葉も利用されます。ポプリには乾燥した材料を使うドライと，生花を使うモイストがあります。ハーブを好んで栽培している活動では積極的に導入しましょう。材料は専門店やインターネットなどの通信販売で入手できます。

● ドライポプリのつくり方

①よく乾燥させたラベンダーやバラの花びらなどのメインの材料に，ミントやローズマリーなどのハーブや，シナモンなどのスパイスなど好みの副材料を入れます。

②エッセンシャルオイルと，香りを蓄えることのできる保留剤（オリスルート：ニオイアヤメの根など）を混ぜ合わせたものを加えます。

③密閉容器の中でひと月ほど熟成させます。

● モイストポプリのつくり方

①メインとなる素材を生乾きにします。
②ハーブやスパイスなど好みの副材料を加えます。
③エッセンシャルオイルと保留剤を加えます。
④素材の倍量程度の粗塩を加えて混ぜ合わせます。
⑤密閉容器の中でひと月ほど熟成させます。

● 利用方法

ポプリは袋や瓶に詰めて楽しみます。ハーブの香りは気分を高揚させたり，リラックスさせたりする効果があり（アロマテラピー），部屋の香りづけや気分転換に用いることができます。ドライポプリはきれいな布製の袋に詰めて，授産製品としての販売することもできます。

押し花

ドライフラワー同様，いつの時期にも花を使ったクラフトに取り組めます。簡単な作品から絵画のような大作まで，一人ひとりにあった作品づくりができます。押し花も花を乾燥させますが，ドライフラワーとは違い，できるだけ平らな形状にして乾かします。

● 押し花の方法

本に挟んで乾燥 昔ながらの方法として，本に挟んで乾燥させる方法があります。大きな花や乾きにくそうな花は，バラバラにして乾きやすくします。花をティッシュペーパーの上に並べ，上にもティッシュペーパーをかけて，これを本に挟んで押さえます。ティッシュペーパーをまめに替えると，乾きやすく色の残りがよくなります。

乾燥剤の利用 さらに鮮やかな色を残したい場合には，ティッシュペーパーで挟んだものをダンボールで挟んで，周囲をクリップ止めしてからシリカゲルの入った容器に入れるか，専用の乾燥用シートを使います。

● 押し花を使ったタペストリーづくり

できた押し花は，木工用ボンドなどを使ってくっつけたり，ラミネーターを使ったりしてタペストリーをつくることができます。ラミネー

図 4-19　押し花で作品づくり
押し花を木工用ボンドでくっつけるだけで作品づくりが楽しめる

ト加工による作品づくりは，簡単なうえに，できあがった後に空気に触れないので長持ちします。ラミネーターは小さなサイズのものなら文房具店でも取り扱っています。名札に花を添えて加工したり，グラスのコースターにしたり，しおりにしたりして，日々の生活に取り入れることができます（図4－19）。

(豊原)

4　果樹の栽培・利用プログラム

　果樹はどちらかというと少ない管理で維持できるうえ，季節感があって実りの楽しさを肌で実感できます。ですが，植えっぱなしで管理を怠ると，あまりよい実がつきません。栽培管理には専門的な技術が必要な部分もありますが，一度植えると長く楽しめることから，少しずつ学んで徐々にプログラムに取り入れていきましょう。

(1) 果樹を育てる大まかなポイント

　ほとんどの果樹は，畑や庭に植えるほか，鉢に植えても育てることができます。栽培方法は基本的に同じですが，鉢栽培では木が小さくなるため，収穫量も少なくなります。

●**木に実がつくということ**

　「桃栗三年柿八年」という言葉を聞いたことがあると思います。これは，木が種子から発芽して実をつけるまでの年数をことわざにしたものです。木は，発芽してから何年間かは大きくなろうと生長を続け，実をつけません。ある程度大きくなって木が充実する（老化し始める）と実をつけるようになります。

　木の充実は栽培条件によって年数がずいぶん違ってきます。広い場所で健やかに大きく育つことができるなら，盛んに生長するので長らく実をつけませんが，鉢栽培では鉢の中で根がすぐにいっぱいになっ

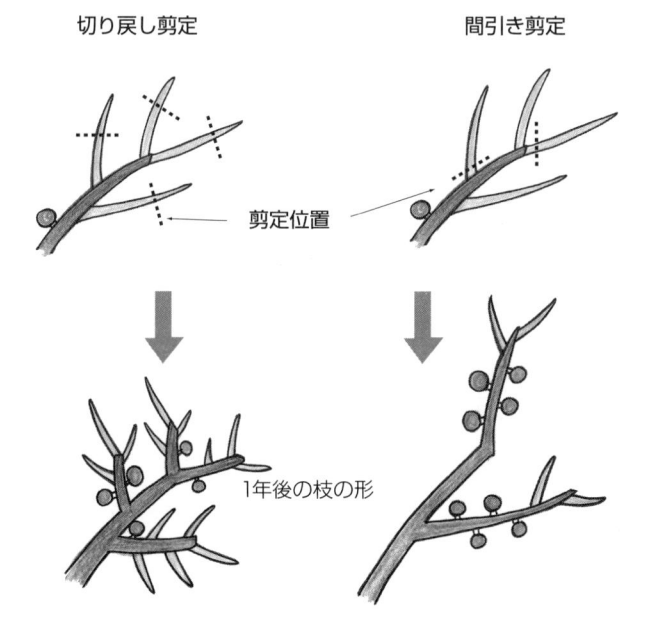

図4-20 切り戻し剪定と間引き剪定
ブルーベリーなど枝の先端に実がつく木は間引き剪定をする

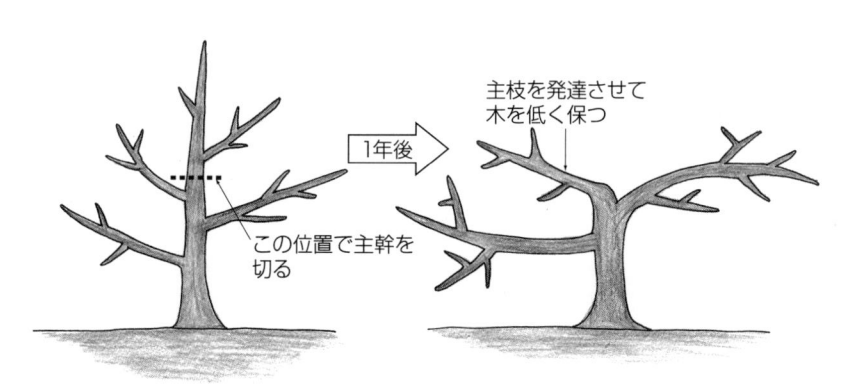

図4-21 作業しやすい樹形をつくる
木はそのままではどんどん高くなってしまう。木の主幹を切って主枝を広げさせることで、木を低く保つ

●実がなる枝の剪定

果樹を栽培するうえでもっとも大切なことは、どの枝に花がついて果実がなるのかをわかっておくことです。果樹の多くは、今年伸びた枝に来年の花芽や、花芽をつくることのできる芽がつき、この芽が生長して開花し、果実がなります。このため、冬の剪定時期にこの枝よりも古い枝まで深く切り戻すと、翌年は果実がつきません。また、今年伸びた枝の先端付近に花芽がつくブルーベリーやビワでは、伸びた枝の先を切ると果実がつかないので、間引き剪定をします（図4-20）。

●仕立て方

果樹は放任して育てると、木が生長して大きくなり、あちこちに果実がつき思うように収穫できません。また、葉や枝が混み合うと果実の発達がよくありません。このため、剪定を行なって枝を減らし、光合成を促します。一方、人が作業しやすいように、木の高さを低くする必要もあります。このため、主幹（木の中心となる大きな幹）を低い位置で切って主枝を出させ、人が管理しやすいように、棚仕立てや壁仕立てなど独特の形に木の形を変えます（図4-21）。

(豊原)

（2）果樹の栽培

ブドウ（落葉果樹の代表）

ブドウは雨に当たると病気が蔓延しやすい植物です。カーポートやビニールハウスなど雨よけできるところで栽培するとよいでしょう。

難易度	やや難	剪定など知識と技術が必要
手間	やや易	栽培所要期間　周年
病害虫	やや難	カミキリムシ，べと病，うどんこ病，灰色かび病など
品種，系統		デラウエア，巨峰，マスカット，ベリーA，スチューベンなど
肥料		野菜の基本量（⇨p.33）を落葉時期と開花時期，収穫後の3回に分けて枝の広がった面積分だけ与える
作業のポイント		剪定，誘引，花穂の整理，袋かけ，収穫

●栽培の流れとポイント

①準備する材料・道具：ブドウの苗，肥料，クワ，ショベル，剪定バサミ，ノコギリ，棚，結束ヒモ，紙袋

②植え付け：落葉樹であるブドウは，落葉している時期に植え付けます。

③剪定：剪定の適期は，木の活動が完全に止まる1～2月です。剪定が遅れて芽が動き始める時期に切ると，切り口から樹液が出て樹勢が落ちます。前年に延びた枝（結果母枝）の芽が出る部分を1～2芽残して切る短梢剪定と，10芽程度残す長梢剪定があり，木の形を整えたり，主枝を伸ばしたい方向を考慮したりしながら切っていきます。さらに，枝が混んでいる場合には枝元から切って間引き，木の大きさに合わせて実がつく枝の数を制限します。

④新梢の誘引と花穂の整理：気温が上がると，前年の枝から新しい枝（新梢）が伸びます。新梢は根元が弱く，強い風に当たると折れてしまいます。このため，枝が数十cmまで伸びれば，垣根や棚に誘引して結束します。

新梢1本から花穂は2～3本出ますが，よい実をつけさせるためには間引きして1本にします。また，花穂の先端を切り詰めるなどして，さらに1房当たりの実の数を減らします。

⑤袋かけ：実が大きくなりはじめれば，房に袋を掛けて保護します。専用の袋が農協などで販売されていますが，新聞紙など水に強い紙を使い，房を余裕をもって包んで上部でしっかり留めることで鳥や害虫の被害を防ぐことができます。

⑥施肥管理：肥料は枝の広がりを面積に換算して，1年間に1㎡当たりの野菜の基本施肥量と同じ量の化成肥料か有機質肥料を与えればよいでしょう。1年生の木なら枝の広がりが2㎡程度なので1本当たり1年間に化成肥料で200g程度ですが，棚仕立てにして枝張りが大きな木（50～80㎡）に生長すれば，1年間に10kg程度与えることになります。落葉時期と開花時期，収穫後の3回に分けて施します。

木が大きく生長すると根も数mの範囲に広がっていますので，木の根元から少し離して広範囲に肥料をばらまきます。

⑦収穫：果実が大きくなって色づけば，1粒だけとって味見をします。熟れていれば房のつけ根をハサミで切って収穫します。

⑧注意が必要な病害虫：ブドウの病害虫は多いため，農薬散布なし

ではある程度の被害は免れないと考えましょう。ビニールハウスなどで雨よけ栽培にすると，病気の発生を軽減できます。また，害虫ではとくにブドウトラカミキリなどのカミキリムシの被害が大きく，幼虫がいる枝では先端の新梢がしおれるなどの被害がみられます。被害の出た枝は剪定して処分します。

一方，品種選定は栽培のしやすさを決める大きなポイントです。生産者がつくる高級品のブドウは，病気に弱かったり手間がかかったりしても高価な値段で売れるために，生産者はたくさんの努力をして栽培しています。つまり，専門の知識がなければ栽培しにくいと考えましょう。昔からある品種のなかには初心者でも栽培しやすい品種があるので，購入時には品種ガイドなどをみて，「病気に強い」「露地栽培に向く」「つくりやすい」といった解説がついている品種を選択しましょう。

●プログラムを進めるうえで気をつけること

①剪定や整枝，花穂の整理作業には知識が必要です。専門家に直接指導してもらうか，支援者がブドウ生産農家に出向いて栽培方法を学ぶ機会を設けましょう。

②ハサミやノコギリなど刃物を使ってかたい枝を切ることがあります。手先の器用さや握力に配慮して必要に応じて支援しましょう。

●活動時に盛り込むべき工夫，面白くするための試み

①栽培方法を理解すれば，ブドウは鉢でも栽培できます。アサガオの鉢栽培のようにあんどん仕立てにして，屋外での活動が困難な人にも栽培を楽しんでもらいましょう。

②実が小さいうちにひと房の実の数を変えて，ブドウの粒の出来ばえを比較してみましょう。

●対象者ができること，達成するための環境整備，支援者がしたほうがいいこと

棚仕立てでは立ったまま上を向いて作業しなければなりません。エスパリエ仕立て（垣根に仕立てること）なら高くまで腕を上げる必要もなく，車いす利用者でも作業が可能です。

(豊原)

ミカン（常緑果樹の代表）

作業が少なく，比較的栽培が簡単でおいしく楽しめるミカンは，できれば数本あるとうれしい果樹です。

難易度	易	栽培しやすい	
手間	易	栽培所要期間	周年
病害虫	やや易	カイヨウ病，黒点病，ヤノネカイガラムシ，ハモグリガ，ハダニ，アブラムシなど	
品種，系統		ウンシュウ，ハッサク，イヨカンなど	
肥料		野菜の元肥の基本量（⇨p.33）を，剪定（春），開花（初夏），収穫（秋）時期に３分の１ずつに分けて与える	
作業のポイント		剪定，摘果，収穫	

第4章 農園芸活動の実際 173

●栽培の流れとポイント
　①準備する材料・道具：ミカンの苗，肥料，クワ，ショベル，剪定バサミ
　②植える場所：ミカンは寒さが苦手です。このため，冬場に温度が零下になりにくい暖地での生産が盛んです。日当たりが好きなため，できるだけ南向きの場所に植えて日照時間を確保します。
　③植え付け：暖地では3月，低温地では4月が最適です。植え付け時期は一緒でも，ミカンの種類によって収穫時期は異なります。
　④仕立て方：しっかりした枝のうち，方向，位置，角度のよいものを主枝に決めて枝を間引き，無理な誘引をせずに自然な形（自然樹形）で仕立てます。
　⑤摘果：果実が多くつきすぎると，品質が落ちるとともに隔年結果することがあるので，必ず摘果作業をします。摘果は，傷のあるものを中心に落としていきます。
　⑥整枝・剪定：暖地では2月中旬〜3月，低温地や風の強い地方では発芽前になります。春，夏，秋と新梢を出しますが，春の枝以外は必要ないため剪定して枝が混み合わないようにします。
　⑦施肥管理：肥料の量は木の大きさや栽培方法によって変わりますが，基本的には野菜と同様に1㎡当たり100〜200gの化成肥料を3回に分けて与えます。施肥は株元ぎりぎりではなく，枝が張った範囲に広くばらまくようにします。堆肥や苦土石灰も同様に与えます。鉢栽培ならば，用土1ℓ当たり5gの肥料を3回に分けて与えましょう。肥効調節型肥料を使う場合は，180日タイプを春先に1年間の量を一度に施肥しても大丈夫です。
　⑧注意が必要な病害虫：アブラムシやハダニの被害のほか，アゲハチョウの幼虫による葉の食害があります。みつけたら捕殺します。

●プログラムを進めるうえで気をつけること
　①放任栽培にすると，木が高くなって収穫しにくくなります。支援者が中心になって上に伸びる枝を中心に整枝しましょう。
　②柑橘類にはトゲのあるものが多いので，注意して栽培する種類を選びましょう。

●活動時に盛り込むべき工夫，面白くするための試み
　食べたミカンの皮をお風呂に浮かせてミカン湯が楽しめます。

●対象者ができること，達成するための環境整備，支援者がしたほうがいいこと
　ミカンの収穫は木の色と実の色のコントラストがはっきりしているうえ，手でさわって探すこともでき，だれにでも理解しやすい作業であるといえます。その場で食べることもできる楽しい活動になります。

（豊原）

5　水稲の栽培・利用プログラム

　水稲の栽培については、水田で取り組む場合と、もう一つ身近な方法としてバケツや深めのプランター、その他の容器を使って栽培する方法があります（図4-22）。栽培時期や作業はほとんど同じです。水稲は通常栽培規模が大きいので肥料は単肥を使っていますが、バケツイネなど身近な取り組みでは手に入る肥料を組み合わせて、できるだけ窒素、リン酸、カリの施肥バランスを整えましょう。

●栽培の流れとポイント

　①苗つくり／4～5月：種もみは病気や虫がついていないものを使いましょう。まずはじめに、もみが沈まない程度に容器に水を入れ、水を吸わせて芽の出かたを揃えます。発芽までは5日から1週間かかるため、毎日水を取り替えます。その種もみを育苗のための箱にまき、苗を育てます。市販の育苗用のバットやセルトレイを使って育苗できますが、バケツなどで栽培する場合は、直にバケツにまいて苗を育てることもできます。種もみ2つ分の深さに種もみをまき、覆土をします。用土は市販のものでも畑や水田の土でも大丈夫です。

　②田おこし・代かき／5月：田んぼの土をできるだけ深く掘りおこし、土を細かくします。それから田んぼに8-8-8化成なら1㎡当たり60gとして、上表の割合になるように計算して、リン酸、カリの肥料（PK化成など）をそれぞれ追加して与えます。その後、水を入れてから土を平らにならします（代かき）。こうして土をやわらかくすることでイネが育ちやすくなり、また雑草もはえにくくなります。

　バケツ栽培の場合は、15ℓバケツに10ℓほどの土を入れ、水をためます。10ℓの土なら、8-8-8化成10gに、PK化成やマグアンプなどの肥料を上表の割合になるように加えて調整します。用土は畑や水田の土でも、市販の土でも使えます。

　③田植え／5～6月：苗が15cm程度に生長したら、3本を1セットにして田んぼに

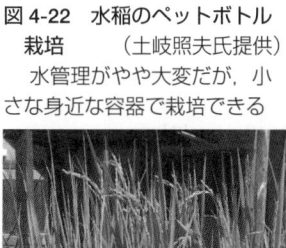

図4-22　水稲のペットボトル栽培　（土岐照夫氏提供）
水管理がやや大変だが、小さな身近な容器で栽培できる

難易度	やや易	栽培しやすい	
手間	やや易	栽培所要期間	5～6か月
病害虫	やや易	いもち病、ウンカなど	
品種、系統		うるち米、もち米、赤米、黒米など	
肥料	元肥	窒素に対し、リン酸が3倍量、カリが1.5倍量となるように施肥	
	追肥	出穂の40日前にカリ、20日前後に窒素を施肥	
作業のポイント		種まき、植え付け、稲刈り、脱穀	

植えます。根と株元から2cmほど上までが埋まれば大丈夫です。農業ではほとんど機械で植えています。

バケツの場合は1バケツ当たり真ん中に3本セットを1つ植えます。深めの大型プランターなら2つ植えます。6月中旬になれば，近所の水田では田植えが終わるので，相談すれば苗を分けてもらえることもあるでしょう。

④栽培管理／6～9月：イネがよく育つように，雑草を取ったり，乾燥しないように水を入れたり，追肥を与えたりします。また，病害虫防除に農薬を利用することもあります。追肥は，穂が出る日（出穂）の40日前にカリ，25～15日前に窒素を中心に与えます。穂の出る日は品種や地域によって異なるので，近くの生産者や農協の人に聞いてみましょう。

⑤中干し／7月後半ころ：土の中に空気を入れることと，水分が少ない条件をつくって根をよく伸ばすことを目的に実施します。バケツ栽培の場合は実施しなくても大丈夫です。中干しした場合は，出穂前にふたたび水を入れます。

⑥出穂／8月：出穂は品種と栽培地域によってまったく異なります。イネは短日植物なので，街灯の光が当たるところでは出穂が遅れます。バケツ栽培を行なっている場合は光に注意し，光の影響を受けそうな場所なら，できるだけ早生品種（光の影響を受けにくい）を使いましょう。

⑦稲刈り・脱穀／10月：農業ではコンバインという機械を使ってイネを刈り取り，イネの穂からもみを落として，わらと分けます。手作業で行なう場合や，バケツやプランター栽培なら，鎌を使ってイネを刈り，しばらく干しておき，乾燥後に脱穀します。多い場合は専用の脱穀機を利用しますが，少ない場合は割ばし2本の一方の端をしばり，をはさんでもみを落とします。大きめのビンのふたなどを使い，を台の上に押しつけてかき取るようにしてもよいでしょう。

⑧乾燥・もみすり：もみは水分をふくんでいるので，長い間貯蔵できるように乾燥させます。乾燥後はふつう，もみがらをとり（もみすり）玄米にします。しかし，もみのままで貯蔵すると味がよいといわれています。少量なら，すり鉢にもみを入れ，野球ボールなどでこすりつけると，もみがらがとれます。

⑨注意が必要な病害虫：さまざまな病害虫がありますが，気温の低い年にはよくいもち病が発生します。通常はスズメなどの鳥による被害のほうが大きいでしょう。乾燥のためにイネを干しておくと，スズメに全部食べられたということもあります。防鳥網などをかけて防除しましょう。

●プログラムを進めるうえで気をつけること

バケツ栽培では，生育が進むと容器が小さければ小さいほど水がよく乾きます。出穂期には支援者が水管理に注意しましょう。

●活動時に盛り込むべき工夫，面白くするための試み

　昔のように，ビンに玄米を入れて棒で突いて精米するプログラムを設定して，できたお米を試食してみましょう。

●対象者ができること，達成するための環境整備，支援者がしたほうがいいこと

　①水田を使う場合，中はぬかるんでいて歩きにくいため，経験のない対象者には支援者がついてフォローしましょう。

　②屋外でも劣化しにくい底がふさがっている容器があれば，形に関係なくバケツ栽培のように水稲が栽培できます。大きめの容器を使って，水田に入れない人にも泥の中に手や足を入れて，苗を植え付けるときの独特の感触を体験してもらいましょう。

（豊原）

水稲を利用したプログラムの展開

わら仕事（縄ない・しめ縄・わら草履・布草履）

活動時期	通年
準備する材料・道具	わら（農家の米の収穫時期に事前に頼んでおく。ただし，しめ縄づくりにはもち米のわらである「もちわら」を使用する），横槌（よこづち），水

　昔，農家では，わらを使って縄や草履をつくっていました。高齢者の方にとっては親しみ深い材料で，ご自身でも縄や草履をつくられた経験がある方もたくさんいらっしゃいます。ただ，わら草履のつくり方をしっかりと覚えておられるのは大正生まれ以前の方だけで，これからわら草履をつくれる方が減っていくのは残念です。

●作業手順

　①わらをたたいてやわらかくする：作業をしやすくするために，乾燥したわらを石などのかたいものの上において横槌でたたいてやわらかくします。

　②縄をなう（図4-23）：やわらかくなったわらをより合わせて縄をない，製品に仕上げます。

　③利用方法：できあがった縄で草履をつくったり，畑作業などにひものかわりとして利用したりします。また，縄をなう技術はしめ縄づくりにも役立ちます。

図4-23　縄をなう作業

●プログラムを進めるうえで気をつけること

　①できあがった縄は，活動のなかで使うことが大切です。つくりっぱなしではだんだんとものをつくる意欲が減退してしまいます。存在意義，利用価値のあるものをつくるプログラムを立てることが活動のポイントです。

　②高齢者との取り組みでは，わらを持つ

図 4-24　しめ縄づくり

と自然に手が動き出す人がいます。少し様子をみて，経験者には支援者側が教わる立場になって，昔の記憶や経験を引き出しましょう。

●活動時に盛り込むべき工夫，面白くするための試み

①草履づくりはできる人がほとんどいません。もし対象者のなかにできる人がいれば，積極的に技術を聞き出しましょう。

②屋外にござを敷いてわら仕事をしていると，自然にその場に参加者が加わってきて，みんなでしゃべりながら作業をする状況が生まれることがあります。無理なく，楽しく作業ができる環境づくりが大切です。

●対象者ができること，達成するための環境整備，支援者がした方がいいこと

①わらをたたく作業は結構重労働なので，元気な対象者か支援者がお手伝いします。

②しめ縄づくり（図4-24）は少し難しいので，支援者が事前に学習しましょう。また，教えてくださる方を確保しておいたほうがよいでしょう。
(石神)

6　シイタケ・茶の栽培・利用プログラム

シイタケ

里山での生活の一部として昔から行なわれていたことで，実際に栽培して食べると販売されているものよりも新鮮でおいしく感じられ，季節の変化を取り入れる要素としても面白い活動です。収穫期にはたくさんとれるので，露店販売したり，施設では活動とあまりかかわりのない職員さんたちにも分けてあげると，驚きや興味の輪が広がります。

シイタケの栽培方法には，原木栽培と菌床栽培の2つがあります。原木栽培はクヌギやコナラなどの広葉樹を伐採して原木とし，そこに菌を植えつける方法です。一方，菌床栽培は専用につくられた培地に栽培する方法です。現在は，ほとんどのきのこで，この菌床栽培が行なわれています。菌床栽培は，キットが市販されていて，家庭でも簡単に栽培できます。

難易度	やや易	栽培条件がよければあまり難しくない	
手間	やや易	栽培所要期間	数年間
病害虫	易	ナメクジがよくつくので，ビールなどを使って集めて駆除する	
作業のポイント	原木の穴開け，駒打ち，伏せ込み，収穫		

●栽培の流れとポイント

①準備する材料・道具：ホダ木原木，電動ドリル，シイタケ駒（菌を木片に培養したもの），シイタケ用ドリル歯（駒の大きさに合わせる），木槌（きづち），作業台

②原木の入手：原木は秋から冬にかけて伐採されたクヌギやコナラの木を使うので，ホダ木づくりは冬に行ないます。伐採後１〜２か月放置して，木を少し乾かします。原木はホームセンターでも入手できるようになっていますが，最近は里山や森林保全のために自治体やNPOが中心となって伐採が行なわれていることがあり，安価で分けてもらえることがあります。

③駒の入手：シイタケの駒は農協や園芸店でも入手可能です。

④駒打ち：ホダ木を１ｍ程度に切り揃え，３月ころまでに専用のドリルで木に穴を開け，駒を打ち込みます。駒打ちの間隔は10cm前後です。

⑤伏せ込み：駒打ち後，ホダ木を積み上げて，直射日光の当たらない，水分の保持できるところで伏せ込みます（ビニールなどを掛けて保水する）。少しして樹皮の割れめなどに白っぽい菌糸がみえるようになったら，今度は過湿にならず風通しのよいところで伏せ込みます（林の中など）。１〜２か月程度が過ぎたら，ふたたび湿度の保てる条件に置いて発生を待ちます。

⑥収穫：シイタケは，ふつう２年目の春から収穫可能で，毎年春と秋に長ければ６〜８年収穫できます。カサの径が５cm程度になったら，そろそろ収穫時期です。

●プログラムを進めるうえで気をつけること

①原木を運ぶ：山から原木を切り出して運ぶ作業は重労働です。基本的には支援者の役割です。

②原木を切る：原木を約１ｍの長さに切り揃えるのも重労働です。こちらも支援者の作業です。

③原木にドリルで穴を開ける：ドリルを使うことは，高齢者の場合とくに男性はお好きです。このあたりから対象者に参加していただけます。

④駒打ち：ドリルで開けた穴に木槌でシイタケ駒を打ち込む作業は，作業台や机の上で行ないますが，多くの人が参加できる作業です。コンコンと打つ動作のリズミカルに伝わる振動が楽しいので，身体に重度障害がある人にも，手を添えるなどの工夫をして積極的に取り組んでもらいましょう。

⑤伏せ込み：ホダ木を森の木陰や，シイタケ栽培用に日よけをした場所に設置しますが，できれば対象者の目が届くところに置きましょう（図４−25）。

図 4-25 シイタケの栽培風景
明るい日陰に木を並べ，シイタケが出てくるのを首を長くして待つ

図4-26 駒打ち作業
切り出した木に台の上で穴を開け，駒打ち作業を進める

● 活動時に盛り込むべき工夫，面白くするための試み

①ホダ木づくりをする前に，すでにシイタケが生えているホダ木や写真をみせておくと，先の見通しが立ちやすく作業への意欲がわきます。

②できたシイタケは，その場で炭火で焼いて食べるのがいちばん。焼くことがプログラムになります。

③たくさん取れた場合は，干しシイタケにすることもできます。この作業もまたプログラムとなります。

● 対象者ができること，達成するための環境整備，支援者がしたほうがいいこと

①ホダ木づくりの際は，重いホダ木を運ぶのは支援者，ドリルでの穴あけは少しお元気な男性，駒の打ち込みは女性や座れば作業ができる方にやってもらうなど，役割分担をしてみんなで協力し，テンポよくできればとても楽しい作業になります。

②ドリル穴開け用，駒打ち込み用など数種類の高さの作業台があると無理な体勢での作業を回避できます。できるだけ楽な姿勢で作業をしていただく環境を整えるのが，支援者の役割です（図4-26）。

(石神)

茶

自分でつくった手摘み，手揉みのお茶は，最高の満足感を得られる一品です。

● 栽培の流れとポイント

①苗の準備：苗木は果樹苗などを扱う大きめの園芸店で入手できます。チャノキはツバキ科ツバキ属の植物で，管理や病害虫も花木のツバキとよく似ています。お茶用に栽培する木は「やぶきた」という品種が有名です。ポット苗であればいつでも植え付けできますが，一般的には4～5月です。本格的な収穫までには3～5年かかります。チャノキは霜の降りるころに休眠に入り，2月ころに休眠から目覚めます。

②畑の準備：チャノキは一度植え付けると長らく植えたままになります。植え付ける前に，堆肥をたっぷりと与え（1㎡当たりバケツ2杯程度），有機質の多い土づくりを心がけましょう。

③肥料：休眠から目覚める2月ころと，休眠に入る10月ころに施肥を行ないます。両時期とも1株当たり化成肥料なら100g，油かすや鶏

難　易　度	やや易	栽培は比較的容易	
手　　　間	普通	栽培所要期間	周年
病　害　虫	やや易	チャドクガ	
品種，系統	やぶきたなど		
肥　　　料	2月と10月にそれぞれ野菜の基本量の化成肥料や有機質肥料（⇨p.31）を与える		
作業のポイント	茶摘み，加工		

ふんを混ぜた有機質肥料なら200g程度与えます。

　④整枝：3月と9月末に木の表面を刈り込みます。植え付け1年目は刈り込まず、2年目から刈り込んで枝を広げていきます。

　⑤防霜：新芽の吹くころに霜に当たるのを防ぐため、寒冷紗やビニールで霜よけをします。

　⑥摘採：一番茶は5月上旬から10cmくらいに伸びた新芽を摘み取ります。その後、45日程度で二番茶の芽を摘みます。この後、三番茶を摘むこともできます。

　⑦注意が必要な病害虫：チャドクガという虫がつきます。

　⑧新茶摘み：手摘みのお茶は高級品として扱われています。プログラムにおいても手摘みの高級茶をつくる気分を楽しみながら作業を進めましょう。

●プログラムを進めるうえで気をつけること

　チャドクガは触れるとひどく痛み、皮膚に傷がつきます。年2回発生し、葉の裏に産みつけられた卵塊（黄色の毛玉状）で越冬し、幼虫は5月のゴールデンウィークのころに孵化します。幼虫は頭を並べて集団で葉を食べますが、冬のうちにたんねんに卵塊をさがして除去したり、幼虫のまだ小さいうちに葉を切り取って踏みつぶしたりするのが家庭では効果的な防除法です。8～9月が2回目の発生時期です。何度も刺されるとアレルギー反応をおこしますので、十分注意してください。

●活動時に盛り込むべき工夫、面白くするための試み

　季節の行事として、八十八夜に合わせて茶摘みを計画しましょう。

●対象者ができること、達成するための環境整備、支援者がしたほうがいいこと

　チャドクガを探すのは、できるだけ支援者が行ないましょう。

お茶を利用したプログラムの展開

緑　茶

●作業手順

　①生葉はすぐに発酵を始めるため、収穫後すぐに100℃の蒸気で蒸します。ふつうは蒸気にあてて30秒ほどで蒸しの工程を終わりますが、より時間を長くする（1分程度）と深蒸しのお茶となります。

　②蒸した葉を広げて冷まし、手で揉みます。

　③水分が出始めたら、今度はフライパンなどに葉を入れて加熱して水分を飛ばします。表面の水分がなくなったらまた揉み、加熱して乾かす、揉むを繰り返し、少しずつ葉を乾燥させていきます。葉が人肌の温度を保ちながら徐々に乾くことで、おいしいお茶ができます。

　揉みの工程だけで3～4時間かけて行ないます。揉んでも水分が出てこなくなれば、仕上げにかかります。

　④お茶をさらに揉んで板におしつけて細長い形に成形し、加熱して

さらに乾燥させればできあがりです。

● **プログラムを進めるうえで気をつけること**

加熱と揉みを繰り返すため，やけどには十分注意しましょう。

● **活動時に盛り込むべき工夫，面白くするための試み**

緑茶をつくる過程で，一部をフライパンなどで長く加熱してほうじ茶をつくって味の違いを楽しみましょう。

● **対象者ができること，達成するための環境整備，支援者がしたほうがいいこと**

お茶の葉の表面にたくさんの傷がついて，はじめてお茶ができます。揉む力が弱いとうまくできません。様子をみながら力の弱い人には支援しましょう。

（豊原）

7　その他食品加工プログラム

かつて多くの家でつくられていた味噌や梅干しは，たくさんつくっても利用方法が多く，保存が利くので便利です。材料を購入してつくることが一般的ですが，高齢者にとっては懐かしく，親しみやすいプログラムです。できれば大豆や梅を栽培して取り組んでみてもよいでしょう。

味　噌

活動時期	冬から春にかけて
材　料	大豆：米こうじ：塩が1kg：1kg：0.5kgの比率
道　具	臼・杵（きね）またはすり鉢やフードプロセッサー（大豆をつぶす），貯蔵用たる，大豆を蒸したりゆでたりするためのセイロ・鍋・水切りざる，材料を混ぜ合わせるための大きなボール，はかり，ラップ，バケツ，落としぶた，重石

田舎では，昔どこの家でも自前でつくっていた味噌。高齢者の方々にとって，農閑期の味噌づくりは田舎での恒例行事でした。昔を思い出していただきながら，今味わえる田舎の味を再現してみましょう。

● **作業手順**

①**下準備**：水洗いした大豆を，たっぷりの水に一晩つけます。

②**大豆を煮るまたは蒸す**：つけた大豆は水を切り，鍋に入れます。水を入れて大豆が鍋の中で少し踊るくらいの中火でじっくりとやわらかくなるまで煮ます。ゆで汁が少なくなったら差し水をし，アクが出たらすくい取ります。3時間ぐらいゆでて，大豆が指で軽くつぶれるくらいになったらゆで上がりです。蒸す場合もやわらかくなるまでしっかり蒸し上げます。

③**つぶす**：大豆をざるにあけて，熱いうちに臼にあけて杵で突くか，すり鉢やフードプロセッサーでつぶします。

④**塩切りこうじをつくる**：こうじと塩をよく混ぜ合わせます。

⑤**混ぜ合わせる**：つぶした大豆に塩切りこうじを少しずつ加え，しっかりと混ぜ合わせます。

⑥容器に詰める：混ぜ合わせたものを，空気を抜くようにかたく大きな団子にして，空気が入らないように押しつけながらポリ樽などの容器に詰めていきます。全部入れ終わったら平らにならします。

⑦熟成：仕込んだ表面をラップできっちり覆い，落としぶたをかぶせ，重石を置きます。容器を直射日光の当たらない風通しのよい場所において，ゆっくりと味噌の熟成を待ちましょう。冬場に仕込んだものは夏を越したころ，夏場なら3か月後くらいが食べころです。

●プログラムを進めるうえで気をつけること

①大豆をつぶす：蒸し上がった大豆はフードプロセッサーでもつぶすことができますが，できれば臼に移して杵を使ってつぶします。餅つきの要領でもできますが，少し細め（直径10cm以下くらい）の1mくらいの長さの棒を杵として，3人で周囲から突いてつぶす方法もあります。3人で突くほうが大豆が周囲にこぼれにくく，無理なく作業できます（図4-27）。力仕事であるため，支援者が中心になって行なう必要があります。

②塩切りこうじをつくる：こうじと塩を計量し，大豆と混ぜ合わせる準備をします。これは室内でできるので，活発に動けない方でも参加できます。

●活動時に盛り込むべき工夫，面白くするための試み

①屋内，屋外，力仕事，手作業などさまざまな作業があるので，対象者の能力や希望に合わせて役割分担を行なうことで無理なく共同作業が進みます。

②味噌ができあがったら，シソの葉で巻いたり，キュウリにつけたり，味噌そのままの味を楽しめるようなかたちで試食を楽しみましょう。

●対象者ができること，達成するための環境整備，支援者がしたほうがいいこと

①大豆をつぶす作業はとくに重労働で対象者にとっては難しいので，支援者が手伝うとスムーズに進みます。

図4-27　大豆を臼と杵でつぶす作業

火の番 　　　　　　　　　　屋内作業

図4-28　それぞれの作業分担

第4章　農園芸活動の実際　183

②対象者ができるだけ参加できるように，さまざまな工程の作業を細分化して提供するとうまくいきます。大豆をつぶすことはできないけれど火の番はできる。材料を混ぜるのはしんどいけれど材料を計るくらいならできる，など利用者が自信をもって参加できる機会を積極的につくりましょう（図4-28）。　　　　　　　　　　　　　　　（石神）

梅干し

活動時期	梅の収穫時期6月下旬から7月はじめ，梅を使った活動は梅仕事ともよばれる
材　料	梅1 kgに対し塩180 g
道　具	ざる，竹串，大型の広口ビンまたは漬物用の容器，落としぶた，重石，ポリ袋

　梅干しは家庭でもっともつくられる加工品の一つです。南高梅など，食用の梅の木があれば，おいしい梅干しがつくれます。完熟して落下したての梅でつくると，とてもおいしいものができます。

●作業手順

①塩加減：梅の重さに対し18％程度の塩分で漬けると，カビが生えにくい，昔ながらの梅干しに仕上がります。

②梅の調整：梅を水でよく洗い，梅の実のヘタを竹串などで取り除きます。

③仕込み：容器をきれいに洗い，熱湯消毒してから乾かします。容器に梅→塩→梅→塩→梅→塩と交互に入れ，最後にいちばん上に塩がくるようにします。

④重石：容器の直径よりやや小さめの落としぶたをして重石をのせます。重石の重さは梅の4分の1程度で大丈夫です。漬け込み中に梅酢が出てきてふたがつかってくれば，少し重石を軽くします。このとき，梅酢液から梅が出ないように注意してください。ごみやほこりが入らないようにポリ袋などを上からかけておきます。

⑤漬け込み：約1か月間おきます。ときどき容器を揺すって，梅酢が均等に回るようにしましょう。カビが発生しにくくなります。

⑥土用干し：土用になったら晴天の日を選び，ざるなどに梅を広げて直射日光に当てます。3日3晩干します。大粒の梅は1～2日干す日数を増やしてください。1日1回は梅を裏返し，均一に直射日光が当たるように干します。

⑦完成：清潔なビン，またはつぼなどに保管します。

●プログラムを進めるうえで気をつけること

　身体のためには減塩といわれますが，極端な低塩分で漬けるとせっかく取り組んでも失敗することがあります。プログラムを成功させるためにも注意しましょう。

●活動時に盛り込むべき工夫，面白くするための試み

　落ちてきたウメを拾う作業は季節の楽しいプログラムとなります。ウメが汚れないように，またみつけやすいように，落果時期にはブルーシートなどを敷いておきましょう。

●対象者ができること,達成するための環境整備,支援者がしたほうがいいこと

　①ヘタをとる作業や,日干しの梅干しを返す作業は,単純ですが品質を高めるうえでも欠かせない工程で,多くの人が取り組むことができます。

　②ガラス容器で漬けると重くなるので,移動は支援者が実施したほうがよいでしょう。
(豊原)

8　植え付け計画プログラム

活動時期	おもに春先と晩夏
準備する材料・道具	ノート,鉛筆,※畑を図式化した計画図をつくるのもよい

　畑は計画的に利用することが大切です。連作障害を避け,畑を有効に使うためにも計画づくりは定期的に行ないましょう。計画づくりは対象者の期待を膨らませる立派なプログラムとなります。

●作業手順とプログラムを進めるうえで気をつけること

　①対象者と話し合う時間をもつ：畑を使っている対象者の方と支援者が,今後の畑の植え付け計画について話し合います。

　②話し合いの結果を,作付け計画表に書き込む：できるだけ対象者本人に書き込んでもらいましょう。

　③植え付け結果を記録する：実際に植え付けを行なったら,それを計画表に記録しておきましょう。

●活動時に盛り込むべき工夫,面白くするための試み

　①野菜の種類は多種多様なので,あまり野菜づくりの経験がない方には,そのなかでも代表的で育てやすいものだけを選んで,写真などをつけてわかりやすく説明するようにしましょう。

　②それぞれの畑独自の成功法則(ダイコンは9月10日に種子をまくとうまくいく,ホウレンソウはうまくできるがチンゲンサイはダメなど)を記録して蓄積しておくと,実際のプログラムを運営するうえで役に立ちます。これは局所的な気候や水はけ,土壌の質などにかかわっています。

●支援者がしたほうがいいこと

　連作障害は植え付け計画をするうえでは非常に重要な要素ですが,対象者に理解していただくには難しい部分があります。支援者は連作障害についてしっかりと理解し,連作障害の影響がでないような畑の使い方の仕組みを考えておかなければなりません
(石神)

4 次の一歩へ──農園芸活動による先進的な取り組みや新たな挑戦

1 メルウッド園芸トレーニングセンター

Melwood
5606 Dower House Road Upper Marlboro, MD 20772
www.melwood.org

　1963年に，アール・コープス氏ら3人が，農業・造園・園芸などを主軸にした障害者の自立支援を目的とした施設，メルウッド園芸トレーニングセンターを創設しました。メルウッドでは職員と知的障害者が，グループで積極的に地域に出ていき，庭や公園のメンテナンス作業を行なっています。アメリカ農務省の広大な緑地のメンテナンス，NASAスペースセンター，スミソニアン美術館前の公園整備，広大な空港緑地と建物の清掃などの契約をしており，ワシントンDC近郊で次々と職域を広げています。現在では約2,000人の利用者数と年商60億円を超える地域就労・生活支援センターとなり，アメリカ就労支援における最先進事例としてアメリカ国内だけでなく国際的にも高い評価を得ています。

　日本からの研修生も多く，とくに注目されるのは，日本の大手企業が自身の特例子会社の運営手法の一つとしてこのシステムの導入を検討し，職員派遣を行なっている事例があることです。

2 特定非営利活動法人
グローバル園芸療法トレーニングセンター

理事長　本田洋志
所在地　〒861-2212　熊本県上益城郡益城町平田1893-3
連絡先　TEL　096-289-3044　　　FAX　096-286-6779

　理事長の本田洋志氏は，アメリカメリーランド州のメルウッド園芸トレーニングセンターにおいてインターンとして研修を積んだ後，熊本県で平成15年から園芸療法普及活動を開始しました。講座や講演会などの開催，園芸療法士の育成を含む園芸療法プログラムや，コミュニティガーデンの運営，花苗やブルーベリーの生産などがおもな事業内容です。

　平成18年度に，グローバル園芸療法トレーニングセンターは熊本県指定管理者制度に応募し，水俣広域公園内ナーサリー運営管理を請け負いました。この事業を通して障害者社会適応訓練，障害者雇用支援，高齢者園芸活動支援を行なっています。障害者や高齢者が，地域で園芸作業を通して，いきいきと自立した生活ができることを目指しています。

＜水俣広域公園内ナーサリー運営管理の事業内容＞
　　①花壇苗生産から公園内の花壇植栽，維持管理
　　②施設管理：トイレ清掃，園路清掃
　　③公園花壇の維持管理

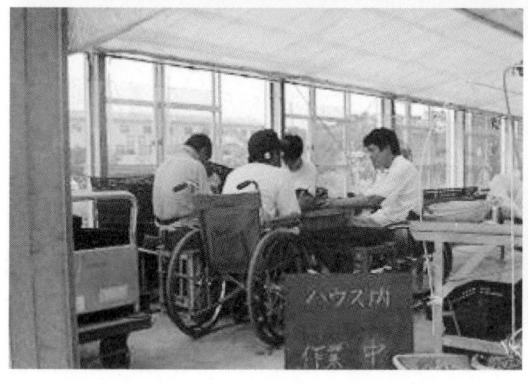

第4章　農園芸活動の実際　187

3　特定非営利活動法人たかつき
　　街かどデイハウス晴耕雨読舎

　　代表理事　石神洋一
　　所在地　　〒569-1041　　大阪府高槻市奈佐原933番地
　　連絡先　　TEL　072-696-0131　　　　FAX　072-696-0131

　平成13年5月に，地域の福祉と環境の向上を目指してNPO法人を創設しました。同時に，園芸療法を中心とした高齢者の介護予防施設「街かどデイハウス晴耕雨読舎」を開設し，主に市内在住の65歳以上，介護保険サービスを利用していない高齢者の方々を対象に，高槻市からの委託事業としてデイサービスを実施しています。

　高齢者の方が自らやりがいを感じて心や身体を動かすことこそが介護予防につながる，という方針をもち，農作業，園芸作業，その他自然の中での生きがいづくり活動を展開しています。

　週4日の開所日に，それぞれ10名前後の利用者が来所します。アメリカ園芸療法協会認定園芸療法士3名を含む専門スタッフが，利用者の機能回復，QOLの向上を目指して従事しています。

　特定非営利活動法人たかつきでは，上記実践活動のほか，NPO法人日本園芸福祉普及協会が認定している初級園芸福祉士育成のためのプログラムも実施しており，平成15年から年1回の講座（4日間）を毎年開催しています。講座には毎回120名以上の方が受講し，園芸福祉活動の普及に寄与しています。

あとがき

　1996 年，福祉の仕事を始めたばかりの私は，老人ホームに住むお年寄りの多くが，「いつお迎えがきてもよい」と言い，明日の希望を語らず，今やりたいこともないなかで，無気力な生活を繰り返しているのを目の当たりにしました。ここで，千代さんにお会いしたことが，後に園芸を福祉的に活用する契機となります。ある日，千代さんは，園芸をするために帽子を購入してくださったのです。「帽子を買いたい」と言われた。たったそれだけのことですが，彼女の言葉から「生きる意欲」を感じました。心の底から喜びを感じる瞬間を，私にくださった千代さんに深く感謝します。

宮上　佳江

　農園芸は，人の生きがいや，やる気を引き出すための最高の活動だと思います。私は高齢者の介護予防に携わるなかで，心が動いてはじめて身体が動くということがわかりました。心が動いていない（やりたいと思っていない）のに，身体だけを動かすようにはたらきかけるということには無理があるのです。

　芽が出るのを見たい，花を見たい，収穫物を食べたい，家族や友人の笑顔を見たいから，人は身体を動かします。そしてやってみた結果，またやろうという意欲が湧き出てきて，それを繰り返しているうちに結果として介護予防になっていきます。

　植物は，心を動かすきっかけをつくる最高の材料です。これから，この本をきっかけにして，福祉や医療に従事しているたくさんの方が農園芸を使った活動を開始し，患者さんや利用者さんの「いきいき」した生活の支援に役立てていただければと思います。

石神　洋一

　「こんなすばらしい場所があるのだからきっと何かできる」。平成 11 年，私が働く大阪府の食とみどりの総合技術センターに，当時はまだ国内に数人しかいなかったアメリカの園芸療法士（HTA）認定資格をもつマッラユミ子さんがやってきました。彼女の存在がきっかけとなって，大阪府における園芸療法，そして農産園芸福祉普及への取り組みはスタートしました。

　それから 8 年経った現在，センターにはボランティアが主体となって運営する福祉農園が 2 か所あり，毎週たくさんの障害のある仲間がやってきて園芸を楽しんでいます。結成されたボランティアはセンターの外にも飛び出し，いくつかの福祉施設で農園芸の支援活動を開始しました。彼女がまいた種は芽を出し，花を咲かせて新たな種をつけようとしています。

　この過程にはこれまで多くの人の支援がありました。出てきた芽に水を与え，生長を促してくれた日本園芸療法協議会代表の菅由美子さん，折れ曲がりそうになった枝に手を添えて支えてくださった NPO 法人日本園芸療法研修会代表の澤田みどりさん，苗を育て花を咲かせるために本当にたくさんの時間を費やしてくださっているボランティアグループ KNACK，フルルガーデナーズクラブ，癒しの園芸の会のみなさん，また，取り組み開始当初から農産園芸福祉のコンセプトをまとめ上げ，大阪府としての取り組みを推し進めた中井誠司さんをはじめとする環境農林水産部のみなさん，こ

の取り組みにつねに支援の手を差しのべてくださった原忠彦さん，細見彰洋さんをはじめとする食とみどりの総合技術センター職員のみなさんの力によって，農産園芸福祉活動はようやく普及に向けて動きだしました。

さらに，これまでの取り組みのなかで惜しみない協力とたくさんの気づきを私に与えてくれた障害のある仲間，老いることの苦悩とすばらしさを身をもって教えてくださった先輩方ならびに関係施設職員のみなさん，これらの人の支援がなければ農産園芸福祉活動は本書にまとめるに値する活動としてこれまで継続されなかったでしょう。農産園芸福祉の推進に対し地域振興財団，㈶国際花とみどりの博覧会記念協会，大阪ガスグループ福祉財団に多くの支援をいただきました。

本書の執筆は，食とみどりの総合技術センター内山知二さんの提案によりスタートしました。

執筆に際して，とくに厳密な情報提供が必要な第2章の「病気・害虫を防ぐ」はセンター職員の田中寛さんと柴尾学さんに，また第3章の「一人ひとりにあった作業を考える」は，大阪府立大学総合リハビリテーション学部講師の立山清美さんに監修いただきました。

本文中に紹介した写真は，害虫および虫メガネによる観察を田中寛さんに，ブドウ可動垣根を細見彰洋さんに，イネのペットボトル栽培を土岐照夫さんに，カキの低面ネット栽培およびイチゴ高設栽培は奈良県農業総合センター前川寛之さんに，それぞれご提供いただきました。本文中に掲載した人物を中心としたイラストは内山裕美さんに描いていただきました。

また，予定よりもかなり原稿が遅れたために編集を担当された森編集室，発行元の㈳農文協編集部の方々には多くのご面倒をおかけすることとなりました。

本書作成にご支援くださった皆様に，ここに心からの感謝の意を表します。

そして本書を執筆することができたのは，なによりも同じ方向をみつめて共に歩むことのできる宮上佳江さん，石神洋一さんとの出会いがあったからであると確信しています。

　　　　　　　　　　　　　　　　　　　　　　　　　　　　　豊原　憲子

【著者プロフィール】

豊原 憲子（とよはら のりこ）
大阪府立食とみどりの総合技術センター主任研究員

　大阪府出身。大阪府立大学（花卉学）卒業。大阪鶴見「花の万博」職員を経て，現職。1999年から，農とみどりの多面的機能活用をテーマに，高齢者や障害者の農業・園芸作業に関する研究課題に取り組んでいる。専門は，花き・緑化植物の栽培・利用に関する研究で，屋上・壁面緑化について民間企業との共同研究・製品開発にも従事。
　［執筆：1，2，3章と4章の一部］

石神 洋一（いしがみ よういち）
NPO法人たかつき代表理事

　大阪府出身。甲南大学を卒業後，アメリカのオハイオ大学大学院で環境学を修了。人と自然との関わりを通し，福祉と環境の改善向上に貢献したいと考え，2001年5月にNPO法人たかつきを設立。高槻市の委託をうけた「街かどデイハウス晴耕雨読舎」をはじめ，子どもの自然体験活動，病院や福祉施設への園芸療法プログラムの提供，初級園芸福祉士養成講座など幅広い事業を展開している。
　アメリカ園芸療法協会認定　正園芸療法士（HTR）
　NPO法人日本園芸福祉普及協会　理事
　日本園芸療法協議会　理事
　［執筆：4章の一部］

宮上 佳江（みやかみ よしえ）
㈲ガーデンライフ代表取締役，介護福祉士

　岐阜県出身。多摩美術大学（日本画専攻）卒業。
　特別養護老人ホームで園芸活動を実践後，渡米。アメリカ・コロラド州デンバー植物園の園芸療法講座（Center for Horticultural Therapy Studies）を受講するなど園芸療法について学ぶ。2001年度より大阪府が主催する「農産園芸福祉ボランティア養成講座」の運営にあたる。
　アメリカ園芸療法協会認定　正園芸療法士（HTR）
　湊川短期大学，大阪テクノ・ホルティ園芸専門学校非常勤講師（園芸福祉分野）
　園芸療法研究会西日本　委員
　㈳フラワーソサイエティー　会員
　［執筆：4章の一部］

福祉のための農園芸活動
―無理せずできる実践マニュアル―

2007年3月15日　第1刷

著　者　豊原　憲子
　　　　石神　洋一
　　　　宮上　佳江

発行所　社団法人　農山漁村文化協会
郵便番号　107-8668　東京都港区赤坂7丁目6-1
電話 03(3585)1141(営業)　03(3585)1147(編集)
FAX 03(3589)1387　　振替 00120-3-144478
URL http://www.ruralnet.or.jp/

ISBN978-4-540-06209-4　　　　　製作／森編集室
〈検印廃止〉　　　　　　　　　　印刷／㈱光陽メディア
©豊原憲子・石神洋一・宮上佳江 2007　製本／根本製本㈱
Printed in Japan　　　　　　　　定価はカバーに表示
乱丁・落丁本はお取り替えいたします。

———————— 農文協・図書案内 ————————

社会園芸学のすすめ
―環境・教育・福祉・まちづくり

松尾英輔著　◎2,500円

福祉や医療，環境の改善，まちづくりや教育など，日常のさまざまな暮らしに関わり，心身に大きな効用をもたらす園芸の意義と役割を整理，考究し，園芸を通して社会生活の質の向上を考える新しい学のすすめ。

パーマカルチャー
―農的暮らしの永久デザイン

B・モリソン著／田口恒夫・小祝慶子訳
◎2,900円

都市でも農村でも，自然力を活かして食物を自給し，災害に備える農的暮らしの環境調和型立体デザイン。農地，家まわりの土地利用，水利用，家屋の建て方まで具体的に解説。経営システム全体で環境への適応をめざす。

「田んぼの学校」まなび編

湊秋作編著／トミタ・イチロー絵
◎1,800円

田んぼとその周辺の自然環境を教室に，生き物観察，俳画，いけばな，工作，絵楽譜による作曲から稲作文化の調べ学習まで，体験と学びを結ぶプログラムを紹介。教科，総合的学習，特別活動，道徳との関連表付。

学校園の栽培便利帳

日本農業教育学会編　◎1,940円

栽培教育が楽しくてしかたがなくなるノウハウ本。学校園の運営法，畑がないときの対処法，39種の品目の栽培技術，ユニークな着眼による「やってみよう」など魅力あふれる生活科・技術科授業を創造する手引書。

「増刊　現代農業」
ボランタリーコミュニティ
―環境・福祉・医療・教育
　　　　　　参加から創造へ―

農文協編　◎900円

自給・自立・相互扶助のコミュニティ原理社会への転換で，21世紀生活社会の活路が拓けてくる。

子どもから，おとなまで楽しめる
絵本シリーズ
そだててあそぼう

AB判上製・各36頁
農文協編　◎各1,890円

いのちを育む驚き，喜び，食べる楽しさ――食と農の体験を学びに深める総合的学習絵本。栽培・飼育の実際，料理，加工，工芸から歴史や文化誌までをイラストでわかりやすく描く。
トマト，ナス，ジャガイモ，サツマイモ，トウモロコシ，ラッカセイ，カボチャ，ヒマワリ，キク，キャベツ，イネ，チャ，オクラ，ブルーベリー，ヒョウタン，ケナフ，ゴマなど既刊70冊。継続発刊中。

（価格は税込。改定の場合もございます。）